ADVANCED RUSSIAN

by

Alexander D. Nakhimovsky
and
Richard L. Leed
Cornell University

1980

Slavica Publishers, Inc.

For a list of some other Slavica books, see the last three pages of this book. For a complete catalog with prices and ordering information, write to: Slavica Publishers, Inc.
P.O. Box 14388
Columbus, Ohio 43214

PG
2445
IU3

ISBN: 0-89357-065-6.

Printed in the United States of America by LithoCrafters, Inc., Chelsea, Michigan 48118.

Table of Contents – Содержание

INTRODUCTION

This textbook is designed for students who have been through at least two years of Russian and want to continue. It combines in one book the material usually scattered in various teaching aids, i.e., advanced grammars, conversation handbooks, and reading texts. For a four-credit course, some additional reading may be necessary.

The textbook consists of twelve lessons divided into Text, Comments, Analysis, and Exercises. It can be covered either in the course of two semesters, six lessons per semester, or three trimesters, four lessons per trimester. Students who have used the pre-publication version of the textbook (at Cornell and elsewhere) agree that two weeks is the minimum time you will want to spend on each lesson, with additional time required for general review.

TEXTS

Most of the texts are intentionally colloquial, and in the form of a dialogue. Only the texts of Lessons 2 and 11 use more bookish varieties of Russian to provide material for a stylistic discussion. The same objective prompted the introduction (in Lesson 7) of *very* colloquial constructions, bordering on what some may consider vulgar and uneducated speech. The functions of texts are to provide examples of grammatical phenomena discussed in the Analysis; to introduce vocabulary related to the situational topics of the lesson; to describe a segment of everyday Soviet life, and related cultural details. In this latter function our texts attempt to go beyond the usual textbook set of performing situations and deal with such issues as дача and прописка, relgion and birth control, liberal education and women's role in society.

COMMENTS

The Comments are basically of two sorts: linguistic and cultural. Linguistic comments explain in detail the meaning and use of some words and expressions from the

text. Particular attention has been paid to Russian
words which have complicated relations with their standard dictionary English equivalents (e.g., опыт, переживание - experiment, experience, etc.). Some comments
also provide additional information on phenomena and
attitudes mentioned or illustrated in the dialogues.

ANALYSES

Analyses are the intellectual core of the book, and
deal with major grammatical and lexical topics. The
first lesson - conceptually the simplest - tries to un-
tangle the intricacies of Russian study-related vocabulary: учить, учиться, заниматься, ходить на
лекции, etc. Lessons 2 through 4 develop two related
topics: the use of Russian modal words and the use
of aspects in the infinitive. Lesson 5 studies verbal
prefixation of the Aktionsarten type and its relation
to aspect. Lesson 6 is more vocabulary-oriented, treat-
ing regular meaning relations between words, and also
existential sentences.

Lesson 7 moves into stylistics, discussing the differences between informal spoken Russian and the standard literary Russian. It also introduces the notions
of topic and comment, which are then used to explain the
differences between тоже and также. Lesson 8 discusses various kinds of sentences with the verb быть; it
thus brings together and further develops the material
of Lesson 6 (existential sentences) and 7 (the concepts
of topic and comment). Lessons 9 and 10 treat negation
in its syntactic, topic-comment and lexical aspects.
The syntactic and topic-comment aspects involve the
Nominative-Genitive and Accusative-Genitive alternations
(Lesson 9) and the use of the бы form in subordinate
clauses when the main clause contains negation (Lesson
10). The lexical aspect involves antonyms, in particular antonyms formed by prefixation (Lesson 10). After
three grammatical lessons, Lesson 11 returns to stylistics, dealing with bookish, scholarly, and bureaucratic
Russian. Finally, Lesson 12 concentrates on lexical
problems. It presents two detailed word-studies (win-
lose and почему and зачем) and expressions of high
degree (*сокрушительное* поражение, etc.).

Most of this material is not original, which is not really unexpected in a textbook. At the same time, some materials are the result of the authors' original research. Apart from an occasional section or subsection here and there, the analysis of Russian modals in Lessons 2 through 4 is relatively novel, and, in our opinion, very important in mastering the language.

EXERCISES

Exercises are of three types, for the most part:

(1) *Preparatory drills*. These are for practicing grammatical forms - verb endings, aspect pairs, stress patterns, etc. - in traditional substitution, transformation, and paradigm format. These preparatory drills are gradually phased out, beginning with Lesson 4.

(2) *Conversation Exercises*. These are designed to bridge the gap between grammar drills and free conversation. In form they are short dialogues in which the instructor may play one of the roles until the students know the exercise well enough to take over. The novelty of these exercises, which are basically substitution drills, lies in the fact that the key and response are not connected by a grammatical rule, but rather by a constant meaning relation, reminiscent of the Žolkovskij-Mel̆čuk lexical function. This format allows the teacher and the students to take off from exercises into free conversation on related topics. It also gives many easy possibilities for small witticisms, which we did not neglect but tried not to overuse. Finally, different exercises can be combined into a single conversation in which the student floats out of one drilled situation right into another, equally familiar one.

(3) *Conversation topics*. These provide scenarios on suitable topics for open-ended role playing. Sometimes lists of words and expressions are supplied to guide the students, though the intention is *not* to have the students read from the printed page.

Most of the exercises can be performed orally without looking at the book if enough preparatory work is done.

No attempt is made to provide exercises for all the points that are brought up in Texts, Comments, or Analyses, but the exercises are sufficiently open-ended that they can be expanded ad lib or used as models for further coverage.

The exercises for each lesson are divided into three groups: exercises on Text, exercises on Analysis, review exercises. All the exercises are referenced back to the textual comment and/or section of the Analysis they are supposed to cover. The first group drills the material of the Text and Comments, the second group drills the material of the Analysis, and the third group brings the two together into more informal situation-type exercises. In our practice we used one hour of class time on the Text and Text-exercises, two hours of class time on Analysis exercises, and one hour for review. After two or three lessons a general review and a comprehensive test are recommended.

This book is obviously experimental in various respects; we have attempted to treat syntactic, semantic, and lexical problems which have only recently received rigorous scholarly attention and some of the textual material may strike the reader as controversial. We took full advantage of the generous freedom our publisher, Charles Gribble, allowed us, and we hope the reader will be equally tolerant.

ACKNOWLEDGEMENTS

As we mentioned in the introduction, very little of
the grammatical material in this book is original. The
reader will immediately recognize our indebtedness to J.
Forsyth and O. P. Rassudova in Lessons 2 through 4; to
A. V. Isačenko in Lesson 5; to E. A. Zemskaya, O. A.
Lapteva, and Padučeva in Lesson 7; again to A. V.
Isačenko in Lesson 8; to C. Chvany in various sections
having to do with modals and existential sentences; to
K. M. Davison, A. Timberlake, and L. H. Babby in Lessons
9 and 10. Throughout the book, and most importantly in
Lessons 1, 6, 10, and 12, we used both the general ideas
and specific results of the Meaning-Text school of
linguistics (I. Melčuk, Ju. Apresjan, A. Žolkovskij, and
others).

It was to the great benefit of the enterprise that
throughout its execution we had the advice and criticism
of our colleagues. First and foremost among them is
Professor Alice Stone Nakhimovsky of Colgate University,
who served as ghost writer, editor, critic, experimenter,
and indeed an inspiration in the creation of this book.
A substantial part of the Texts, Comments, and Analyses
were rewritten as a result of her comments on the draft
versions and as a result of her students' experience.
She is directly responsible for the contents of at least
three texts, and at least two characters bear an imprint
of her personality.

Many of our colleagues, students, and friends made
very helpful comments on the pre-final draft: Victor
Alperin, Theresa Alt, Virginia Bennett, Wayles Browne,
Catherine Chvany, Gerald Greenberg, Gabrielle Leyden,
Nina Lifshitz, Mirra Orlov, Dmitry Orlov-Frager, Maria
Rubinova.

Sharon Flank produced the final copy of the text as
well as many drafts. As the work progressed, her participation in it grew from a superb editor-typist, to a
keen and imaginative critic, to a co-author of some
translations and exercises. We would also like to thank
our other editorial workers: Gabrielle Leyden, Dmitry
Orlov-Frager, Karen Ryan, and Renée van Bramer.

A number of fellow teachers from other institutions have done us the favor of experimenting with the pre-publication version: Alice S. Nakhimovsky and Michael Nicholson of Colgate University, Virginia Bennett and Daniel LaFerriere of the University of California, Davis, Nina Lifshitz of Dartmouth, Mirra Meilakh-Orlov of Tufts, and Maria Rubinova of Cornell University.

Finally, we are grateful to the Committee on Soviet Studies of Cornell University for their generous support.

Лингвисти́ческие Те́рмины

абза́ц	paragraph
вид	aspect
несоверше́нный	imperfective
соверше́нный	perfective
вре́мя	tense/time
бу́дущее	future
настоя́щее	present
настоя́щее соверше́нное	present perfective
проше́дшее	past
глаго́л	verb
безли́чный	impersonal
возвра́тный	reflexive
вспомога́тельный	auxiliary
перехо́дный	transitive
гла́сный	vowel
дееприча́стие	(adverbial participle)gerund
дополне́ние	complement/object
ко́свенное	indirect
прямо́е	direct
зало́г	voice
акти́вный/действи́тельный	active
пасси́вный страда́тельный	passive
ко́рень	root
местоиме́ние	pronoun
ли́чное	personal
неопределённое	indefinite
относи́тельное	relative
отпица́тельное	negative
притяжа́тельное	possessive
наклоне́ние	mood
сослага́тельное	subjunctive
наре́чие	adverb
оборо́т/ констру́кция	phrase/construction
оборо́т/ (сло́во) сочета́ние	phrase
обстоя́тельство	adverbial modifier
одушевлённый/неодушевлённый	animate/inanimate
оконча́ние	ending
определе́ние	attribute
осно́ва	stem
отрица́ние	negation
паде́ж	case
вини́тельный	accusative
да́тельный	dative
имени́тельный	nominative
ко́свенный	oblique=not Nom. or Acc.
предло́жный	prepositional
роди́тельный	genitive
твори́тельный	instrumental

подлежа́щее	subject
предло́г	preposition
предложе́ние	sentence/clause
безли́чное	impersonal sentence
гла́вное	main clause
относи́тельное	relative clause
отрица́тельное	negative sentence
повели́тельное	imperative sentence
прида́точтое	subordinate clause
просто́е	simple sentence
сло́жное	compound/complex sentence
утверди́тельное	affirmative sentence
прилага́тельное	adjective
притяжа́тельное	possessive
приста́вка	prefix
прича́стие	participle
страда́тельное прича́стие прошѐдшего вре́мени	past passive participle, (p.p.p.)
произноше́ние	pronunciation
род	gender
же́нский	feminine
мужско́й	masculine
сре́дный	neuter
сказу́емое	predicate
согла́сный (звук)	consonant
сою́з	conjunction
сте́пень (сравне́ния)	degree (of comparison)
положи́тельная	positive
превосхо́дная	superlative
сравни́тельная	comparative
су́ффикс	suffix
существи́тельное	noun
ударе́ние	stress
число́	number
еди́нственное	singular
мно́жественное	plural

УРÓК 1

ТЕКСТ А. РАЗГОВÓР ПО ТЕЛЕФÓНУ

Звонѝт телефóн. Лéна снимáет трýбку.

Л. Аллó.[1]

Мужскóй гóлос: Аллó, ѕто бáня? Когдá у вас сегóдня помы́ться мóжно?

Л. (*возмущённо*) Ѕто не бáня. Ѕто чáстная квартѝра.

М.Г. Простѝте, не тот нóмер набрáл.

Лéна вéшает трýбку.[2] Телефóн звонѝт опя́ть.

Л. Аллó.

Жéнский гóлос: Позовѝте, пожáлуйста, Мѝшу.

Л. Какóго Мѝшу? Здесь никакóго Мѝши не живёт.

Ж.Г. Какóй ѕто нóмер?

Л. Какóй нóмер вы набирáли?

Ж.Г. Двéсти сéмьдесят пять— трѝдцать семь— вóсемьдесят два.

Л. Нет, вы ошѝблись нóмером.

Вéшает трýбку. Телефóн звонѝт опя́ть.

Л. (*Марѝне Николáевне*) Мáма, тепéрь ты подойдѝ, я бóльше не могý. Какѝе-то тѝпы всё врéмя по ошѝбке набирáют наш нóмер. (*Ухóдит*)

М.Н. (*снимáет трýбку, говорѝт стрóгим тóном*) Слýшаю вас.

Мужскóй гóлос: Аллó, ѕто Лéна?

М.Н. Нет, это Марѝна Николáевна.

М.Г. Простѝте, я вас прѝнял за Лéну. У вас óчень похóжие голосá. Я вас всё врéмя[3] пýтаю.

М.Н. А кто ѕто говорѝт? Ю́ра?

М.Г. Нет, ѕто Серёжа.

М.Н. Ах, простѝте, Серёжа, я перепýтала: я вас принялá за Ю́ру.

Серёжа: Ничегó, Марѝна Николáевна,[4] бывáет. А Кóля дóма?

М.Н. Да, Кóля дóма, сидѝт, занимáется.

С. Опя́ть занимáется! Неужéли емý не надоéло!?

М.Н.   Да, предста́вьте себе́, не надое́ло. И вы его́,
       пожа́луйста, не отвлека́йте.

Л.   (*входя́ в ко́мнату*) Кого́ к телефо́ну?[5]

М.Н.   Ко́лю. Позови́ его́ пожа́луйста, скажи́, что
       Серёжа звони́т.

Л.   (*кричи́т так, что Мари́на Николáевна затыкáет
       у́ши*) Ко́ля, тебя́ к телефо́ну! Серёжа!

*Ко́ля вхо́дит в ко́мнату, подхо́дит к телефо́ну, берёт
тру́бку.*

К.   Приве́т, стари́к.[6] Как дела́?

С.   Ничего́, непло́хо. А у тебя́ как? Ты, ка́жется,
       опя́ть зубри́шь свои́ оконча́ния?

К.   В англи́йском языке́ нет оконча́ний. Э́то тебе́ не
       ру́сский.[7]

С.   Нет оконча́ний? Чего́ ты его́ так до́лго у́чишь?
       Когда́ тебе́ ни позвони́шь,[8] ты всё вре́мя за́нят.
       Пойдём лу́чше в кино́ схо́дим.[9]

К.   Спаси́бо, стари́к, ника́к не могу́. У меня́ за́втра
       контро́льная.

С.   Слу́шай, я давно́ хоте́л тебя́ спроси́ть - заче́м ты
       пошёл на э́тот твой филфа́к?[10] Ты же когда́-то[11]
       вы́учился на шофёра. Пошёл бы рабо́тать на
       такси́, зараба́тывал бы ку́чу де́нег, и го́ря бы не
       знал.

К.   Да я сам не зна́ю, заче́м. Внача́ле интере́сно
       бы́ло. Я, ви́дишь ли, наде́ялся поня́ть зага́доч-
       ную ду́шу америка́нского наро́да. А тепе́рь уже́
       по́здно броса́ть, три го́да отучи́лся.

С.   Ви́дишь, уже́ три го́да. А на ку́рсах[12] за полго́да
       мо́жно научи́ться по-англи́йски болта́ть. У меня́
       прия́тель есть, ко́нчил ку́рсы, тепе́рь рабо́тает
       перево́дчиком.

К.   За полго́да ничему́ не нау́чишься. На ку́рсах
       у́чат иностра́нные языки́, а мы их изуча́ем. Что-
       бы ду́шу поня́ть, на́до ко́нчить университе́т, пойти́
       в аспиранту́ру и написа́ть диссерта́цию.

С.   Ну и зану́да[13] же ты. Ла́дно, е́сли переду́маешь,
       то приезжа́й, я ещё часа́ полтора́ бу́ду до́ма.
       Мари́не Никола́евне от меня́ приве́т. Она́, по-
       мо́ему,[14] на меня́ се́рдится.

К.   Не обраща́й внима́ния. У неё сего́дня де́нь тако́й,
       она́ на всех се́рдится. Будь здоро́в, Серёжа.
       (*Кладёт тру́бку*)

КОММЕНТА́РИИ

1. Произно́сится /aḷo/ и́ли /alo/.

2. *Сня́ть тру́бку* говори́тся и о насто́льном, и о насте́нном телефо́не. Про насто́льный телефо́н мо́жно та́кже сказа́ть: *взять тру́бку*. 'To hang up' перево́дится *положи́ть тру́бку* для насто́льного телефо́на и *пове́сить тру́бку* для насте́нного.

3. I always mix you up/I keep on mixing you up.

   Всё вре́мя в буква́льном перево́де зна́чит 'all the time', но э́то ру́сское выраже́ние ча́сто соотве́тствует англи́йскому 'always'. Ещё не́сколько приме́ров:

Э́тот чо́кнутый всё вре́мя по оши́бке набира́ет наш но́мер.	This nut always dials (keeps on dialing) our number by mistake.
Он всё вре́мя звони́т когда́ мы обе́даем.	He keeps on calling when we're having supper.

4. В непринуждённом разгово́ре мо́жет произноси́ться /maɣina ɲikolavna/. Су́ффикс ОВ/ЕВ в ру́сских о́тчествах ча́сто редуци́руется:

Ива́н Серге́евич	/ivan şirɣeič/
Еле́на Серге́евна	/yiḷena şerɣevna/

5. Обы́чный разгово́рный элли́псис. Подразумева́ется что́-то вро́де: "Кого́ про́сят к телефо́ну?" но так говоря́т то́лько в подчёркнуто аккура́тной ре́чи. Ещё приме́р:

   Кого́ к телефо́ну? — Еле́ну Серге́евну. — Опя́ть её к телефо́ну.

6. Распространённая среди́ совреме́нных молоды́х люде́й фо́рма обраще́ния. Употребля́ется то́лько при бли́зких прия́тельских отноше́ниях.

7. English *has* no endings! What do you think it is, Russian?

   Ещё приме́ры:

   Почему́ Петро́вы на ку́хне мо́ются? Э́то им не ба́ня.

   Как вы сме́ете мне звони́ть в по́лночь? Я вам не одна́ из ва́ших студе́нток.

8. Whenever I call you, you're always busy.

   Ещё приме́ры:

Что я ни де́лаю, ты всё вре́мя недово́льна.	No matter what I do (Whatever I do), you're always annoyed.

Куда́ ни посмотри́, везде́   Wherever you look (No
одни́ хи́мики.   matter where you look),
                                    there's nothing but
                                    chemists.

9. Предлага́я куда́-нибу́дь *пойти́* вме́сте, ча́сто употре-
   бля́ют *пойдём* вме́сто *дава́й:*

   Дава́й в кино́ схо́дим. = Пойдём в кино́ схо́дим.
   Дава́й погуля́ем. = Пойдём погуля́ем.
   Дава́й там на скаме́йке посиди́м. = Пойдём там на
   скаме́йке посиди́м.

10. Распространённое сокраще́ние от "филологи́ческий
    факульте́т". Аналоги́чные сокраще́ния: ИСТори́-
    ческий ФАКульте́т, ФИЗи́ческий ФАКульте́т, ХИМи́че-
    ский ФАКульте́т, Юри́ди́ческий ФАКульте́т. Матме́х
    (в Моско́вском Университе́те— мехма́т) = матема́ти-
    ко-механи́ческий факульте́т.

11. когда́-то— at some point (in the past)
    когда́-нибу́дь— at some point, one day (in the future)
    одна́жды— one day (in the past)

12. Обрати́те внима́ние: ку́рсы (то́лько мн. число́) —
    an evening class, курс (ед. и мн. число́) — a course,
    a year of study. Аналоги́чно: уро́ки (то́лько мн.
    число́) — homework below college level, уро́к (ед. и
    мн. число́) — a class, lesson. См. Analysis, 5.

13. Существи́тельное *зану́да* 'a bore' ча́ще всего́— же́н-
    ского ро́да: *Кака́я ты зану́да!* Одна́ко, е́сли речь
    идёт о мужчи́не, оно мо́жет употребля́ться как
    существи́тельное мужско́го ро́да: *Како́й ты зану́да!*
    Аналоги́чно: *нев
е́жда* 'ignoramus', *неря́ха* 'slob',
    и т.д.

14. I think she's angry with me OR She seems to be angry with
    me. Англи́йское I think ча́сто соотве́тствует
    ру́сскому *по-мо́ему.* Подро́бнее смотри́ Уро́к 3,
    Коммента́рий 4.

ТЕКСТ Б. УЧЕ́БНЫЕ ЗАВЕДЕ́НИЯ

      Сове́тские де́ти начина́ют учи́ться в во́зрасте
семи́ лет. Пе́рвые во́семь лет все у́чатся в шко́ле.
По́сле э́того есть три возмо́жности. 1) Мо́жно оста́ться
в шко́ле ещё на два го́да (для э́того на́до име́ть хоро́шие
отме́тки). 2) Мо́жно пойти́ в профессиона́льно-техни́-
ческое учи́лище (ПТУ /peteu/). Ученики́ ПТУ зака́нчи-
вают о́бщее шко́льное образова́ние и одновреме́нно при-
обрета́ют каку́ю-нибу́дь специа́льность (то́карь, сле́сарь,
монтёр и т.д.). 3) Наконе́ц, мо́жно пойти́ в те́хникум,

который даёт примерно такое же образование, как двухгодичный колледж в Соединённых Штатах. После любого из вариантов 1) -3) можно пойти в высшее учебное заведение (ВУЗ) (университет, институт, консерватория и т.д.)

Кроме этой основной системы образования имеются ещё многочисленные курсы. Иногда там можно приобрести специальность (курсы шофёров, машинописи, киномехаников), чаще на курсы ходят, чтобы заниматься своим хобби (курсы кройки и шитья, игры на гитаре, художественного чтения). Очень распространены курсы иностранных языков.

ТЕКСТ В. ПОЗНАКОМЬТЕСЬ, ПОЖАЛУЙСТА

Нам следует извиниться перед воображаемым читателем. Мы заставили его прослушать телефонный разговор между людьми, которых он, читатель, ещё не знает. Позвольте нам исправить эту оплошность, и представить вам наших героев.

Авторы: Уважаемый Читатель, познакомьтесь, пожалуйста, с Колей. Коле двадцать пять лет, он учится на четвёртом курсе филфака ЛГУ.

Коля: Очень приятно.

Воображаемый Читатель: Здравствуйте.

А.   Коля, не могли бы вы представить остальных?

К.   Конечно, с удовольствием. Разрешите вам представить— моя сестра Лена. Она ещё ходит в школу.

Лена: В десятый класс!

В.Ч.   Очень рад познакомиться.

К.   Я хотел бы вас также представить моей маме, Марине Николаевне. Мама, познакомься, это наш читатель.

Марина Николаевна: (*подавая руку Воображаемому Читателю*) Добро пожаловать в наш учебник. Надеюсь, что вам у нас будет интересно.

В.Ч.   (*вежливо*) О, я в этом уверен.

А.   Ну, все познакомились?

Серёжа: Меня забыли! Разрешите представиться— меня зовут Серёжа. Мы с Колей вместе учились в школе.

В.Ч.   Да, я догадался из вашего телефонного разговора.

А. Ну, вот, всё прекра́сно устро́илось. А тепе́рь дава́йте проща́ться.

М.Н. Всего́ хоро́шего. Передава́йте приве́т остальны́м чита́телям!

К. До свида́ния, до ско́рой встре́чи. От меня́ то́же приве́т!

Л. И от меня́. И наде́юсь с ва́ми ещё уви́деться.

С. Споко́йной но́чи. Всем приве́т. Заходи́те в го́сти.

М.Н. Да, загля́дывайте к нам по́просту, не стесня́йтесь. Мо́жно без звонка́.

В.Ч. Большо́е спаси́бо за чуде́сный ве́чер! о́чень прия́тно бы́ло с ва́ми познако́миться. Всего́ до́брого, до свида́ния.

М.Н., К., Л., С.: (*хо́ром*) Счастли́вого пути́!

ANALYSIS

1. Study/learn: занима́ться, учи́ть, учи́ться, изуча́ть, зубри́ть

There are four meanings that can be distinguished within this semantic area:

(1) *'be busily engaged in some activity'*, as in response to the question 'What's she doing over there at the table?' — 'She's studying. She's studying (doing) her German.'

If you do not mention the object of study, only the verb занима́ться can be used.

Что Ко́ля де́лает? — Сиди́т, занима́ется.

If you do mention the object of study, both учи́ть что and занима́ться can be used. There is a difference between them. Занима́ться attaches more importance to the occupation and suggests a deeper and more advanced study. Thus, with schoolchildren учи́ть is used, while graduate students may be offended by the term. High school and undergraduate students form an intermediate class. Cf. English 'do homework' vs. 'study'.

Серёжа (шко́льник) сиди́т за столо́м и у́чит фи́зику.

Серёжа у́чит дома́шнее зада́ние.

Пе́тя (студе́нт, аспира́нт) сиди́т за столо́м и занима́ется фи́зикой.

(2) *'be a student, go to school'*

In this meaning учи́ться and занима́ться can be used. The difference between them is similar to the difference between учи́ть and занима́ться in meaning (1), but учи́ться does not specifically connote elementary schooling as does учи́ть, and it can be used on any level.

Серёжа (шко́льник) у́чится в шко́ле.
= Серёжа хо́дит в шко́лу.

Пе́тя (аспира́нт) у́чится (занима́ется) в аспиранту́ре.

Занима́ться (but not учи́ться) can refer to studies outside the general educational system.

Серёжа у́чится в шко́ле и занима́ется в ша́хматном (математи́ческом, драмати́ческом) кружке́ при Дворце́ Пионе́ров. Пе́тя хо́дит в институ́т, а ве́чером занима́ется на ку́рсах фотолюби́телей (кро́йки и шитья́).

If you specify the name of the future profession, only учи́ться на + Acc. can be used.

Пе́тя у́чится на врача́ (инжене́ра, адвока́та, шофёра).

Only the names of practical professions can be used in this construction; учи́ться на фило́софа sounds ironic. Also, no adjective can precede the name of the profession in this construction, unlike English *chemical engineer, nuclear physicist,* etc. If you cannot find any other way out, use an appositive construction:

Пе́тя у́чится на инжене́ра-хи́мика (фи́зика-я́дерщика).

Note that similar things have different names on different levels of study:

ШКО́ЛА:	ВУЗ:
учени́к/шко́льник	студе́нт
	курса́нт (в вое́нном уче́бном заведе́нии)
	слу́шатель (акаде́мии)
предме́т	дисципли́на/курс
уро́к	заня́тие/ле́кция/семина́р
класс (room)	аудито́рия
класс (group)	гру́ппа
	курс (all the students of the same year in a given discipline)
класс (year of study)	курс
одноклассник	однокурсник
переме́на (ме́жду уро́ками)	переры́в (ме́жду ле́кциями)
аттеста́т зре́лости	дипло́м

Ученики́ (шко́льники) сидя́т
на уро́ке в кла́ссе.

Студе́нты сидя́т на ле́кции
(семина́ре, заня́тии) в
аудито́рии.

Ма́ша у́чится в после́днем
кла́ссе. Весно́й она́
конча́ет шко́лу и полу-
ча́ет аттеста́т зре́лости.

о́ля у́чится на после́днем
ку́рсе. Весно́й она́ кон-
ча́ет институ́т и получа́ет
дипло́м (врача́/инжене́ра/
учи́теля).

(3) *'acquire theoretical knowledge or practical skill'*

All of the following can be used: учи́ться, зани-
ма́ться, учи́ть, and изуча́ть.

Учи́ться can be used in this meaning in two syntactical
constructions. Учи́ться чему́ suggests affiliation with a
school; учи́ться plus infinitive (only Imperfective) does
not necessarily have this connotation.

— Ма́ша у́чится пе́нию в кружке́ при Дворце́ Культу́ры.   А
Серёжа у́чится игра́ть на гита́ре. — Он сам у́чится?
— Нет, он то́же хо́дит в кружо́к.

In the infinitive construction, only verbs which denote a
specific skill are used.

Ребёнок у́чится ходи́ть и сиде́ть за столо́м.

Ва́ня у́чится реша́ть зада́чи с интегра́лами.

Ле́на у́чится води́ть комба́йн.

In the учи́ться чему́ construction the noun usually denotes
a skill, a trade, or, more rarely, a field of knowledge, but
not a narrow one.

Бо́ря учи́лся пе́нию (му́зыке, неме́цкому языку́, сапо́жному
ремеслу́, вожде́нию комба́йна).

If you want to mention the teacher, you can use either
the preposition *y* plus Gen. or the phrase под руководством
plus Gen. Both constructions suggest either private instruction or fairly advanced studies.

Ва́ня занима́ется исто́рией у Бори́са Ива́новича (под
руково́дством Бори́са Ива́новича).

The difference between учи́ть and изуча́ть in meaning (3) is
one of seriousness of purpose. Изуча́ть means 'to acquire
deep theoretical knowledge for the sake of understanding',
while учи́ть means 'to acquire knowledge passively, for the
sake of remembering the information'. Correspondingly, учи́ть
is more often used of schoolchildren and memorizable subjects
such as language work.

Он у́чит неме́цкий язы́к.

Он изуча́ет исто́рию неме́цкого языка́.

The verb зубри́ть means 'to memorize mechanically, without understanding', as in cramming for an exam, e.g., зубри́ть слова́ (неме́цкий язы́к) (meaning: зубри́ть дома́шнее зада́ние по неме́цкому языку́).

(4) *'commit to memory'*

Committing discrete items such as lists, words, poems, dramatic roles, etc., to memory is rendered by учи́ть or, pejoratively, зубри́ть. 'Learn by heart' is rendered by учи́ть наизу́сть.

Она́ у́чит свою́ роль наизу́сть.

2. Results, prefixes, aspects

The idea of a successful performance or the achievement of an intended result is rendered by a resultative verb:

Action	Result
Он *у́чится* писа́ть.	Он *научи́лся* писа́ть.
is learning	succeeded in learning, learned

Resultative verbs may have resultative prefixes like научи́ться, or they may be a member of an aspect pair like изуча́ть/изучи́ть:

Я изуча́л филосо́фию, но так по настоя́щему и не изучи́л.	I tried to learn (study) philosophy, but never really learned it.

Similarly,

Я *учи́л* э́то пра́вило, но так и не вы́учил.	I *tried* to memorize the rule, but never did.

Resultative	*Imperfective*
вспо́мнить	вспомина́ть
доби́ться	добива́ться
доказа́ть	дока́зывать
поступи́ть	поступа́ть
привы́кнуть	привыка́ть
реши́ть	реша́ть
сдать	сдава́ть
уговори́ть	угова́ривать
убеди́ть	убежда́ть

All of these verbs can fit into a sentence having the form: Он (Impf.), но так и не (Resultative), translating as 'He tried to (verb), but never did.' For example,

Он сдавáл экзáмен, но так и не сдал.	He tried to pass the exam (took the exam), but failed.
Он уговáривал меня́, но так и не уговори́л.	He tried to talk me into it but couldn't.
Я вспоминáл егó фами́лию, но так и не вспóмнил.	I tried to recall his name, but I couldn't.

With verbs meaning 'learn, study', not all Imperfectives have matching resultatives (e.g. занимáться - see also Section 4, below); also, some Imperfectives have more than one resultative, depending on the meaning, e.g.,

учи́ться писáть   научи́ться писáть
      study, learn how to do something

учи́ться на врачá   вы́учиться на врачá
      study, acquire a profession

The result of studying, i.e., having learned, is expressed by the verbs изучи́ть, вы́учить, вы́учиться, and научи́ться. Научи́ться is the preferred form to use with an infinitive, while вы́учиться is the *only* one appropriate with на когó, e.g.,

Мáша *научи́лась* печáтать на маши́нке, тепéрь рабóтает маши́нисткой в учреждéнии. (Note that there is no way to say 'typist', masc., in Russian because маши́нист means railroad engineer. No problem has arisen so far, as no Russian male works as a typist.)

Мáша *вы́училась* на врачá, тепéрь рабóтает в больни́це, лéчит больны́х.

Он основáтельно *вы́учил/изучи́л* язы́к и культýру, и тепéрь рабóтает консультáнтом.

Он *вы́учился/научи́лся* немéцкому языкý, тепéрь рабóтает перевóдчиком.

These forms are summarized in the table on the next page.

SUMMARY

MEANING	FORM	RESULT
(1) busily engaged	занима́ться чем учи́ть что	- - - вы́учить
(2) go to school	занима́ться где учи́ться где учи́ться на кого́	- - - - - - вы́учиться
(3) acquire knowledge	занима́ться чем учи́ться чему́ учи́ться + Inf. учи́ть что изуча́ть что	- - - вы́учиться/научи́ться научи́ться (вы́учиться) вы́учить изучи́ть
(4) commit to memory	учи́ть что зубри́ть что	вы́учить вы́зубрить

3. 'To take a course'

A very common mistake that English speakers make in Russian is to translate literally the idiom 'take a course, take Russian', etc. The verb брать/взять is absolutely inadmissible in this context; the noun курс should be avoided, as it has a highly specialized meaning (see below).

Below the college level, the verb проходи́ть is widely used:

Что прохо́дят в шесто́м кла́ссе? В шесто́м кла́ссе прохо́дят матема́тику, биоло́гию и други́е предме́ты.

This verb can also be used to specify the topic within a subject:

Что вы сейча́с прохо́дите по литерату́ре? Мы сейча́с прохо́дим Некра́сова.

In this second meaning the same verb may be used by college students, although they prefer занима́ться:

Мы сейча́с занима́емся согласова́нием времён в англи́йском языке́.

In the first meaning, ходи́ть на ле́кции по, ходи́ть на заня́тия по, or simply у меня́ can be used. Слу́шать

лékции по (subject) у (professor) is permissible, but a
bit old-fashioned.

Какáя у тебя прогрáмма в этом семéстре? — Хожу́ на
   лékции профéссора Леóнтьева по древнеру́сской лите-
   ратýре и на семинáр по церкóвнославянскому.

Чем ты занимáешься в этом году́? — У меня лékции по
   сравни́тельной граммáтике славянских языкóв и спец-
   ку́рс по Достоéвскому.

Note that ходи́ть на ку́рсы means 'to take evening classes';
in a college context ходи́ть на лékции/ходи́ть на занятия
are preferable. Спецку́рс (similarly спецсеминáр) is
an elective course; a certain number of them are required for
graduation, but the student has a choice of which ones to take.

4. Заняться and занимáться

       Заняться is sometimes listed as the Perfective of
занимáться, but it is not really the Perfective partner.
Заняться is related to only one of the many meanings of
занимáться.

       As can be seen from the preceding sections of this
Analysis, занимáться has the following meanings:

(a)   занимáться = to study, to be busily engaged in
       studying

Пéтя сиди́т за столóм и занимáется.

Пéтя сиди́т и занимáется фи́зикой.

(b)   занимáться = to study, to go to school (or any other
       place where you learn things or how to do things)

Пéтя занимáется в медици́нском институ́те.

Пéтя занимáется хи́мией в университéте.

Пéтя занимáется в фотографи́ческом кружкé.

As these examples show, the subject of study may or may not
be mentioned (in the Instrumental) when the verb занимáться
is used in meaning (a) or (b). In meaning (c), the noun in
the Instrumental *must* be present:

(c)   занимáться = to study (a subject), to pursue (an
       activity)

Пéтя занимáется фи́зикой, рисовáнием, коллекциони́ро-
   ванием, тури́змом и т.д.

       The Perfective verb заняться means 'to begin to
study' *only* in meaning (c), 'to take up (a subject or activity)'. The verb заняться is *always* used with a noun in
the Instrumental denoting the subject of study or the pursued
activity.

Дима занялся плаваньем.   Dima took up swimming.

Лена бросила пение и   Lena dropped singing and
    занялась живописью.   took up painting.

5. Занятие— занятия, урок— уроки, курс— курсы, etc.

        Some Russian nouns have different meanings in the
singular and in the plural, or, put differently, there are
meanings which only the plural form possesses, and not the
singular (or vice versa). In this lesson we have mentioned
several of such nouns:

курс, Pl курсы   a course; a year of study (in
                                     a college)

курсы Pl only   an evening class

урок, Pl уроки   a class at school (below
                                     college level); a lesson
                                     (in a textbook)

уроки Pl only   homework (below college level)

занятие (по + Dat.), Pl
    занятия   a class

занятия Pl only (чем)   (somebody's) studies

    Мы сидели на занятии по физике.

    Студенты сейчас на занятиях.

    Петины интенсивные занятия физикой беспокоят его
    родителей.

Other nouns with peculiar singulars or plurals, not related
to studying:

долг, Pl долги   debt
долг Sg only   duty

выбор Sg only   choice
выборы Pl only   elections

дух Sg only   spirit
духи Pl only   perfume
дух, Pl духи   spirit, ghost

достоинство, Pl
    достоинства   merit
достоинство Sg only   dignity

отношение Sg only   attitude, point of view
отношения Pl only   relations, relationship

УПРАЖНЕ́НИЯ К ТЕ́КСТУ А

1. Preparatory Verb Drill

   Cover up one of the columns with a piece of paper and,
   while looking at or listening to one of the items in
   another column, say the proper form aloud. Check your
   answer by peeking (if you're working alone) or by the
   teacher's correction (if you're doing it in class).

   The stress pattern in this family of verbs depends on
   whether the prefix ends in a vowel (по-ня́ть, пойму́,
   пойму́т) or a consonant (с-нять, сниму́, сни́мут), but
   при-ня́ть is exceptional in this respect.

Impf	Pf	1 Sg Pf	3 Pl Pf
принима́ть	приня́ть	приму́	при́мут
понима́ть	поня́ть	пойму́	пойму́т
нанима́ть	наня́ть	найму́	найму́т
занима́ться	заня́ться	займу́сь	займу́тся
снима́ть	снять	сниму́	сни́мут
отнима́ть	отня́ть	отниму́	отни́мут

Past M	Past F	Past Pl
при́нял	приняла́	при́няли
по́нял	поняла́	по́няли
наня́л	наняла́	наня́ли
занялся́	заняла́сь	заняли́сь
снял	сняла́	сня́ли
о́тнял	отняла́	о́тняли

Now substitute the proper form of принима́ть/приня́ть:

Она́ вчера́ (took) его́ за Серёжу.
Мы всё вре́мя (take)...
Я наве́рное (must have taken, took)...
Я за́втра (will take - Pf.)...
Они́ всегда́ (will take - Impf.)...

Repeat, using (instead of Серёжа): Бори́с, Ива́н
Серге́евич, твои́ сёстры, Еле́на Серге́евна and/or
names of other people in the class.

2. Preparatory Drill on похож + Acc.

Substitute the proper form of похож.

Model: Они *похожи на* родителей.

Я		parents
Мы		Vasya
Они	похож (а,е,и) на	(each other)
Она		Boris
Мы с Васей		Natasha
Они с Васей		Kolya

Translate into Russian:

You and Peter have similar *voices/noses/eyes/ears/knees/ telephone numbers.*

3. Conversation Exercise

Play the roles in this conversation, with the instructor playing role A, until you can do it without looking at the book. Substitute the names of people in the classroom, famous people, teachers, etc.; include some patronymics and some professional titles with last names (e.g. доктор Смирницкий). Then have both roles played by students.

А. Простите, вы *Серёжа?*

Б. Нет, я *Дима.*

А. Я вас принял за *Серёжу.*

Б. Нас все путают. Мы с *Серёжей* очень похожи.

4. Conversation Exercise

Consult the Text and translate this conversation. Then, without the book, substitute your own names or names as in Exercise 3.

A. Hello.
B. Hello, John?
A. No, this is Jim.
B. Hi, Jim. I thought you were John. You have very similar voices.
A. Who's this? Bob?
B. No, it's Len.
A. Hi, Len. I thought you were Bob. You have very similar voices.
B. Is John home?
A. No, he isn't.
B. Well, goodbye, then.
A. So long.

5. Preparatory Drill: numerals (Comment 2)

Practice numerals in using the phone. Say the number as in the Text (in groups), not as in English (separate digits).

Pretend your arm is in a sling and you are asking your friend to dial for you. Use familiar numbers, e.g. your own. Student Б either picks up the imaginary receiver from the table or from the wall, so that A knows what to say at the end of the dialogue.

А. Набери́ пожа́луйста ....

Б. (Снима́ет тру́бку, набира́ет и повторя́ет но́мер вслу́х) ....

А. Ты набра́л(а́) не тот но́мер. (Повторя́ет пра́вильный но́мер.) ....
ЙЛИ (е́сли Б пра́вильно набра́л): Спаси́бо, но я переду́мал. Положи́/Пове́сь тру́бку.

6. Conversation Topic (Comment 1,8,9)

One person calls up another and they have a conversation like Kolya and Seryozha's. Use the following expressions, along with any others you may want to include.

А.	Б.
набира́ет вслух	алло́
как дела́	
пойдём в кино́ схо́дим	занима́ться
	контро́льная
как хо́чешь	
когда́ тебе́ ни	
позвони́шь	переду́мать
переда́ть приве́т	до ско́рого

УПРАЖНЕ́НИЯ К ТЕ́КСТУ В

7. Conversation Topic

You are bringing *your college roommate* home to meet your *mother* (Еле́на Серге́евна), *father* (Бори́с Льво́вич), *sister, brother, dog,* etc. You make elaborate introductions. Your roommate then carries on a few meaningless conversations, and everybody says elaborate farewells.

8. Conversation Topic

You are a doorman in a busy office building (учреждéние).
In the morning you greet everybody coming in (don't forget
to differentiate properly between division heads and
messenger boys). Before you have time to say one, two,
three, (Не успéваете вы оглянýться, как) the work
day is over and you bid everybody farewell.

УПРАЖНÉНИЯ К АНÁЛИЗУ

9. Conversation Exercise

Before you do the exercise, practice saying the department
names by covering the column on the left. Then do the
exercise without the book.

А. Когдá кóнчу шкóлу, пойдý на *физфáк*.

Б. А чем занимáются на *физфáке?*

А. *Физикой*.

на химфáк	Chemistry Department
на матмéх (мехмáт)	Mathematics Dept.
на физфáк	Physics Dept.
в университéт на отделé-ние рýсской литератýры	Russian Literature Dept.
в университéт на отделé-ние англи́йского языкá	English Dept.
в университéт на отделé-ние испáнского языкá	Spanish Dept.
в университéт на отделé-ние немéцкого языкá	German Dept.
в университéт на отделé-ние францýзского языкá	French Dept.
на истфáк	History Dept.
на биофáк	Biology Dept.
на геофáк	Geology Dept.

10. Conversation Exercise (Analysis 1, 3)

The conjunction когда can be omitted in the first speech.
Student Б may choose either of the two verbs given in the
fourth speech. Use the list of subjects in the preceding
exercise and add any you want.

    А. (Когда́) ко́нчу шко́лу, пойду́ на *физфа́к*.

    Б. А чем занима́ются на *физфа́ке?*

    А. *Фи́зикой.*

    Б. Ты же *проходи́л фи́зику* в шко́ле.
              учи́л фи́зику

    А. Да, но то́лько на *физфа́ке* я смогу́ основа́тельно
       изучи́ть *фи́зику*.

11. Conversation Exercise (Comment 11, Analysis 4)

    А. Как вы хорошо́ зна́ете *фи́зику!*

    Б. Я когда́-то учи́лся на *физфа́ке*.

    А. Я то́же хочу́ когда́-нибу́дь заня́ться *фи́зикой*.

    Б. Когда́ ко́нчишь шко́лу— иди́ на *физфа́к*.

12. Conversation Exercise

Practice by covering up each column before doing the
exercise without the book.

    А. Я хоте́л бы стать *врачо́м*.

    Б. Тогда́ иди́ в *медици́нский институ́т*.

врач	медици́нский институ́т
шофёр	ку́рсы шофёров (шофёрские ку́рсы)
портно́й	ку́рсы кро́йки и шитья́
музыка́нт	консервато́рия
перево́дчик	ку́рсы иностра́нных языко́в
машини́стка	ку́рсы машинописи
учи́тель	педагоги́ческий институ́т
экономи́ст	экономи́ческий факульте́т университе́та

13.   Conversation Exercise   (Comment 13)

Student Б must think up a subject, and give Professor X a Russian surname, masculine or feminine.

А. Почему́ ты *такóй мрáчный/такáя мрáчная?*

Б. У меня́ тóлько что была́ лéкция по *биолóгии.*
                           бы́ло заня́тие по *биолóгии.*

А. Кто читáет э́тот ку́рс?
     Кто ведёт э́ти заня́тия?

Б. Профéссор *Петрóв/Петрóва.*

А. Я же тебé говори́л, не ходи́ к нему́/к ней на лéкции. *Петрóв— ужáсный зану́да/Петрóва— ужáсная зану́да.*

14.   Conversation Exercise   (Analysis 2)

Reply with a sentence indicating result, using the appropriate *past Perfective* verb form. Preparatory Drill: do the verbs alone with various subjects (онá, мы, они́...)

А. Ты всё ещё *у́чишься на шофёра?*

Б. Нет, я ужé *вы́учился на шофёра.*

Я учу́сь на инженéра.
Я учу́ нóвые словá.
Я учу́сь немéцкому языку́.
Я учу́сь игрáть на скри́пке.
Я учу́сь игрáть в шáхматы.
Я зубрю́ ру́сские су́ффиксы.
Я учу́ окончáния и пристáвки.
Я учу́сь на арти́ста.
Я учу́сь математике.
Я зубрю́ стихотворéния наизу́сть.
Я учу́сь води́ть маши́ну.
Я учу́ непрáвильные глагóлы.

15. Conversation Exercise (Analysis 2)

Hold conversations as in the models. If you have a direct
object, use a pronoun as in the second model. Use substitutions from the preceding exercise.

А. Ты всё ещё *учишься на шофёра?*

Б. Я бу́ду *учи́ться* пока́ не *вы́учусь.*

А. Ты всё ещё *учишь но́вые слова́?*

Б. Да, я бу́ду *их учи́ть,* пока́ не *вы́учу.*

16. Conversation Exercise (Analysis 2)

Two students hold a conversation like the one illustrated,
choosing a subject and a profession from the ones listed
below. Preparatory Drill: translate the list.

А. Са́ша опя́ть занима́ется *фи́зикой.*

Б. Неуже́ли ему́ не надое́ло? Я бы на его́ ме́сте
бро́сил *фи́зику* и вы́учился на *шофёра.*

physics; chemist   math; tailor/dressmaker
philosophy; engineer   music; lawyer
literary criticism; doctor   linguistics; driver

17. Conversation Exercise (Analysis 4)

А. Са́ша опя́ть занима́ется *фи́зикой.*

Б. Я бы на его́ ме́сте бро́сил *фи́зику* и заня́лся
му́зыкой.

physics; music   medicine; astronomy
mathematics; Russian   biology; economics
chemistry; biology   music; linguistics
German; physics   logic; astrology

18. Preparatory Drill (Analysis 2)

Fill in the table.

	1 Sg	3 Pl	Impf inf	3 Pl
реши́ть				
поступи́ть				
доби́ться				
сдать				
убеди́ть				
вспо́мнить				
доказа́ть				
привы́кнуть				
изучи́ть				

19.   Preparatory Drill   (Analysis 2)

The student (Б) gives a negative answer to the teacher's
(A) question as in the model.

А. Ты *уговорил приятеля пойти в кино?*

Б. Нет, я его долго *уговаривал*, но так и не
уговорил.

Ты решил задачу по физике?
Ты купил себе ботинки?
Ты поступил на курсы шофёров?
Ты добился гражданских прав?
Ты убедил соседей не шуметь?
Ты учился водить машину?
Ты сдал экзамен по химии?
Ты вспомнил, как по-английски "окно"?
Ты доказал приятелю, что земля круглая?
Ты привык   к новой квартире?
Ты учил стихотворение Блока наизусть?
Ты зубрил русские суффиксы?

20.   Conversation Exercise   (Analysis 2)

А. Что ты делал вчера?

Б. *Уговаривал приятеля пойти в кино.*

А. Долго *уговаривал?*

Б. Три часа.

А. Ну и как?

Б. Так и не *уговорил.*

УПРАЖНЕ́НИЯ НА МАТЕРИА́Л ВСЕГО́ УРО́КА

21. Conversation Topic

You and *your friend* are having a talk. It is the beginning of the term. You are taking a course from the famous ProfessorX; your friend is taking a course with the infamous Professor Y. Professor Y already gave your friend a lot of work. No wonder your friend wants to quit school and

1. take up music.
2. take a course in typing and become a secretary.
3. take up sports (tennis, football, etc.).
4. take a guitar course.
5. take a course in foreign languages and learn to chat in English.
6. take a sewing course.

In your lengthy conversation, use the following words and expressions:

занима́ться, заня́ться, пойти́ на ку́рсы чего́, нам опя́ть мно́го за́дали, ходи́ть на ле́кции (на спецку́рс) профе́ссора X, занима́ться в спецсемина́ре у профе́ссора Y.

22. Conversation Topic

You and *your little sister (brother)* are having a talk. Ask her what she is studying in school, what she gets for homework, what she wants to do after she finishes school. She doesn't like school, but says she wants to be a doctor/lawyer/engineer/chemist/professor. You tell her that in order to do that, she has to finish school, go to an institute and get a degree.

Use the following words and expressions:

Что ты сейча́с прохо́дишь в шко́ле? Ско́лько вам задаю́т? Что́бы стать...на́до учи́ться... Занима́ться в кружке́. Получи́ть дипло́м.

23. Conversation Topic

You are *Stanley*, looking for *Livingston*. Finally you find him. Introduce yourself, tell him you've been looking for him for a long time; everybody's been trying to persuade you to stop the search, but you were convinced you'd find him. Proceed to discuss your student years: it turns out you went to the same school and had the same teachers. Most of them were bores, but some of them were ignoramuses.

24. Conversation Topic

Think of someone you know well (a member of your family,
a friend, a famous person, or even yourself) and present
an educational biography of the sort that might appear on
a job application. For example:

High school diploma received in June 19__.
Relevant courses:
Entered trade school in September 19__.
Quit. Tried to enter conservatory but failed. Took up
   law.
Etc.

25. Conversation Topic

Conduct an interview between a college admissions officer
and a prospective freshman. The interviewer finds out
which college preparatory courses were taken which year
and what the student wants to take up in college. He may
wish to ask the student why eight language courses are
listed, with almost no science or math. Or perhaps the
situation is the reverse. Use your own experience and
imagination. Other possible interviews: for grad school
admissions; for a job of any sort; for study abroad.

МНЕ ПРИШЛÓСЬ,ХОТЯ́ Я И НЕ ДÓЛЖЕН

ТЕКСТ А. СОБРА́НИЕ

Небольша́я гру́ппа студе́нтов филологи́ческого
факульте́та собрала́сь в приёмной дека́на факульте́та.
Пе́ред студе́нтами, за дли́нным столо́м, сидя́т два
челове́ка, сам дека́н и секрета́рь комсомо́льской
организа́ции факульте́та, блонди́н лет двадцати́ пяти́, с
аккура́тным[1] пробо́ром и в се́ром костю́ме-тро́йке.
Собра́ние открыва́ет секрета́рь:

Това́рищи, вы все зна́ете, заче́м вас сюда́
пригласи́ли. За́втра к нам прибыва́ет гру́ппа америка́н-
ских студе́нтов, кото́рая бу́дет проходи́ть обуче́ние[2] на
ку́рсах при на́шем факульте́те. Вам бу́дет дове́рено
встре́тить их, приня́ть, обща́ться с ни́ми и так да́лее—
вообще́ проследи́ть, чтобы всё бы́ло в поря́дке.

Как я понима́ю, с ва́ми уже́ проводи́л бесе́ду[2]
това́рищ из пе́рвого отде́ла,[3] так что я повторю́ то́лько
основны́е положе́ния.[2] Таки́е гру́ппы приезжа́ют к нам уже́
не в пе́рвый раз. Из про́шлого о́пыта[4] могу́ вам сказа́ть,
что лю́ди в них попада́ются ра́зные. Коне́чно, не все
америка́нцы — шпио́ны, но осторо́жность и бди́тельность
никогда́ не помеша́ют. К сожале́нию, не все на́ши
студе́нты ока́зываются на высоте́ положе́ния:[2] не́которые
поддаю́тся на за́падную пропага́нду, а иногда́, пря́мо
ска́жем, и на материа́льные собла́зны. Вот в про́шлом
году́ одна́ студе́нтка — не ста́ну называ́ть имён, да вы,
наве́рное, и так зна́ете, о ком я говорю́ — так вот,
одна́ студе́нтка подружи́лась с америка́нцем, зачасти́ла
с ним в рестора́ны, появи́лись на ней заграни́чные
тря́пки,[5] так что пришло́сь нам привле́чь внима́ние[2]
парти́йной организа́ции и дека́ната. Там сде́лали
соотве́тствующие вы́воды,[2] и тепе́рь э́та студе́нтка уже́
не с на́ми. Так что сде́лайте и вы свои́ вы́воды. Веди́те
себя́ ве́жливо, но с досто́инством. Е́сли вы чу́вствуете,
что како́й-то из на́ших госте́й ведёт себя́ подозри́тельно,
заво́дит антисове́тские разгово́ры, предлага́ет почита́ть
за́падные газе́ты или журна́лы — неме́дленно сообщи́те
мне, или пря́мо в пе́рвый отде́л. Каки́е есть вопро́сы?

Ко́ля: Домо́й мо́жно приглаша́ть?

Секрета́рь: Мы не запреща́ем, но и не сове́туем.
Во вся́ком слу́чае, е́сли бу́дете приглаша́ть, поста́вьте
нас в изве́стность.[2] Ещё вопро́сы? (*Па́уза*) Ну, е́сли
нет бо́льше вопро́сов, то на́ша пове́стка дня исче́рпана.[2]
Собра́ние объявля́ется закры́тым.

КОММЕНТА́РИИ, ТЕКСТ А

1. *Аккура́тный* зна́чит 'neat'. *Аккура́тный* НЕ зна́чит 'accurate'. 'Accurate' зна́чит *то́чный, пра́вильный*.

2. Вме́сто *проходи́ть обуче́ние* Секрета́рь мог сказа́ть про́сто *учи́ться* и́ли *занима́ться*. Речь Секретаря́ изоби́лует канцеляри́змами и бюрократи́змами, кото́рые приво́дятся ни́же. Бо́лее подро́бно они́ обсужда́ются в уро́ке 11; в э́том уро́ке они́ помещены́, что́бы дать вам представле́ние о бюрократи́ческом сти́ле ре́чи.

проходи́ть обуче́ние (=учи́ться, обуча́ться)	attend school
(про)инструкти́ровать (=провести́/проводи́ть инструкта́ж)	to brief, give a briefing
как я понима́ю...	as I understand it,...; my understanding is that...
провести́/проводи́ть бесе́ду (=бесе́довать)	to have a conversation, give a briefing
осно́вные полже́ния	main theses, basics
быть/оказа́ться на высоте́ положе́ния	live up to the occasion
привле́чь/привлека́ть внима́ние + Gen.	to attract one's attention
(с)де́лать вы́вод	draw a conclusion
соотве́тствующий (вы́вод)	appropriate (conclusion)
поста́вить в изве́стность (=извести́ть, сообщи́ть)	let know
переда́ть/передава́ть сло́во	give the floor
Пове́стка дня исче́рпана.	Our agenda is completed.

3. Пе́рвый отде́л — отде́л представи́теля КГБ. Обы́чно помеща́ется ря́дом с отде́лом ка́дров (personnel office). Пе́рвый отде́л име́ется во всех без исключе́ния ВУЗах и при большинстве́ предприя́тий и учрежде́ний. Представи́тель пе́рвого отде́ла всегда́ прово́дит инструкта́ж (briefing) с сове́тскими гра́жданами, кото́рым предсто́ит встре́ча с иностра́нцами; речь секретаря́ представля́ет собо́й образе́ц тако́го инструкта́жа. Бо́лее подро́бно о пе́рвых отде́лах и о совреме́нных ме́тодах КГБ см. Hedrick Smith, The Russians, Times Books Inc., New York, 1976, chapter 18.

4. См. Коммента́рий 8 к те́ксту Б.

5. Тря́пки (literally *rags*) — презри́тельное назва́ние
оде́жды, осо́бенно мо́дной же́нской оде́жды, когда́
говоря́щий хо́чет подчеркну́ть, что облада́тель э́той
оде́жды уделя́ет ей сли́шком мно́го внима́ния,
наприме́р:

За тря́пки она́ гото́ва	She's prepared to sell her
ду́шу прода́ть.	soul for her threads.
На её тря́пки ухо́дит	Half of his salary goes to
полови́на его́ зарпла́ты.	pay for her threads.

ТЕКСТ Б. ПОЧЕМУ́ ТЫ ТАК ПО́ЗДНО?

Ко́ля возвраща́ется домо́й из университе́та по́зже,
чем обы́чно. Его́ встреча́ет рассе́рженная Мари́на
Никола́евна.

М.Н. Ко́ля! Почему́ ты так по́здно?[1] Ты до́лжен был
верну́ться в шесть а сейча́с уже́ де́сять.

К. Прости́, ма́мочка. У нас на факульте́те бы́ло
собра́ние,[2] и мне обяза́тельно на́до бы́ло прису́тст-
вовать.

М.Н. На́до бы́ло позвони́ть домо́й, предупреди́ть.[3]

К. У меня́ не́ было двухкопе́ечной моне́ты.[4] Да и
вре́мени не́ было, собра́ние начало́сь в пять, мне
пришло́сь пойти́ туда́ пря́мо с заня́тий.[5]

М.Н. На́до всегда́ име́ть в карма́не двухкопе́ечную
моне́тку. Ма́ло ли что мо́жет случи́ться![6] Ча́сто
ведь быва́ет, что сро́чно на́до позвони́ть. А о
чём бы́ло собра́ние?

К. К нам приезжа́ет гру́ппа америка́нских студе́нтов
на четы́ре ме́сяца, занима́ться ру́сским языко́м.
Обсужда́ли, кому́ их встре́тить, как с ни́ми
обща́ться, и всё тако́е.

М.Н. Заче́м тебе́ э́ти америка́нцы? Ох, Ко́ля, с тобо́й
одни́ пережива́ния![7] Ты до́лжен занима́ться,
сиде́ть на заня́тиях, а тебе́ придётся с ни́ми
ходи́ть по музе́ям и экску́рсиям.

К. Так я же с ни́ми по-англи́йски бу́ду разгова́ривать.
Лу́чше любы́х заня́тий. Мне как раз на́до
набра́ться о́пыта[8] живо́й разгово́рной ре́чи. А
грамма́тику я уже́ давно́ всю вы́учил. Че́стное
сло́во, ма́ма, не на́до так беспоко́иться.

Американцы тоже люди, стоит с ними познакомиться, хотя бы из любопытства.

М.Н.   Как ты хорошо умеешь уговаривать! Тебе бы на
дипломата учиться, а не на филолога. Пойдём
на кухню, я тебе дам обедать. Всё уже остыло,
конечно, придётся разогревать.

К.   А вы давно уже обедали?

М.Н.   Конечно. Я после обеда уже успела и посуду
помыть, и плиту почистить, и постирать.[9]

К.   А что, стиральная машина работает?[10]

М.Н.   Да, отец починил. Две недели собирался. Я
уже думала, что придётся вызывать механика.
Когда тебе завтра вставать?

К.   Ох, мне завтра рано вставать, в шесть часов.

М.Н.   Почему так рано?

К. Мне с утра ехать в аэропорт, встречать американцев.

М.Н.   Говорила же я тебе, что с ними одни переживания.

КОММЕНТАРИИ, ТЕКСТ Б

1. Why are you so late?

    Русское предложение, на первый взгляд, очень
    похоже на английский перевод, но это сходство
    обманчивое. Слово *поздно* в русском предложении—
    наречие, а слово 'late' в английском предложении—
    прилагательное. Русское предложение получилось в
    результате эллипсиса глагола в предложении:
    Почему ты пришёл так поздно? Глаголы движения
    часто подвергаются эллипсису, см. Analysis, 5.1.

2. We had (There was) a meeting at our department. Сочетание
    у + Gen. часто употребляется в русском языке
    вместо притяжательных местоимений и прилагательных,
    особенно в обстоятельствах места:

    *У нас на заводе приняли решение повысить
    производительность труда.*

    У них в институте состоялись выборы в профком.

    *У него в университете часто показывают интересные
    фильмы.*

    Аналогично, в обстоятельствах места, указывающих
    направление, притяжательные местоимения заменяются
    сочетаниями к + Dat.:

    К нам на завод прислали нового директора.

К ним в институт далеко ехать.

К нему в университет на трамвае можно доехать.

Предложения такого рода часто бывают многозначны (ambiguous), например:

К нему на квартиру не дозвонишься.	You can never reach him at his apartment (by phone).
	OR: You can never reach his apartment (by phone).

3. В разговорном русском языке часто встречаются два глагола подряд, из которых второй уточняет цель действия, выраженного первым глаголом.

Надо было сходить к врачу, посоветоваться.

Надо будет посидеть на собрании, послушать, что говорят.

Хорошо бы погулять, подышать свежим воздухом.

4. Чтобы позвонить из телефона-автомата, нужна медная монета достоинством в две копейки. Их бывает очень трудно найти.

5. Не путайте слова *прямо* 'directly' и *сразу* 'right away'. *Прямо*— обстоятельство места, а *сразу*— обстоятельство времени.

Они поехали прямо домой.	They went directly home.
Они сразу поехали домой.	They went home immediately.

6. Who knows what might happen!

7. Обратите внимание, что

переживания (только мн.)	— troubles, worries
переживание (ед. и мн.)	— an experience

Самое радостное пере- *живание в её жизни было* *когда она наконец купила* *дом.*	The happiest experience in her life was when she finally bought a house.

8. I must get some experience in colloquial speech. В этом значении, слово experience соответствует русскому слову *опыт*.

У него большой препода- *вательский опыт.*	He has a lot of teaching experience.

Обратите внимание, что

опыт только ед.	— experience
опыт ед. и мн.	— an experiment

После долгой серии подготовительных опытов на животных, учёные наконец поставили главный, решающий эксперимент на человеке.	After a long series of preparatory experiments on animals, the scientists finally performed an important, definitive experiment on a human.

Не следует думать, что слово an experience всегда соответствует русскому слову *переживание*. Приведём ещё несколько примеров его употребления:

I had such a nice experience.	*Мне было так хорошо.*
Tell us about your experiences in Africa.	*Расскажите, как вы были в Африке.*
It was a strange experience.	*Это был странный случай.*
Childhood experiences	*Впечатления детства*

9. Перечислим здесь самые распространённые домашние обязанности:

убирать в квартире (квартиру)	clean up the apartment
(по)мыть посуду	wash the dishes
(про)полоскать (бельё)	rinse (linen)
сполоснуть/споласкивать (посуду)	rinse (dishes)
(по)чистить плиту	clean the stove
(по)стирать	do the wash
(по)менять (постельное бельё)	change the bedding
(по)мыть пол	wash the floor
подмести/подметать пол/комнату	sweep the floor/room
(про)пылесосить ковёр	vacuum the rug
накрывать на стол	set the table
убирать со стола	clear the table
(по)стелить постель	make the bed
(при)готовить обед, завтрак, ужин	prepare lunch, breakfast, dinner
(с)ходить в магазин	go shopping

10. Стиральные машины в Советском Союзе появились сравнительно недавно. Существующие модели довольно примитивны: с одного режима работы

на другóй прихóдится переключáть вручнýю.
Сушúлок (driers) прóсто не существýет.

Привóдим назвáния ещё нéскольких электробытóвых
прибóров (appliances):

посудомóйка (óчень большáя рéдкость)	dishwasher
пылесóс	vacuum-cleaner (literally dust-sucker)
мúксер	blender
электрополотёр	floor-polisher

ANALYSIS

1. Expressions of necessity: дóлжен, прихóдится, нáдо and their synonyms

In both English and Russian there are a large number of
words used to express some sort of necessity (e.g., *must, have
to, be supposed to, ought to, got to, be to, be forced to,*
etc.). Because of this variety of terms and because of their
many shades of meaning, it is hard to match up the English
and Russian expressions in any meaningful way. Therefore, we
have listed the various Russian words according to their
general meanings and usage, without trying to give every
possible English counterpart.

The meanings to be discussed are divided into two groups,
those involving people (Group A), and those not restricted
to humans (Group B). This is an important distinction in
Russian, particularly in using дóлжен vs. нáдо, i.e., one
can use only дóлжен (not нáдо) in a sentence such as
the following:

Автóбус дóлжен прийтú в 5 ч.   The bus is due to (should)
                                come at 5.

The meanings and forms to be discussed in the following
sections are listed below; the numbers correspond to section
numbers.

Group A: of concern to some person

1.1   Morally or legally obligatory (obliged, must, have to,
       should...) E.g., *Truck drivers have to take a course
       in driving.* (It's their duty; it's a requirement for
       obtaining a license.)
       обя́зан, дóлжен

1.2   Imposed necessity (have to, must, be forced to, be bound to...) E.g., *I'll have to drive to D.C. tonight.* (I don't particularly want to, but the boss told me to.)
прихо́дится, заставля́ть, вынужда́ть

1.3   Needed (have to, must, need to...) E.g., *If you want to be a truck driver, you have to take a course in driving.*
на́до/ну́жно, необходи́мо

2.   Necessity for someone else to do something; from commands to advice (Do it! you must, you ought to, it would be worthwhile to...) E.g., *Take a driver's ed. course!* (It would make sense for you to take a driver's ed. course.)
Infinitives, imperatives, до́лжен, на́до/ну́жно, сле́дует, сто́ит/сто́ило бы

3.1   Heightened necessity (really have to, absolutely must...) E.g., *I really have to attend this course.*
обяза́тельно, непреме́нно

3.2   Diluted necessity (should - but won't, should have - but didn't...) E.g., *I should have taken the course, but I didn't.*
бы

4.   Necessity without specifying the person involved (one must, one should...) E.g., *One must take a driver's ed. course to get licensed.*
на́до/ну́жно, прихо́дится, сле́дует, сто́ит

Group B: not restricted to humans

5.   Scheduled events (be due to, be supposed to...) E.g., *The man/The bus is (due) to be there at five.*
до́лжен, на́до/ну́жно

6.   Inferred events (must, must have, probably...) E.g., *You must have taken a driver's ed. course - you're an excellent driver. It must be cold outside.*
до́лжен, должно́ быть, наве́рное, скоре́е всего́

Group A: of concern to some person

1.1 Morally or legally obligatory: обя́зан, до́лжен.

Обя́зан unambiguously means morally or legally obliged.

Де́ти обя́заны помога́ть роди́телям.

Ка́ждый гражда́нин СССР обя́зан бере́чь и укрепля́ть социалисти́ческую со́бственность... (Конститу́ция СССР)

The ambiguous form до́лжен can replace обя́зан. If there is no broader context to indicate otherwise, до́лжен is most likely to be interpreted as having this meaning; compare:

Я до́лжен (=Я обя́зан) мно́го   It is my duty to...
  занима́ться.

But:

Я до́лжен (=мне на́до) мно́го   I have to (must)...
  занима́ться, что́бы сдать   (cf. 1.3)
  э́тот экза́мен.

1.2 Imposed: прихо́дится, заставля́ть, вынужда́ть

     Прихо́дится is used to indicate that the necessity
is annoying, undesirable, unfavorable, or simply imposed by
outside circumstances. For example:

Мне придётся прода́ть мой   I'll have to sell my trap
  уда́рник: совсе́м жить не́   set: I have nothing to
  на что.   live on.

Ми́ше пришло́сь приня́ть   Misha had to make a deci-
  реше́ние. Бо́льше откла́ды-   sion. He couldn't put
  вать бы́ло нельзя́.   it off any longer.

Ни́не прихо́дится отка́зывать   Nina has to deprive herself
  себе́ во всём, что́бы накор-   of everything in order to
  ми́ть дете́й.   feed her children.

     Note these other shades of meaning which may be associ-
ated with прихо́дится depending on its tense and aspect.

Perfective non-past: prediction

Вам придётся не раз с ним   You'll have to (You're
  встре́титься.   bound to)...

Perfective past: predestination

Мне пришло́сь (=мне суждено́   I had to (was destined to,
  бы́ло) ещё раз с ним   was to)...
  встре́титься.

Imperfective: passive role of the subject

По рабо́те мне ча́сто при-   My work often brought me
  ходи́лось встреча́ться с   into contact with my
  нача́льником.   boss.

Imperfective future is never used.

     The past participial form вы́нужден can be used as
a synonym of прихо́дится:

Ми́ше пришло́сь (Ми́ша вы́нужден был) приня́ть реше́ние.

     The verbs вынужда́ть/вы́нудить and their more common
synonym заставля́ть/заста́вить (the latter having no past
passive participle!) differ from вы́нужден in that they
normally imply that some person or persons are responsible for
the coercion, whereas вы́нужден implies that some unnamed

circumstances are responsible. Compare:

Ми́шу вы́нудили (заста́вили) жени́ться.	Mike was forced (by *someone*) to get married.
Ми́ша вы́нужден был жени́ться.	Mike was forced (because of *something*) to get married.

The circumstances implied by вы́нужден may originally have been created by humans, but they are nevertheless circumstances; in other words, the use of вы́нужден implies an *indirect* involvement of the person, through certain circumstances, whereas вынужда́ть/вы́нудить means direct coercion by the person. Compare:

Ма́ша вы́нудила Ми́шу жени́ться на ней.	Mary forced Mike to marry her (direct coercion).
Ма́ша сплела́ таку́ю то́нкую интри́гу, что Ми́ша про́сто вы́нужден был жени́ться на ней.	Mary spun such a subtle web of intrigue that Mike was simply forced (by these circumstances) to marry her.

It was stated above that вынужда́ть and заставля́ть "normally imply" that people rather than circumstances are responsible for the coercion. This does not mean that circumstances cannot be the subject of these verbs: they can, but this has to be explicitly stated; otherwise the implication is that people are responsible.

Обстоя́тельства вы́нудили (заста́вили) Ми́шу жени́ться на ней.

Всенаро́дное возмуще́ние вы́нудило (заста́вило) Ни́ксона пода́ть в отста́вку.

A note on Russian-English translation: it would be a mistake to associate only the passive participle вы́нужден with English passives, because the English passive most often corresponds to a particular word order in Russian, i.e., object before verb. Compare:

Ми́шу заста́вили...	Mike was forced to...
Ми́ша вы́нужден был...	Mike had to..., was forced to...

1.3 Dictated by need, common sense: на́до/ну́жно, необходи́мо

На́до and ну́жно are practically interchangeable, though ну́жно suggests the subject's involvement and interest a little more strongly. They express necessity which arises out of one's own interest, when one expects some positive result. Compare:

Я до́лжен ходи́ть на рабо́ту ка́ждый день.	(This is my duty as a member of society or my contractual obligation.)
Мне прихо́дится ходи́ть на рабо́ту ка́ждый день.	(...and I don't feel happy about it, either.)
Мне на́до (ну́жно) ходи́ть на рабо́ту ка́ждый день.	(To feel good, or to make money, or to please the boss...)

The positive result may often appear explicitly in a чтобы clause or чтобы plus infinitive, e.g.,

Что́бы вы́учиться на шофёра, на́до учи́ться на ку́рсах шофёров.

Необходи́мо plus infinitive unambiguously emphasizes necessity:

Что́бы вы́учиться на шофёра, необходи́мо учи́ться на ку́рсах шофёров.	The only way to learn to be a driver is to...
Вам ну́жно - вам про́сто необходи́мо пойти́ к врачу́.	You need to - you simply have to...

2. Necessity for someone else to do something: infinitive, imperative, до́лжен, на́до/ну́жно, сле́дует, сто́ит

There are many gradations in the intensity of expressing the necessity for someone else to do something, ranging from command to obligation, to friendly advice.

Молча́ть! Слу́шать внима́тельно!
Молчи́те и внима́тельно слу́шайте!
Вы должны́ (Вам на́до) молча́ть и внима́тельно слу́шать.
Вам сле́дует молча́ть и внима́тельно слу́шать.
Вам сто́ит молча́ть и внима́тельно слу́шать.
Вам сто́ило бы молча́ть и внима́тельно слу́шать.

The substitution of сле́дует for до́лжен renders precisely the shift from imposed obligation to advice. Unfortunately, the word сле́дует is a little bookish and suggests a teacherly attitude. In a natural everyday conversation, на́до is more appropriate. Compare:

Я ду́маю, при ва́ших спосо́бностях к матема́тике вам сле́дует поступи́ть в университе́т.

По-мо́ему, с твои́ми математи́ческими спосо́бностями тебе́ на́до пойти́ в университе́т.

Сто́ит roughly corresponds to 'It would make sense to do something'; it expresses advice or a recommendation based on an estimate and personal opinion. In most cases Perfective infinitives are used with сто́ит.

По-мо́ему, тебе́ сто́ит пойти́ на ку́рсы, е́сли ты хо́чешь стать профессиона́льным шофёром.	I think it would make sense...
Тебе́ сто́ит побыва́ть на э́той вы́ставке.	You might be interested in...
Э́тот фильм о́чень да́же сто́ит посмотре́ть.	I highly recommend this movie.

Here are some other idiomatic uses of сто́ит plus infinitive; do not confuse them with the modal usage described above.

Сто́ило ему́ появи́ться в ко́мнате, как все умо́лкли.	Hardly had he appeared in the room when everybody fell silent.
Ему́ ничего́ не сто́ит реши́ть э́ту зада́чу.	It's a cinch for him to solve this problem.
Ему́ ничего́ не сто́ит оби́деть челове́ка.	It wouldn't bother him to hurt someone's feelings.

3.1 Heightened necessity: обяза́тельно and непреме́нно

The adverbs обяза́тельно and непреме́нно can modify the words with the meaning of necessity, usually до́лжен, на́до/ну́жно, and сле́дует. Непреме́нно is preferable to обяза́тельно when used with сто́ит; otherwise they are interchangeable; they correspond to the English adverbials 'really, by all means'.

Вы обяза́тельно (непреме́нно) должны́ ⎫
Вам обяза́тельно (непреме́нно) на́до ⎬ пойти́ к врачу́.
Вам обяза́тельно (непреме́нно) сле́дует ⎭
Вам непреме́нно сто́ит

This adverbial use of обяза́тельно is not to be confused with its use as a predicate, as in the last two examples below, where it means 'obligatory, required'.

Он обяза́тельно до́лжен при- ⎫
  су́тствовать на э́том заня́тии. ⎬ He should by all means
Ему́ обяза́тельно сле́дует (на́до) ⎪ (He really has to)
  прису́тствовать на э́том ⎪ attend this session.
  заня́тии. ⎭

Прису́тствовать на заня́тиях— ⎫
  обяза́тельно. ⎬ Attendance is required.
Посеще́ние заня́тий— обяза́тельно. ⎭

In English, necessity can also be heightened by using

the rather stuffy construction *It is necessary (for someone) to do something* or *It is necessary that (he do something)*. They correspond to Russian sentences with heightened necessity expressed by совершённо необходимо, обязáтельно нáдо plus infinitive or чтóбы clause.

Совершённо необходимо, чтóбы он посещáл занятия.

Емý обязáтельно нáдо посещáть занятия.

(Обязáтельно) нáдо, чтóбы он посещáл занятия.

The quite colloquial and ordinary style нáдо plus infinitive should never be translated with the stuffy English phrase 'It is necessary...', a common mistake of inexperienced translators and, unfortunately, even the best dictionaries.

Обязáтельно does not, however, have a particularly heightening or stuffy connotation as a predicate in interrogative sentences, when it questions the necessity of doing something:

Емý обязáтельно посещáть занятия?	Does he have to attend classes?
Емý обязáтельно сегóдня к врачý?	Does he have to go to the doctor today?

3.2 Diluted necessity: бы

The notion of necessity can be diluted to the point where it is doubtful that the action will take place or even to the point where its negation is implied, cf. English *I should* (but I don't think I will) and *I should have* (implication: I didn't).

In Russian, doubt about a future action or the implied negation of the present action is expressed by бы forms:

Мне стóило бы (нáдо бы́ло бы, Я дóлжен был бы) занимáться, но не хóчется.	I should (ought to) study, but I don't feel like it (and probably won't).

Quite often, the past forms of быть are omitted:

Мне нáдо бы (Я дóлжен бы) занимáться, но не хóчется.	I should (ought to) study, but I don't feel like it (and probably won't).

Sometimes the modal word (нáдо or дóлжен) is also absent, and all the complex shades of modality are expressed by the infinitive + бы:

Емý бы учи́ться на дипломáта.	He should study to be a diplomat (but he isn't).

Ему́ бы учи́ться, а он заня́лся фарцо́вкой.	He should have gone to school, but he took up black marketeering.
Ему́ бы за́втра пое́хать в Москву́, а он уе́хал на да́чу на неде́лю.	He should (has to) go to Moscow tomorrow, but he went to the country for a week instead.
В библиоте́ке сиде́ли здоро́вые ро́слые ребя́та, кото́рым бы игра́ть в баскетбо́л, а не глота́ть кни́жную пыль.	Some tall, strong guys were sitting in the library; they should be playing basketball instead of turning themselves into bookworms.

As these examples show, an infinitive plus бы in combination with a Dative complement, implies negation of a desir-
able action or state. It is used in literature and emotional
speech, and therefore you should not use this construction in
an ordinary conversation. Note that *without* a Dative complement, an infinitive plus бы expresses a wish:

Вы́пить бы!	Wouldn't it be great to have a drink!
Сейча́с бы позагара́ть, пока́ пого́да хоро́шая, а прихо́дится кастрю́ли чи́стить.	I wish we (I) could lie in the sun while the weather is good, but we have to scrub pots instead.

Let us now turn to the implied negation of a *past* action. This is rendered by the past tense *without* бы:

Мне на́до бы́ло получи́ть образова́ние, а я, вме́сто э́того, пил, игра́л в ка́рты, и ходи́л по рестора́нам.	I should have studied, but...
Наве́рно, сто́ило всё-таки пригласи́ть Ма́шу на собра́ние.	Perhaps we should have invited Masha to the meeting after all.
Я до́лжен был встреча́ть делега́цию в аэропорту́ (но проспа́л).	I was supposed to meet the delegation in the air- port (but I overslept).

The English gloss in the last example is ambiguous without the parenthesized clause. Compare it with the following
example:

*I was supposed to meet them at the airport at six. I
got up at five, had a cup of coffee, and called the taxi. At
a quarter to six I was at the airport...*

If our narration remains in the time prior to the
necessary action (expressed by *was supposed to* + infinitive),

then there is a possibility that the action was eventually
performed. In other words, the expression *was supposed to* does
not necessarily imply that the action was not performed: the
interpretation depends on context. The same is true about
до́лжен был, and also на́до бы́ло, сто́ило, etc. Compare
the three examples below with the above three:

Мне на́до бы́ло получи́ть образова́ние, и я поступи́л в университе́т.	I had to get an education, and I enrolled in a university program.
Мы реши́ли, что Ма́шу сто́ит всё-таки пригласи́ть на собра́ние, и посла́ли ей ве́жливую запи́ску.	We decided that it would make sense to invite Masha to the meeting after all, and we sent her a polite note.
Я до́лжен был встреча́ть делега́цию в аэропорту́, и потому́ не смог верну́ться домо́й к обе́ду.	I was supposed (had to) meet a delegation at the airport, and as a result I couldn't come home for supper.

        Note that in English there is a way to imply unambiguously that the action was not performed, i.e., *I should have
done it*. There is no such way in Russian. Therefore, when
you start a sentence with Мне на́до бы́ло..., make sure
that the context specifies whether you mean 'I should have ...
but didn't' or 'I had to ... and did'. The context is particularly important when there is no Dative of agent in the
sentence (cf. the next section). Out of context, such sentences
with на́до бы́ло, сто́ило, сле́довало, etc. tend to be
interpreted as implying negation:

На́до бы́ло пригласи́ть Ма́шу.	Masha should have been invited.
Сто́ило всё-таки купи́ть вина́.	We should have bought some wine after all.

4. Subject not mentioned

        Quite often we want to avoid mentioning the subject of
necessity. In Russian this is easy to do because the Dative
in impersonal constructions is optional.

        We may want to omit the subject for the following
reasons:

    a) The subject is clear from the context.

    b) The statement is general and applies to everyone.

На́до слу́шаться ста́рших и хорошо́ учи́ться.	One must ... "ya gotta" ...

    c) The necessity is obvious, but it is not yet clear who is
going to be subjected to it.

Мне не́ из чего вари́ть суп. Придётся сходи́ть в
магази́н и купи́ть мя́са.

    d) We may want to emphasize that something has to *be* done,
rather than that someone has to do it. Note here again
that the English passive corresponds to the Object + Verb
word order in Russian, as in the first example below.
Compare:

Э́ту статью́ придётся пере-печа́тать.	This paper has to be re-typed.
Придётся перепеча́тать э́ту статью́.	I (You, We, Somebody) will have to retype this paper.

The sentence Э́та статья́ должна́ быть перепеча́тана,
although grammatical, sounds heavy and official. Quite often
the construction is altogether impossible, since many verbs
do not have passive participles.

    If the modal word carries emphatic stress, it does not
usually appear either at the beginning or at the end of the
sentence. Words carrying emphatic stress very seldom appear
in sentence initial position, and modal words seldom follow
infinitives. Thus:

Э́ту статью́ *придётся* пере-печа́тать.	This paper *hás* to be re-typed.

    Below is a paragraph containing more examples to indi-
cate different possibilities and distinctions. Many of them
are used as semantically empty fillers or connectives and occur
frequently in scholarly and scientific literature.

> *Сле́дует отме́тить,* что на́ше описа́ние далеко́ не
> по́лно. *На́до полага́ть* та́кже, что в нём мно́го
> оши́бок. Одна́ко, *на́до сказа́ть,* что э́то единст-
> венное описа́ние тако́го ро́да. Наконе́ц, *сто́ит
> обрати́ть внима́ние* и на тот фа́кт, что долженст-
> вова́ние и необходи́мость невозмо́жно описа́ть
> по́лностью и непротиворечи́во.

GROUP B: not restricted to humans

    To describe the combinatorial possibilities of the
three relevant modal words, three distinctions must be made:
human vs. animal vs. inanimate. Придётся is not used with
inanimates and на́до/ну́жно is further restricted to humans
only.   До́лжен can be used with all three, but in its meaning
of 'moral obligation' it is, of course, applied mostly to human
beings.

Ми́ша/Ми́ше	до́лжен	придётся	на́до
ко́шка/ко́шке	должна́	придётся	
авто́бус	до́лжен		

5. Scheduled events

Necessity arising from a previous agreement, arrangement or schedule can refer to both humans and non-humans.

Авто́бус/Серёжа до́лжен прийти́   The bus/Seryozha is (due)
в 5 ч.   to arrive at 5.

With humans the picture is very complicated and we will have to (нам придётся) consider different tenses separately.

5.1 Scheduled events with humans, present tense

In the present tense both на́до/ну́жно and до́лжен can be used in the meaning 'is to, is scheduled to'.

Нам ско́ро на́до уходи́ть.   We are to (have to, are
                                       scheduled to) leave soon.

На́до in the above sentence is equivalent to пора́.   Both are used with the *Imperfective infinitive* in this meaning.

Нам ско́ро пора́ уходи́ть. = Нам ско́ро на́до уходи́ть.

Quite often, however, they can both be deleted, leaving only the infinitive form (Imperfective only!):

Нам ско́ро уходи́ть. = Нам ско́ро пора́ уходи́ть. = Нам
ско́ро на́до уходи́ть.

If there is a phrase indicating direction in the sentence, then you can do without the infinitive:

Ва́не в во́семь часо́в в шко́лу.

Мне ско́ро на рабо́ту.

Нам ве́чером в теа́тр.

На́до without the infinitive can be put into any of the above sentences.

Ва́не на́до в во́семь часо́в в шко́лу etc.

Thus we have the following paraphrases:

Ва́не на́до в во́семь часо́в идти́ на заня́тия.
Ва́не в во́семь часо́в идти́ на заня́тия. (На́до deleted.)
Ва́не в во́семь часо́в на́до на заня́тия. (Идти́ deleted.)
Ва́не в во́семь часо́в на заня́тия.   (Both deleted.)

All these types of deletion are quite common in questions:

Когда́ нам уходи́ть?

Заче́м вам к врачу́?

Куда́ вам на́до сего́дня?

Когда́ ему́ на заня́тия?

Заче́м ему́ на́до в Москву́?

Где мне останови́ться?

Only questions with *Imperfective* infinitive ask about arrangements or schedules; questions with *Perfective* infinitive ask for a command or advice:

Когда́ мне уходи́ть?	When am I supposed (due) to leave?
Когда́ мне уйти́?	When shall I leave?

Naturally, all the above questions can also appear as embedded clauses:

Спроси́ у Ма́ши, когда́ нам уходи́ть.

Вы, наве́рное, са́ми не зна́ете, заче́м вам к врачу́.

У секрета́рши запи́сано, куда́ вам на́до сего́дня.

Ко́ля забы́л, когда́ ему́ на заня́тия.

Ива́н Петро́вич объясни́л нача́льнику, заче́м ему́ на́до в Москву́.

Он не зна́л, где ему́ останови́ться.

5.2 Scheduled events with humans, past tense

An important thing to remember is that there is no way Russian can express a scheduled or prearranged past action unambiguously. Both на́до/ну́жно and до́лжен followed by a past form of быть can mean *implied negation* (cf. Section 3.2). Therefore all the sentences below are ambiguous, and you must make sure that the context clearly indicates what you mean.

Я до́лжен был пойти́ в пять часо́в на собра́ние.	I was (supposed) to go to the meeting at five.
Я до́лжен был в пять часо́в на собра́ние.	OR: I should have gone to the meeting at five.
Мне на́до бы́ло в пять часо́в на собра́ние.	

5.3 Scheduled events with non-humans

Only до́лжен can be used for scheduled events involving non-humans. На́до/ну́жно cannot be used with non-humans and придётся simply does not have the meaning 'scheduled'.

Авто́бус до́лжен прийти́ в пять часо́в.	The bus is due to arrive at five.

Собрáние должнó начáться чéрез час.	The meeting is scheduled to begin in an hour.

Do not confuse the following two situations:

(a) scheduled event: inanimate *subject*: only дóлжен

(b) necessity: inanimate *object*: нáдо, придётся...

Situation (b) corresponds to English passive. Compare:

(a) Карéта должнá подъéхать к цéркви в пóлдень.	The carriage is to be at the church at noon.
Карéту нáдо подáть к крыльцý в пóлдень.	The carriage must be delivered to the porte-cochere at noon.
Бóмба должнá взорвáться чéрез 15 минýт.	The bomb is to explode in 15 minutes.
Бóмбу нáдо взорвáть чéрез 15 минýт.	The bomb must be detonated in 15 minutes.

6. Logically inferred actions: probability

To be honest with you we must now disclose that all the sentences with дóлжен in the preceding section are ambiguous:

Автóбус дóлжен прийти в 5 ч.	The bus is (due) to come at 5. The bus must be coming (is probably coming, should come) at 5.

Russian дóлжен is sometimes ambiguous the way English *must* is: under certain conditions on meaning and context, it can render not only necessity, but probability. These conditions are extremely difficult to formulate; here are some examples:

The room must be empty. (a supposition)	Кóмната, навéрное, пустá. (NOT: Кóмната должнá быть...)
The room must be empty. (a command)	Кóмната должнá быть пустá.
He must study a lot, since he does so well on exams.	Он, должнó быть, мнóго занимáется, раз он так хорошó сдаёт экзáмены. (NOT: Он дóлжен...)
He must study a lot to pass this exam.	Он дóлжен мнóго занимáться, чтóбы сдать э́тот экзáмен.
Pete must be home: the light is on in the kitchen.	Пéтя дóлжен быть (OR: навéрное) дóма: на кýхне свет горит.

Pete must be home at 5 if   Пе́тя до́лжен быть до́ма в 5,
  he cares for me at all.   е́сли я для него́ хоть что́-
                         нибудь зна́чу.

To avoid ambiguity, adverbials can and should be used, such as
наве́рное, должно́ быть 'probably', скоре́е всего́ 'most
likely, most probably'. Должно́ быть is more bookish than
the other two. Thus, Он, должно́ быть, мно́го занима́ется
is preferable to the ambiguous Он до́лжен мно́го занима́ться.

Они́, наве́рное (должно́ быть,   They must have made the
  скоре́е всего́), уже́ при́няли   decision already.
  реше́ние.

7. Ambiguities of до́лжен

In this subsection, we summarize all the possible meanings of до́лжен.

If the tense is present, до́лжен is ambiguous in the
following ways:

Серёжа до́лжен быть до́ма   { S. is supposed to (must be)
  в 5 часо́в.   home at five. (obligation)
                            S. is due back home at five.
                            (schedule)
                            S. must be coming home at five.
                            (probability)

In the past tense, the ambiguity is even more fascinating:

                            { S. had to be home at five.
                              (obligation)
                              S. was due home at five.
Серёжа до́лжен был быть   (schedule)
  до́ма в 5 часо́в.   S. must have been home at five.
                              (probability)
                              S. should have been home at
                              five. (implied negation)

In spite of this multitude of possible interpretations,
the context usually makes clear which one is intended, e.g.,

Серёжа до́лжен был быть до́ма   S. had to be home at five
  в 5, так что ему́ пришло́сь   (obligation), so he had
  отказа́ться от приглаше́ния   to turn down an invita-
  в пивну́ю по́сле рабо́ты.   tion to go drink beer
                              after work.

Серёжа до́лжен был быть до́ма   S. was due home at five.
  в 5. Уже́ в 4 мать начала́   (schedule) Mother began
  гото́вить обе́д.   to prepare dinner at four.

Стра́нно, что тебе́ никто́ не откры́л дверь. Серёжа до́лжен был быть до́ма в 5.	It's odd that no one opened the door for you. Seryozha must have been home at five. (probability)
Серёжа до́лжен был быть до́ма в 5, тогда́ меха́ник смог бы почини́ть пылесо́с.	S. should have been home at five. (implied negation) Then the repairman could have fixed the vacuum cleaner.

8. Modal word deleted: modal meanings of infinitives

In the preceding sections there were several examples of infinitives used with modal meanings. In this section we bring those examples together and add one more.

(1) The infinitive can be used as a strong imperative (cf. 2 above).

Молча́ть!   Be quiet!

(2) The infinitive may have the meaning 'scheduled event, arrangement' when a modal word such as на́до is deleted (cf. 5.1 above).

Нам ско́ро уходи́ть.

Ему́ на сле́дующей неде́ле ложи́ться в больни́цу.

Когда́ мне уходи́ть?

У кого́ мне останови́ться?

Что нам заказа́ть?

Что де́лать?

Она́ показа́ла, куда́ Дми́трию идти́.

(3) The infinitive with бы may have the meaning 'implied negation' (cf. 3.2 above).

В середи́не ко́мнаты стоя́ло кре́сло, кото́рому стоя́ть бы где́-нибудь в уголке́.

(4) The infinitive plus Dative may have the meaning 'inevitably', which is closely related to the notion of 'reinforcement' introduced in Section 3.1. This construction is used only in high literary style.

Быть дождю́!	There shall be rain!
Не быть бо́льше мона́рхии!	There shall be no monarchy ever again!

There are other modal uses of the infinitive not having to do with necessity. We will discuss them later in their appropriate place.

9.1 Some general comments on aspect in infinitives

Since modal words like на́до, пришло́сь, etc. are used with infinitives, now is a good time to discuss the use of aspects in the infinitive form.

The general meaning of aspect holds just as well for the infinitive as for other forms of the verb (past, future, imperative), namely, that Perfective aspect is used to render a *holistic* view of the action, i.e., the action is viewed as a *totality*, something with a beginning and an end. It is therefore inappropriate to use the Perfective for actions that are indefinitely repeated (Он всегда́ встава́л ра́но, NOT: встал) or for actions that are ongoing (Он писа́л всю ночь, NOT: написа́л), or in situations where you simply want to name the action without focusing on its completion or result (Вы чита́ли Войну́ и мир?, NOT: прочита́ли, unless you want to find out if someone has gotten through the whole book on some occasion, e.g., for an assignment in a course). Similarly, the Perfective is inappropriate for actions that are usual or customary rather than restricted to a specific occurrence. Thus,

Он ра́ньше всегда́ хорошо́ *чи́стил* плиту́. vs.
Он то́лько что *почи́стил* плиту́.

What we have said above about aspect in general (with illustrations in the past tense) applies equally well to the infinitive after modal words.

Не́которые ду́мают, что по́сле обе́да на́до *чи́стить* плиту́. vs.	Some people think that the stove should be cleaned after dinner - as a general rule, after every dinner.
По́сле обе́да на́до *почи́стить* плиту́.	After dinner (we) have to clean the stove (get the stove cleaned up) - this evening, in this concrete case.

Some verbs denote states or activities which cannot be easily quantified into single occasions, like *be sitting, work, be present, stroll*. Such verbs normally occur in the Imperfective, e.g.,

По́сле обе́да мне на́до *прису́тствовать* на собра́нии.

За́втра мне на́до опя́ть *сиде́ть* на заседа́нии учёного сове́та.

Even with such verbs, however, Russian frequently uses the Perfective infinitive formed with the prefix по- (see Lesson 5):

После обе́да мне на́до *порабо́тать*.	I've got to get a little work done after dinner.
После обе́да мне необходи́мо *погуля́ть*.	After dinner I really have to take a walk.
Я до́лжен ещё *почита́ть* пе́ред заня́тиями.	I must get some reading done before class.

You may have learned that adverbial time expressions signifying repeated action (e.g., всегда́) trigger the use of the Imperfective aspect. This is generally true, but if you want to highlight the totality of the action on *each occasion* of its repeated occurrence, you can use the Perfective aspect, particularly when a fixed or well-specified number of times is stated (e.g., три ра́за, не́сколько раз, два́жды, etc.):

Я три ра́за перечи́тывала письмо́.	I read the letter three times.
vs.	
Я три ра́за перечита́ла письмо́.	I read the letter through (from beginning to end) three times.

The same is true for infinitives, though in fact the Perfective is actually preferable to the Imperfective when the number of repetitions is specified.

У него́ ужа́сный по́черк. Его́ пи́сьма всегда́ прихо́дится *перечи́тывать* не́сколько раз.	His handwriting is terrible. (I) always have to read his letters several times.
vs.	
Мне на́до *перечита́ть* э́то письмо́ ещё три ра́за.	I have to read this letter three more times - I'll give it three more complete readings and then maybe I'll understand it.

In this last example you cannot use the Imperfective перечи́тывать. Compare the following two examples of Imperfective vs. Perfective, respectively.

Я ка́ждый день до́лжен *покупа́ть* проду́кты, *гото́вить*, и *мыть* посу́ду.	Every day I must buy groceries, cook, and wash dishes.
vs.	
Ка́ждый день я до́лжен *купи́ть* проду́кты, *пригото́вить*, и *помы́ть* посу́ду.	Every day (on any given day) I must buy the groceries, cook dinner, and get the dishes washed.

In both of the above example the actions are repeated, as

indicated by ка́ждый день, but in the second example the
speaker makes the daily grind more vivid by presenting each
action as a totality - he gives a typical instance of it in
the Perfective aspect and then states that this instance
repeats itself ка́ждый день.

Here are two more examples of the use of the Perfective
in which a holistic view is taken of each of a series of
multiple actions; in these situations the Imperfective would
be less expressive:

Рабо́ты бы́ло немно́го. То́лько два ра́за в неде́лю мы
должны́ бы́ли *вы́мыть* пол.

По́сле пожа́ра мы всегда́ должны́ *обеспе́чить* пострада́вших
жильём.

9.2 Special uses of infinitives with modal words

There are several uses of the infinitive that have no
parallel with finite forms of the verb. One is discussed here;
some others will be taken up in Lesson 4.

An Imperfective infinitive may be used when you want
to emphasize the immediate beginning of an action. This usage
is much like the use of the English -*ing* form in similar
circumstances, e.g., *It's time to be getting to bed,* instead
of *It's time to get to bed.* Note the use of the Imperfective
in the second speaker's sentence in this conversation:

— Мне за́втра на́до встать   I've got to get up tomorrow
  в 6 часо́в.   at six.

— Тогда́ на́до уже́ ложи́ться,   Then you'd better be getting
  а то ты не вы́спишься.   off to bed; otherwise you
                                 won't get enough sleep.

The second speaker is saying not only that it is necessary to
go to bed, but that the action should be started immediately:
it shouldn't be put off. In the following conversation, the
second speaker is again emphasizing the immediacy of the
action:

— На́до поли́ть цветы́.   (Somebody) has to water
                                 the flowers.

— Хорошо́. Где цветы́,   Fine. Where are the flow-
  кото́рые на́до полива́ть?   ers that (I) have to
                                 water? (that I have to
                                 be watering, that need
                                 watering right now)

When followed by this Imperfective infinitive expressing
the idea of immediacy, на́до is sometimes nearly synonymous
with пора́. After пора́, not surprisingly, mostly Imperfective infinitives are used:

Уже́ 6 часо́в. На́до (пора́)   It's already six o'clock.
  одева́ться, е́сли мы хоти́м   We'd better be getting
  идти́ в теа́тр.   dressed, if we want to
    go to the theater.

Compare the following sentence, in which the Perfective rather
than Imperfective is used because the necessity is not immediate; note, consequently, that the *-ing* form in the paren-
thetic English translation sounds very awkward in this context:

Е́сли ты ве́чером собира́ешься   If you're planning to go
  в теа́тр, то на́до оде́ться   to the theater this eve-
  потепле́е— бу́дет хо́лодно.   ning, you'd better dress
    (NOT: be dressing) warmer.
    It'll be cold.

      Although the "immediacy" use of the Imperfective infini-
tive has no parallel with past and future tense usage, it
nevertheless does not contradict what was said above about the
general meaning of aspect. Perfective aspect presents a holistic view of the action; since "immediacy" focuses on only a
part of the action (the immediate beginning of it), the Perfective would be inappropriate and therefore the Imperfective
is used.

SUMMARY

      The purpose of the chart on the next page is to
summarize all of the meanings and forms previously discussed
and, in particular, to show graphically the ranges of meaning
of на́до/ну́жно on the one hand and до́лжен on the other.

MEANINGS   FORMS

A. Of concern to a person

      Obligation   обя́зан
                            до́лжен

      Imposition   прихо́дится
                            заставля́ть
                            вынужда́ть

      Need   на́до/ну́жно
                            необходи́мо

      Someone else   infinitive
                            imperative
                            до́лжен
                            на́до/ну́жно
                            сле́дует
                            сто́ит
                            сто́ило бы

      Heightening   обяза́тельно
                            непреме́нно

      Dilution   бы

B. Not restricted to humans

      Scheduled events
        humans, present   до́лжен
                          на́до/ну́жно
                          infinitive

        humans, past   до́лжен
                          (на́до/ну́жно)

        non-humans   до́лжен

      Inferred events   наве́рное
                            скоре́е всего́
                            должно́ быть

на́до/ну́жно } до́лжен

УПРАЖНЕ́НИЕ К ТЕ́КСТУ А

1. Conversation Topic

   Have a meeting complete with praesidium (прези́диум),
   chairman (председа́тельствующий), agenda (пове́стка дня),
   speakers (докла́дчики), and discussion (пре́ния). Choose
   one of the following agendas.

   (i)   1. Отчёт бюро́ комсомо́ла о проде́ланной рабо́те.
         2. Вы́боры но́вого бюро́.
         3. Ра́зное.

   (ii) 1. Ме́ры по улучше́нию успева́емости в на́шей
            гру́ппе.
         2. Персона́льное де́ло комсомо́льца Васи́льчикова,
            оскорби́вшего гру́быми слова́ми комсомо́лку
            Ни́ну Коллонта́й.
         3. Ра́зное.

   (iii) 1. На́ши зада́чи в све́те реше́ний после́днего
            съе́зда КПСС.
         2. Ли́чное де́ло С.Т. Григоро́вича.
         3. Ра́зное.

   откры́ть собра́ние; закры́ть собра́ние.
   Кто за то, чтобы..., прошу́ подня́ть ру́ки. Кто
     про́тив? Кто воздержа́лся?
   Результа́ты голосова́ния: за— 17, про́тив— 5,
     воздержа́лся— 1.
   При́нято единогла́сно.
   Исключи́ть из комсомо́ла. Объяви́ть вы́говор.
   Объяви́ть благода́рность.
   Вноси́ть/Внести́ предложе́ние, чтобы...
   Объявля́ю собра́ние закры́тым.

УПРАЖНЕ́НИЯ К ТЕ́КСТУ Б

2. Conversation Exercise (Comment 8)

   Make sure you use correct prepositions в/из or на/с;
   preparatory drill: do the prepositional phrases alone
   before doing the exercise.

   А. Я о́чень беспоко́юсь. Уже́ 7 часо́в, а Ко́ля ещё
      не верну́лся *с рабо́ты*. Ма́ло ли что мо́жет
      случи́ться.

   Б. Не пережива́й. У него́ *на рабо́те*, наве́рно,
      собра́ние.

   рабо́та, институ́т, ку́рсы, университе́т, консерва-
   то́рия, лаборато́рия, акаде́мия, заво́д.

3. Conversation Exercise   (Comment 10)

Use Imperfective infinitives in the first line, and Perfective non-past in the second line. Preparatory drills:
(1) cover up the Russian and translate, and (2) look at the
Russian infinitive and say the corresponding Pf. inf. aloud,
and then (3) say the 1 Sg. Pf. aloud, e.g. мыть, помы́ть,
помо́ю.

    А. Уже́ 7 часо́в, а мне ещё на́до *мыть посу́ду*.

    Б. Я тебе́ помогу́. Вме́сте мы бы́стро *помо́ем*.

Perfective

мыть посу́ду	помы́ть	wash the dishes
мыть пол	помы́ть	wash the floor
полоска́ть бельё	прополоска́ть	rinse the linens
чи́стить плиту́	почи́стить	clean the stove
стира́ть	постира́ть	do the wash
меня́ть посте́ль	поменя́ть	change the bed
подмета́ть ко́мнату	подмести́	sweep up the room
пылесо́сить ковёр	пропылесо́сить	vacuum the rug
убира́ть в кварти́ре	убра́ть	clean up the apartment
стели́ть посте́ль	постели́ть	make the bed
гото́вить обе́д	пригото́вить	make lunch

4. Conversation Exercise   (Comment 1, 2, 10)
Use Perfective infinitives in the first line. Preparatory
practice: cover the Russian and translate.

    А. Ко́ля! Почему́ ты так по́здно? Ты же обеща́л
       сего́дня *помы́ть посу́ду*!

    Б. Я не винова́т. У нас *в институ́те* бы́ло
       собра́ние.

помы́ть посу́ду wash the dishes	институ́т institute
постира́ть do the wash	университе́т university
помы́ть пол wash the floor	факульте́т department
сходи́ть в магази́н stop at the store	заво́д plant
убра́ть у себя́ в ко́мнате clean up one's room	фа́брика factory
смени́ть занаве́ски на о́кнах change the curtains	акаде́мия academy
пропылесо́сить ковёр vacuum the rug	лаборато́рия lab

5. Conversation Topic

Retell the story of Текст Б from the point of view of its
participants. Marina Nikolaevna relates the story to her
husband (Andrei Petrovich) and Kolya relates it to his
friend Seryozha on the phone.

УПРАЖНЕ́НИЯ К АНА́ЛИЗУ

6. Conversation Exercise (Analysis 1.1, 1.2)

Note that A uses Perfective and Б uses the Imperfective.
The beginning of Б's speech (X-а не было) means 'X
wasn't where he/she was supposed to be.'

А. Я слы́шал, ты вчера́ сам/сама́ *почини́л/почини́ла*
    стира́льную маши́ну.

Б. Да, *меха́ника* не́ было, и мне пришло́сь самому́/
    само́й *чини́ть стира́льную маши́ну,* хотя́ я и не
    обя́зан/обя́зана э́то де́лать.

почини́ть стира́льную маши́ну fix the washing machine	меха́ник mechanic
почини́ть тра́ктор fix the tractor	меха́ник mechanic
дать лека́рство на́шей коро́ве give the cow medicine	ветерина́р veterinarian
отпеча́тать статью́ на маши́нке type up the article	машини́стка typist
сшить себе́ пла́тье sew oneself a dress	портно́й tailor
помы́ть посу́ду wash the dishes	муж, жена́ husband, wife
постира́ть do the wash	брат brother
почи́стить плиту́ clean the stove	де́ти children

7. Preparatory Drills

   (1) Cover the Russian and translate
   (2) Look at the Russian infinitive and give the 1 Sg. (all
       are Pf., hence have the meaning 'future').
   (3) Supply a suitable ending to если-sentences from all of
       these verbs according to the model:

   Если никто́ не помо́ет посу́ду, *то у нас не бу́дет*
   чи́стых таре́лок, что́бы есть суп.

сходи́ть в магази́н	stop at the store
пригото́вить обе́д	make lunch
накры́ть на стол	set the table
убра́ть со стола́	clear the table
помы́ть посу́ду	wash the dishes
постира́ть	do the wash
сходи́ть в пра́чечную	go to the laundry
постели́ть посте́ль	make the bed
убра́ть в кварти́ре	clean up the apartment
подмести́ пол	sweep the floor
вы́мыть пол	wash the floor
помы́ть о́кна	wash the windows

8. Conversation Exercise   (Analysis 1.2, 1.3)

   Speaker A will have to invent an appropriate ending for
   his second speech.   Note that there are three speakers.

   А. Почему́ у тебя́ тако́й несча́стный вид?

   Б. Мне опя́ть пришло́сь *помы́ть посу́ду.*

   А. Ну что ж, кому́-то на́до *мыть посу́ду,* а то *у*
   нас не бу́дет чи́стых таре́лок, что́бы есть суп.

   В. А по-мо́ему, ты до́лжен ра́доваться, что тебе́
   дове́рили *помы́ть посу́ду.*

9. Preparatory Drills

   (1) Change the infinitive to 3 Sg., e.g. вози́ться →
       во́зится

   (2) Supply the name of the profession and say the whole
       sentence, e.g. *Врач* во́зится с больны́ми.

вози́ться с больны́ми	шить пла́тья и костю́мы
переводи́ть дура́цкие статьи́	вози́ться с мото́рами и трансми́ссиями
кастри́ровать ко́шек и соба́к	игра́ть на скри́пке
счита́ть чужи́е де́ньги	игра́ть на гита́ре
води́ть маши́ну	

10. Conversation Exercise (Analysis 1.2)

Use items from the preceding drill. In his last line, Б
will have to provide his definition of an ideal occupation,
e.g., to become a sailor, to get married, to go abroad, to
take to the street, etc.

А. Надое́ло мне *вози́ться с больны́ми*.

Б. Заче́м ты стал *врачо́м?*

А. Я был вы́нужден стать *врачо́м*.

Б. Почему́, вы́нужден? (What do you mean, had to?)

А. Меня́ заста́вили/вы́нудили.

Б. Кто тебя́ заста́вил/вы́нудил?

А. Роди́тели. У нас в семье́ все *врачи́*, пришло́сь
и мне *вы́учиться на врача́*.

Б. На́до бы́ло убежа́ть из до́ма и *пойти́ в матро́сы*.

11. Conversation Exercise (Analysis 1.3, 2, 3.1)

Note the expression Как по-тво́ему 'What do you think?'
used as a prelude to a question.

А. Как по-тво́ему, сто́ит мне всерьёз заня́ться
фи́зикой?

Б. Тебе́ соверше́нно необходи́мо/обяза́тельно на́до
э́то сде́лать. Ка́ждый образо́ванный челове́к
до́лжен знать *фи́зику*.

А. Вообще́-то, я проходи́л *фи́зику* в шко́ле.

Б. Э́то ерунда́. То́лько на *физфа́ке* ты смо́жешь
основа́тельно изучи́ть *фи́зику*.

химфа́к
матме́х (математи́ческо-механи́ческий факульте́т)
филфа́к, отделе́ние ру́сской литерату́ры
филфа́к, отделе́ние англи́йского языка́
филфа́к, отделе́ние испа́нского языка́
филфа́к, отделе́ние неме́цкого языка́
истфа́к
биофа́к
геофа́к (географи́ческий факульте́т)

12.   Preparatory Drills

(1) Translate English to Russian.
(2) With books closed, give the appropriate на́до-response
    to each sentence, e.g.,

   Instructor: В холоди́льнике опя́ть пу́сто.

   Student: На́до сходи́ть в магази́н.

В холоди́льнике опя́ть пу́сто. (go shopping)
Серёжа, ка́жется, бо́лен, у него́ температу́ра. (call
  the doctor)
В статье́ мно́го опеча́ток, её на́до перепеча́тать.
  (stop by the typist's)
Лю́ре подари́ли материа́л на пла́тье.   (take her to our
  tailor)
Йре сро́чно ну́жен перево́д э́той статьи́. (call
  [telephone] Slava. He is a good translator)
У Антони́ны Васи́льевны заболе́ла соба́ка. (call [tel.]
  a veterinarian)
У нас маши́на слома́лась. (take it to a garage)
Пол опя́ть гря́зный. (wash the floor)
Стира́льная маши́на слома́лась. (repair it)
Вся оде́жда гря́зная.   (wash it)
На обе́д опя́ть ничего́ нет.   (cook something)
Плита́ опя́ть гря́зная.   (clean the stove)

13. Conversation Exercise (Analysis 1.2, 1.3, 4)

Consult the list of sad situations and remedies above.
Let A state the situation and Б the remedy, as in the
model. A will have to invent names and Б will have to
invent conflicting scheduled events to substitute for the
italicized words.

Model: В холоди́льнике опя́ть пу́сто. (go shopping)

   А. *В холоди́льнике опя́ть пу́сто.*

   Б. Ну, что ж, на́до *сходи́ть в магази́н.*

   А. Пусть *На́дя* схо́дит.

   Б. *На́де* не́когда: ей на́до *в шко́лу.*

   А. Пусть *Макси́м* схо́дит.

   Б. *Макси́му* не́когда: ему́ на́до *на рабо́ту.*
   . . . .

   А. (having exhausted his or her imagination) Придётся
       мне самому́/само́й *сходи́ть в магази́н.*

14. Conversation Exercise

A group of students discuss an amateur performance of
Hamlet they are planning to put on - in particular, who is
to play what roles and instruments. The discussion leader,
A, asks the questions; Б makes helpful suggestions and
В rejects them all, insisting on inviting a professional.
The roles and instruments are listed below.

А. Кто бу́дет игра́ть *Поло́ния?*

Б. Мо́жет быть, *Ва́ся?*

В. *Ва́се* не спра́виться. На э́ту роль на́до
пригласи́ть профессиона́льного актёра.

А. А кто бу́дет игра́ть на *фле́йте?*

Б. Мо́жет быть, *Ле́на?*

В. *Ле́не* не спра́виться. На́до пригласи́ть
профессиона́льного *флейти́ста.*

ро́ли	*инструме́нты*
Га́млет	пиани́но
Гертру́да	гита́ра
Кла́вдий	контраба́с
Лаэ́рт	гобо́й
Розенкра́нц	труба́
Гильденсте́рн	фле́йта
Офе́лия	уда́рник
тень отца́ Га́млета	
Гора́цио	
Фортенбра́с	
моги́льщик	
че́реп Йо́рика	
Озри́к	

15. Conversation Exercise (Analysis 2, 3.1, 4)

Listed below are various cultural events with which to begin this exercise; continue with any events you've recently seen or heard, substituting for the italicized words. In the model (second speech), note the Perfective verb увидеть; use услышать where appropriate. Also note that Б has the choice of saying either ра́ди + noun (ра́ди кого́/чего́) or ра́ди + clause (ра́ди того́, что́бы уви́деть кого́/что); vary your usage. Preparatory practice: transform the phrases ра́ди Оливье́ to clauses ра́ди того́, что́бы уви́деть Оливье́.

А. Как по-тво́ему, сто́ит сходи́ть на "8½"?

Б. Коне́чно сто́ит, хотя́ бы ра́ди Марче́лло Мастроя́ни (ра́ди того́, что́бы уви́деть Марче́лло Мастроя́ни).

фи́льм "Га́млет" / Ло́ренс Оливье́
конце́рт Ростропо́вича / его́ интерпрета́ция а́рии Ге́нделя
конце́рт Ро́ллинг Сто́унс / Мик Дже́ггер
вы́ставка концептуа́льного иску́сства / фотогра́фии Джо́на Сто́уна
Вестса́йдская исто́рия / му́зыка Леона́рда Бернста́йна

16. Preparatory Drill

Cover the names of the professions and say the whole sentence aloud.

ле́чит люде́й → *Врач* ле́чит люде́й.

Врач	ле́чит люде́й.
Шофёр	во́дит маши́ну.
Баскетболи́ст	игра́ет в баскетбо́л.
Ветерина́р	ле́чит живо́тных.
Портно́й	шьёт оде́жду.
Учи́тель	преподаёт в шко́ле.
Гитари́ст	игра́ет на гита́ре.
Меха́ник	чи́нит маши́ны в гараже́.
Машини́стка	печа́тает на маши́нке.
Техни́ческий переводчик	перево́дит статьи́.

17. Conversation Exercise (Analysis 3.2, 8)

Consult the list of who does what given above. Substitute those items (and others, if you wish) for the italicized words.

Model: Врач ле́чит люде́й

    А. Что ты ду́маешь о Па́вле Серге́евиче (Гали́на Серге́евна)? Он (Она́) хоро́ший *врач?*

    Б. По-мо́ему, Па́вел Серге́евич никуды́шный *врач*. Ему́ бы коро́в пасти́, а не *люде́й лечи́ть.*

After you have mastered the items above and can do them fluently, let A elicit further justification for Б's opinion, roughly as follows:

    А. Почему́ ты так ду́маешь?

    Б. Он лечи́л моего́ знако́мого, и тот едва́ вы́жил.

18. Conversation Exercise (Analysis 9.1)

Preparatory practice: cover each column; transform inf. to 1 Sg.; transform Pf. to Impf.

    А. Почему́ *посу́да гря́зная?* Ты же обеща́л *помы́ть посу́ду.*

    Б. Я уже́ *её мыл* три ра́за.

    А. На́до *бы́ло помы́ть* пять раз, пока́ не *ста́нет чи́стая.*

    Б. Ну, хорошо́, я *помо́ю посу́ду* ещё три ра́за.

Почему́ посу́да гря́зная?	помы́ть— ста́нет чи́стая
Почему́ пол гря́зный?	подмести́— ста́нет чи́стый
Почему́ у тебя́ брю́ки гря́зные?	постира́ть— ста́нут чи́стые
Почему́ у тебя́ пла́тье гря́зное?	постира́ть— ста́нет чи́стое
Почему́ выключа́тель не рабо́тает?	почини́ть— начнёт рабо́тать
Почему́ маши́нка не рабо́тает?	почини́ть— начнёт рабо́тать
Почему́ в ко́мнате ду́шно?	откры́ть окно́— ста́нет прохла́дно
Почему́ пол не блести́т?	натере́ть пол— он заблести́т
Почему́ у ко́шки живо́т боли́т?	дать ей лека́рство— у неё переста́нет боле́ть живо́т
Почему́ в сочине́нии сто́лько оши́бок?	переписа́ть сочине́ние— испра́вить все оши́бки
Почему́ молчи́шь?	отве́тить на все э́ти вопро́сы— вы́учить их наизу́сть

УПРАЖНЕ́НИЯ НА МАТЕРИА́Л ВСЕГО́ УРО́КА

19. Conversation Topic

   Create a dialogue between two unrelated parents. After
   graduating from school Parent A's son/daughter learned a
   profession and makes a decent living (прили́чно зара-
   ба́тывает).   Parent B's son/daugher decided that he/she
   should get experience in life before starting a professional career. So he/she does nothing, plays cards, and hangs
   out with all sorts of people. The B's are very worried.
   A gives advice. B disagrees with some of A's pedagogical
   principles.

   Use the following expressions:

   вы́учиться на
   пойти́ в (уче́бное заведе́ние)
   прили́чно зараба́тывать
   набра́ться жи́зненного о́пыта
   приобрести́ специа́льность
   о́чень пережива́ть

   Provide arguments for the following points of view:

   А. Де́ти обя́заны слу́шаться роди́телей.
      С детьми́ на́до быть постро́же.
      Е́сли они́ не слу́шаются, на́до их заста́вить.
      Все должны́ рабо́тать.

   Б. Де́тям на́до предоста́вить бо́льше свобо́ды.
      Де́ти должны́ са́ми выбира́ть свою́ судьбу́.
      Роди́тели должны́ помо́чь им сове́том.

20. Conversation Topic

   Describe your day. It was full of domestic troubles: in
   the morning all the dishes turned out to be dirty, and you
   had to wash them before you could make breakfast; then you
   had to clean the stove and wash the floors; your washing
   machine broke and you had to call a repairman; he was
   supposed to come at 2 but turned up only at 5, when you
   were supposed to be at the tailor's; as a result you
   couldn't do your shopping and had to cook something very
   simple for supper, etc., etc.

21. Conversation Topic

   Discuss various professions: how long and where you have
   to study, what you have to do once you've made it, etc.

УРОК 3

ТЕКСТ. ВСТРЕ́ЧА ГЛА́ВНЫХ ГЕРО́ЕВ

Коридо́р в университе́те. Ко́ля сиди́т на подоко́ннике, смо́трит в окно́ и ку́рит сигаре́ту. К нему́ обраща́ется проходя́щая ми́мо де́вушка.

Де́вушка: Бу́дьте добры́...

Ко́ля не слы́шит.

Де́вушка: Извини́те пожа́луйста...

Ко́ля: (*обора́чивается*) Прости́те, что вы сказа́ли?[1]
Я не расслы́шал.

Д. Бу́дьте добры́, у вас не найдётся спи́чек?

К. Коне́чно. (*Спры́гивает с подоко́нника и зажига́ет для де́вушки спи́чку. Де́вушка заку́ривает и спра́шивает у Ко́ли*)

Д. Вы не ска́жете, где здесь мо́жно пое́сть?

К. Столо́вая в друго́м зда́нии, мину́т де́сять ходьбы́ отсю́да.[2] Но е́сли вы хоти́те про́сто вы́пить ко́фе, не обяза́тельно ходи́ть так далеко́. У нас на факульте́те есть буфе́т.[3] То́лько, я ду́маю, вам его́ не найти́.[4] Туда́ на́до до́лго идти́ по изви́листым коридо́рам. Пожа́луй,[4] я пойду́ с ва́ми. Я как раз собира́лся[5] вы́пить ко́фе.

Д. Ра́зве у вас нет сейча́с заня́тий?

К. По пра́вде говоря́, у меня́ че́рез пять мину́т ле́кция, но я могу́ на неё не ходи́ть. У нас в гру́ппе отли́чный ста́роста, он никогда́ не отмеча́ет отсу́тствующих.[6] Впро́чем, вам э́того не поня́ть. Вы ведь америка́нка, да?[7]

Д. Да, а как вы догада́лись?

К. У вас прекра́сное произноше́ние, но всё-таки чу́вствуется лёгкий америка́нский акце́нт.[8]
Где вы учи́лись ру́сскому языку́?

Д. Я око́нчила ма́ленький колле́дж в Но́вой А́нглии, а тепе́рь учу́сь в аспиранту́ре в большо́м университе́те на Сре́днем За́паде.

К. Вы, наве́рное, прие́хали по обме́ну?[7]

Д. Да, я бу́ду здесь рабо́тать над диссерта́цией.
Мы прилете́ли позавчера́.

К. Я зна́ю. Я до́лжен был вас встреча́ть в

аэропорту́, но проспа́л. Кака́я у вас те́ма?

Д. Семио́тика указа́тельных местоиме́ний в по́здних расска́зах Леско́ва.

К. Ого́! Я в э́том ничего́ не понима́ю. У вас уже́ была́ экску́рсия по го́роду?

Д. Нет ещё, назна́чена на за́втра. Че́стно говоря́, я предпочита́ю гуля́ть одна́,[9] без экску́рсии. Я да́же ду́маю вме́сто экску́рсии пое́хать в Пу́шкин.[10] Вы не зна́ете, как туда́ попа́сть?

К. На тридца́том авто́бусе и́ли девя́том тролле́йбусе до Ви́тебского вокза́ла, а отту́да на электри́чке. Биле́т покупа́йте сра́зу туда́ и обра́тно, и, обяза́тельно возьми́те с собо́й студе́нческий биле́т. Для студе́нтов 50 проце́нтов ски́дка. А вот и наш буфе́т.

Ко́ля с де́вушкой[11] вхо́дят в буфе́т и подхо́дят к о́череди. Ко́ля обраща́ется к молодо́му челове́ку, стоя́щему в конце́ о́череди.

К. Прости́те, вы после́дний?

М.Ч. За мной занима́ла о́чередь одна́ де́вушка. Она́ куда́-то отошла́, сказа́ла, что ско́ро подойдёт.

К. Спаси́бо. (*обраща́ясь к де́вушке*) Что вы бу́дете брать? У них есть пирожки́ с мя́сом, пиро́жные, пече́нье, бутербро́ды с колбасо́й и сы́ром.

Д. Вы, ка́жется, по́мните их меню́ наизу́сть. Я возьму́ ко́фе с молоко́м и ватру́шку.

Продавщи́ца: Молоды́е лю́ди, здесь не полага́ется кури́ть.

Ко́ля и де́вушка извиня́ются и ту́шат свои́ сигаре́ты. Подхо́дит их о́чередь.

К. Нам, пожа́луйста, два ко́фе, оди́н чёрный, оди́н с молоко́м, и две ватру́шки.

П. Три́дцать четы́ре копе́йки. Трёшек[12] не дава́йте, у меня́ рубле́й нет.

К. У меня́ есть без сда́чи. Вот, пожа́луйста, три́дцать четы́ре копе́йки.

П. Сле́дующий!

КОММЕНТА́РИИ

1. Что́-нибудь не расслы́шав, ру́сские говоря́т: "Что?", или "Прости́те, что?", или "Прости́те, что вы сказа́ли?"

2. About ten minutes' walk from here. Аналоги́чно, на вопро́с о расстоя́нии мо́жно отве́тить:

Где́ нахо́дится библиоте́ка?
   -- Мину́т пятна́дцать езды́ отсю́да.

Вы живёте далеко́?
   -- Нет, полчаса́ от це́нтра на авто́бусе.

До́лго е́хать в Ки́ев?
   -- Два часа́ на самолёте.

3. Типи́чные назва́ния предприя́тий обще́ственного пита́ния в Сове́тском Сою́зе: рестора́н, столо́вая, кафе́, буфе́т, заку́сочная, ча́йная, пивно́й бар (пивна́я). Рестора́н -- э́то почти́ всегда́ большо́е заведе́ние с орке́стром и та́нцами. В буфе́тах и заку́сочных обы́чно быва́ют то́лько заку́ски. В пивны́х, как пра́вило, подаю́т соси́ски и́ли жа́реную колбасу́. Кавка́зские блю́да мо́жно найти́ в рестора́не "Кавка́зский". В шашлы́чных и чебуре́чных продаю́тся шашлыки́ и чебуре́ки.

4. I don't think you'll be able to find it.

Говоря́ по-англи́йски вы ча́сто начина́ете свои́ утвержде́ния с I think, что́бы:

1) подчеркну́ть, что вы выска́зываете свою́ то́чку зре́ния (I think = in my opinion). В ру́сском языке́ в таки́х слу́чаях ча́сто говоря́т *по-мо́ему*:

I think you'll have to   *По-мо́ему, тебе́ на́до вмеша́ться*
step in and do some-   *и приня́ть каки́е-то ме́ры.*
thing about it.

2) смягчи́ть выска́зывание, сде́лать его́ ме́нее категори́чным (I think = it seems to me, perhaps). По-ру́сски в таки́х слу́чаях ча́сто говоря́т *пожа́луй и́ли (мне) ка́жется*:

I think I'll have to   *Пожа́луй, мне придётся*
step in and do some-   *вмеша́ться и приня́ть каки́е-*
thing about it.   *то ме́ры.*

I think I understand   *Пожа́луй (мне ка́жется,*
what you mean.   *ка́жется), я понима́ю, что*
                                вы хоти́те сказа́ть.

Хотя́ во всех э́тих слу́чаях мо́жно сказа́ть *я ду́маю,* э́то иногда́ звучи́т неуклю́же и неидиомати́чно.

| I think I'll go to the store. | *Пожалуй* (НЕ: *я думаю*), *я схожу в магазин.* |

Заметьте важную разницу между русским и английским языком: когда утверждение отрицательное, в английском языке отрицание присоединяется к I think. В русском языке, отрицание присоединяется к глаголу в придаточном предложении (subordinate clause):

I don't think you should make an exception for him.	*Я думаю (по-моему), тебе не стоит делать для него исключение.*
I don't think you have to step in and do anything about it.	*Я думаю (по-моему), тебе не обязательно вмешиваться и принимать какие-то меры.*
I don't think I quite see what you mean.	*Пожалуй, я не совсем вас понимаю.*
I don't think I'll go to the store.	*Пожалуй, я не пойду в магазин.*

5. I was just about to go have some coffee.

Ещё несколько примеров:

| *Я как раз собирался уходить.* | I was just about to leave. |
| *Я как раз собирался вам позвонить.* | I was just about to call you. |

6. Посещение занятий в советских ВУЗах строго обязательно. Все студенты разбиты на постоянные группы (это можно сделать, потому что студенты одной специальности занимаются по одной и той же программе). В каждой группе выбирается староста, чья обязанность— отмечать студентов, пропустивших занятия, и сообщать о них в деканат. За пропуски занятий студента могут лишить стипендии на месяц. Если староста не выполняет своих обязанностей, его самого наказывают.

7. You are an American, aren't you? В разговорной речи почти никогда не употребляется выражение *не правда ли?* или *не так ли?* Ещё пример:

| *Вы, наверное, приехали по обмену?* | You must have come on the exchange, isn't that so? |

8. Акцент по русски значит только "иностранный акцент". Поэтому "хорошего акцента" не бывает. Бывает только "хорошее произношение". Произношение может быть и плохим— если у вас сильный акцент.

9. Слово *один* 'alone' повторяет падеж того слова, к которому оно относится.

Я предпочитаю гулять одна.

Ему пришлось гулять одному.

Детей пригласили туда одних, без родителей.

Её вызвали одну, без мужа.

Аналогично слово *сам* 'by oneself', которое чаще всего употребляется в именительном и дательном падежах:

Петя сам постирал занавески.

Пете пришлось самому постирать занавески.

10. I'm even thinking of going to Pushkin instead of on the excursion. Глагол *думать*, когда за ним следует инфинитив, означает think of doing something.

Пушкин (бывшее Царское Село) — пригород Ленинграда.

11. Kolya and the girl enter the cafeteria and walk up to the line.

Английскому союзу 'and', когда он объединяет одушевлённые существительные, часто соответствует русский предлог *с*:

Петя с Лёной занимаются.

На улице дрались кошка с собакой.

Обратите внимание, что существительное в именительном падеже стоит в единственном числе, а глагол имеет форму множественного числа.

Когда английский союз and объединяет местоимение и существительное, в русском языке местоимение всегда множественного числа и стоит впереди.

Мы с Ваней учимся играть в бридж.	John and I are learning to play bridge.
Где Петя? —В соседней комнате. Они с Лёной занимаются.	Where's Pete? —In the next room. He and Helen are studying.

Аналогично: *мы с вами*—you and I, *вы с ним*—you and he, и т.д. Только порядок слов отличает *с* (and) от *с* (with). Сравните:

Мы с Ваней ходили в кино.	John and I went to the movies.
Мы ходили в кино с Ваней.	We went to the movies with John.

> *Па́па с до́чкой пошли́*   Father and daughter went
> *погуля́ть.*   for a walk.

> *Па́па пошёл погуля́ть с*   Father went out to walk
> *соба́кой.*   the dog.

12. Трёшка— ассигна́ция, досто́инством в три рубля́.
    Аналоги́чно: пятёрка, деся́тка, со́тня/сторублёвка.
    Четвертно́й— два́дцать пять рубле́й.

ANALYSIS

0. Negated necessity

In this lesson we are going to discuss the negative counterparts of the expressions of necessity analyzed in Lesson 2,
as well as some related matters. It is important to note that
grammatical negation of a modal word does not necessarily
result in a semantically corresponding negation. For example,
if in English you add *-n't* to the modal word *must*, the result
is not simply a negation of *must*, but rather a significant
change in meaning:

He must work (=He has to) → He mustn't work (=He shouldn't)

The change in meaning can be described as:

Necessity   → Prohibition

The English modal *have to*, on the other hand, negates in a
straightforward manner:

He has to work.   → He doesn't have to work.
Necessity   → Absence of necessity

It is clear from the above that the negative of *must*, semantically speaking, is *doesn't have to*.

Must he work? → No, he doesn't have to work.

In Russian there are comparable, but not identical, changes
in meaning that accompany grammatical negation of modals.
На́до, for example, is very much like *must*:

Тебе́ на́до рабо́тать.   → Тебе́ не на́до рабо́тать.
You must work.   →   You shouldn't work.
Necessity   →   Prohibition

The negative of на́до, semantically speaking, is не обяза́-
тельно:

Ему́ на́до рабо́тать?   → Нет, ему́ не обяза́тельно
                            рабо́тать.
Must he work? →   No, he doesn't have to work.
Necessity →   Absence of Necessity

Prohibition (*you mustn't*), then, is closely related to

negated necessity. Another closely related notion is reproach
or regret. Compare:

Prohibition
Не на́до так говори́ть.   You shouldn't talk like
                                    that.

Reproach or regret
Не на́до бы́ло так говори́ть.   You shouldn't have talked
                                    like that.

        Thus, when we use the grammatical term "Negated necess-
ity" in the title of this lesson, we mean to extend it to three
semantic areas: (1) absence of necessity, (2) reproach, regret,
(3) prohibition. We also discuss (4) probability of a non-
performance.

1. Absence of necessity: не обя́зан, (не до́лжен),
     не обяза́тельно, не прихо́дится, не + infinitive,
     (не на́до)

1.1 Не обя́зан

        If the necessity stems from legal or moral obligation
(cf. Lesson 2, Analysis, 1.1) then the negative не обя́зан
can be used. Не до́лжен should be avoided because it tends
to be interpreted as a prohibition (like English *must/must'nt*,
discussed above).

        Не обя́зан expresses emphatic negation of duty, fre-
quently as a contradiction to a demand or order.

Почему́ он не отвеча́ет? -Он   Why isn't he answering? -He
    не обя́зан отвеча́ть на ва́ши   doesn't have to (is not
    вопро́сы.   obliged to) answer your
                                       questions.

Он тре́бует у меня́ де́нег.   He's asking me for money.
    -Вы не обя́заны дава́ть ему́   -You don't have to (are
    де́ньги в долг.   not obliged to) lend him
                                       money.

Помоги́те! -Я не обя́зана   Help! -I don't have to (am
    ока́зывать вам по́мощь.   not obliged to) help you.

1.2 Не обя́зан vs. не обяза́тельно

        Не обяза́тельно is softer than не обя́зан, as the
person is left with the option of performing or not performing
the action; in the second and third persons it may express
permission not to do something (*you don't have to if you don't
want to...*)

Мне не обяза́тельно идти́ на   I don't have to (am not
    э́то собра́ние.   required to) go to the
                                       meeting.

| Вам не обяза́тельно де́лать прививку про́тив о́спы. | You don't have to (are not required to) get a small-pox vaccination. |

| Ему́ не обяза́тельно сего́дня в шко́лу. | He doesn't have to (is not required to) go to school today. |

Не обяза́тельно is the appropriate answer to the question Мне на́до...? Cf. English *Must I...? -No, you don't have to.* Не на́до is not appropriate for the same reason that *you mustn't* is not appropriate in English, i.e. it will be interpreted as a prohibition (see Section 3 below).

| Мне на́до прису́тствовать на э́том собра́нии? -Нет, не обяза́тельно. | Do I have to attend this meeting? -No, you don't have to (if you don't want to). |

| Мне переписа́ть контро́льную? -Нет, перепи́сывать не обяза́тельно, испра́вьте то́лько оши́бки. | Should I take the quiz again? -No, you don't have to. Just correct the mistakes. |

1.3 Не прихо́дится

You will recall from Lesson 2 that the forms of прихо́дится can have various shades of meaning, e.g.,

Ему́ пришло́сь = Он был вы́нужден   He had to

vs.

Ему́ пришло́сь = Ему́ суждено́ было   He got to, was destined to

These shades of meaning appear in the negative as well. The interpretation depends on the context and on the aspect of the infinitive. With Perfective infinitives, the more common meaning is *didn't get to, wasn't destined to*; with Imperfective infinitive it means negated necessity. This is not an absolute rule, and in either case a shade of ambiguity remains, as the following examples illustrate:

(К сча́стью,) ему́ не пришло́сь приня́ть уча́стие в э́том де́ле.	(Fortunately,) he didn't have to take part in that business.
vs.	
(К сожале́нию,) ему́ не пришло́сь приня́ть уча́стие в э́том де́ле.	(Unfortunately,) he didn't get to (was not destined to...)

Similarly:

(К сча́стью,) мне не придётся бо́льше с ним встре́титься.	(Fortunately,) I won't have to meet him again.

vs.

(К сожале́нию,) мне не придётся бо́льше с ним встре́титься.	(Unfortunately,) I won't get to (get a chance to)...

Similarly:

(К сча́стью,) мне бо́льше не прихо́дится (приходи́лось) быва́ть на заседа́ниях э́той комми́ссии.	(Fortunately,) I won't (didn't) have to attend the meetings of that committee any more.

vs.

(К сожале́нию,) мне бо́льше не прихо́дится (приходи́лось) быва́ть на заседа́ниях э́той комми́ссии.	(Unfortunately,) I won't (didn't get to) get a chance to attend the meetings of that committee any more.

1.4 With all other negated necessity words, *only Imperfective infinitives* are used

(К сча́стью,) мне не прихо́дится (мне не на́до, я не вы́нужден, я не обя́зан)... *принима́ть* (NOT: приня́ть) уча́стие в таки́х дела́х.	(Fortunately,) I don't have to participate in such things.

For further examples of the rule "necessity modal + Imperfective infinitive", examine the illustrative material in the preceding and following sections.

1.5 Не + Imperfective infinitive

The meaning не сужде́но can be expressed in elevated speech by the Imperfective infinitive alone:

Не быть ему́ царём!	He shall not be tsar!
Не сиде́ть ему́ на тро́не!	He shall not sit upon the throne!

1.6 Change of plans or schedule

A change of plans or an absence of a usually scheduled event is best expressed by не на́до (with humans only, of course; cf. Lesson 2, Analysis, 5). Infinitives should be skipped whenever possible.

Мне не на́до сего́дня на рабо́ту.	I don't have to go to work today (I've been given the day off).

Пе́те вчера́ не на́до бы́ло в
  шко́лу, заня́тия отмени́ли
  из-за гри́ппа.

Pete didn't have to go to
  school yesterday; classes
  were cancelled because of
  the flu.

Сла́ва Бо́гу, нам не на́до
  ве́чером к Серге́ю Ива́новичу!
  Он звони́л, что вечери́нка
  отменя́ется.

Thank God, we don't have to
  go to S.I.'s place to-
  night. He called to say
  that the party was called
  off.

На э́той неде́ле мне не на́до
  встреча́ться с руководи́телем.

I don't have to meet with
  my advisor this week.

The reason for skipping the infinitive whenever possible
is, again, that не на́до with infinitives is ambiguous and
may be interpreted as a prohibition (*mustn't*).

1.7 Мо́жет не

When it is "not necessary to" do something, one is
"able not to do it". In English, such constructions are very
awkward, if not impossible, e.g., *I am able not to go to school
tomorrow* (=*I don't have to go to school*). Frequently we
avoid the awkward construction by using verbs which, though
not negated, have a negative meaning, e.g. *I can skip school
tomorrow*. In Russian, constructions such as я могу́ не
идти́, я могу́ не де́лать э́того, are not awkward at all and
can be used quite freely to express absence of necessity. (Cf.
Lesson 4 for more on мо́жет and expressions of possibility,
ability, etc.) Thus we have a regular paraphrase relationship
between не + necessity modal (e.g., обяза́тельно) and
мо́жет + не:

Мне сего́дня *не обяза́тельно* (идти́) на рабо́ту =
  Я сего́дня *могу́ не* идти́ на рабо́ту.

Тебе́ *не обяза́тельно* бы́ло гото́вить обе́д вчера́ ве́чером =
  Ты *могла́ не* готовить обед вчера вечером.

As in the case of negated necessity words, only Imperfective infinitives are used after мо́жет не to express the
absence of necessity. The combination мо́жет не + Perfective
infinitive expresses probability:

Он мо́жет не *встре́титься* с
  руководи́телем.

He may not meet (He may
  miss) his advisor.

Она́ могла́ не *прийти́* на
  собра́ние.

She may not have come to
  the meeting.

For greater detail, see the next lesson.

2. Reproach, regret: не сле́довало, не на́до бы́ло,
не до́лжен был, не сто́ило

The meaning *shouldn't have* (*you went to the meeting but
you shouldn't have*) is expressed unambiguously only by не
сле́довало; the other expressions may, in some contexts,
express simply the absence of necessity (*didn't have to*),
although their most likely interpretation is reproach/regret.
If you want to express absence of necessity unambiguously,
use не обя́зан был, не обяза́тельно бы́ло, or мог не +
infinitive, as discussed above in Section 1.

The interpretation depends on intonation and word-order,
which we will try to illustrate by examples:

Мне не на́до бы́ло прису́тство- вать на собра́нии.	(ambiguous) I didn't have to... I shouldn't have...
Не на́до бы́ло мне прису́тство- вать на собра́нии.	(unambiguous) I shouldn't have...
Не на́до бы́ло тебе́ с ним встреча́ться.	(unambiguous) You shouldn't have...
Тебе́ не на́до бы́ло с ним встреча́ться.	(ambiguous)
Тебе́ же/ведь не на́до бы́ло с ним встреча́ться.	(unambiguous) You didn't have to ... did you?

Не сто́ило   oscillates between *you shouldn't have done
it* and *it didn't make much sense to do it*:

Не сто́ило приглаша́ть Серге́я Ива́ныча— он ужа́сный зану́да.	(You) shouldn't have invited S.I. - he's a terrible bore.
По-мо́ему, вам не сто́ило уделя́ть э́тому вопро́су так мно́го внима́ния.	I think it didn't make much sense for you to give the matter so much thought.

3. Prohibition: не сле́дует, не до́лжен, не на́до, не
сто́ит, нельзя́, не полага́ется, не разреша́ется

When the tense switches from past to present, regret
or reproach about the past action turns into prohibition or
advice against a present or future one.

Вы не должны́ обраща́ть внима́ния на таки́е ме́лочи.	You shouldn't pay attention to such small details.
Он не до́лжен так себя́ вести́.	He shouldn't (mustn't) behave like that.
Ему́ не на́до вме́шиваться в разгово́ры посторо́нних.	He shouldn't butt into conversations of people he doesn't know.

(Again: to express *he doesn't have to*, use: не обя́зан, не обяза́тельно, мо́жет не + infinitive.)

Не сто́ит oscillates between *It doesn't/won't make much sense to do something* and *I don't recommend doing something*:

Пожа́луй, вам не сто́ит ходи́ть на э́ту ле́кцию— вы не услы́шите ничего́ но́вого.	I don't think it makes sense for you to go to that lecture - you won't hear anything new.
По-мо́ему, не сто́ит обраща́ть внима́ния на таки́е ме́лочи.	I don't think one should pay attention to such small details.

In the above cases of prohibition, the speaker's subjective opinion is expressed. There are other cases of prohibition in which objective factors, e.g., laws, are the source of the constraint. If the objective source is social disapproval, this is specified by не полага́ется; if the source is administrative regulation, this is specified by не разреша́ется.

Не полага́ется груби́ть ста́ршим.	You shouldn't be rude to older people.
Посторо́нним не разреша́ется входи́ть в э́ту лаборато́рию.	Outsiders are not permitted into this laboratory.

The word нельзя́ covers all types of constraint, including the subjective type. For the most part, the subjective meaning emerges in direct address, especially when the name is included, e.g.,

Ви́тя, нельзя́ открыва́ть окно́. = не на́до, ты не до́лжен	Vitya, you mustn't (shouldn't) open the window.

Otherwise, нельзя́ usually refers to one or the other of the two types of objective constraints and is synonymous with не полага́ется and/or не разреша́ется.

Нельзя́ (Не полага́ется) груби́ть ста́ршим.

Посторо́нним нельзя́ (не разреша́ется) входи́ть в э́ту лаборато́рию.

Ви́тя, нельзя́ кури́ть в твоём во́зрасте! = *не на́до*	Vitya, you shouldn't smoke at your age!
Здесь нельзя́ кури́ть. = *не полага́ется*	One shouldn't smoke here (it's simply not done).
Здесь нельзя́ кури́ть. = *не разреша́ется*	Smoking is forbidden here (it's against the rules).

When the sentence contains a phrase indicating direction,
the infinitive of the verb of motion can be skipped (cf.
Lesson 2).

В э́ту лаборато́рию посторо́нним нельзя́.

Нельзя́ may seem to be an exception to the statement
in Section 1.4 to the effect that negated necessity words other
than пришло́сь/придётся are followed only by *Imperfective*
infinitives, in view of the fact that Perfectives can indeed
occur after нельзя́, as in the following sentence:

У́лицу нельзя́ бы́ло перейти́.   It was impossible to cross
                                 the street (I tried, but
                                 the puddles were so deep
                                 that I couldn't).

This is not in fact an exception to the rule, because нельзя́
here does not mean prohibition, but impossibility, about
which we will have more to say in Lesson 4.

In most cases with animate subject (mentioned or implied)
this meaning is much better expressed by Perfective infinitive
alone. (For greater detail cf. Lesson 4 on ability, possibility and their negation.)

У́лицу бы́ло не перейти́.   You (one) couldn't cross
                              the street.

4. Probability of a non-performance: не до́лжен + Perfective infinitive

As explained in Lesson 2, the following sentence is
ambiguous:

Он до́лжен позвони́ть.   It is his duty to call.
                             OR: He will probably call.

When the word до́лжен is negated, the ambiguity disappears, because the two meanings are distinguished by the
aspect of the infinitive. If до́лжен means necessity, then
the Imperfective must be used:

Он не до́лжен звони́ть.   He must not call.

If до́лжен means probability, then the infinitive must be
in the Perfective:

Он не до́лжен позвони́ть.   He is unlikely to call.

The same meaning can be expressed by the adverbial expression
навря́д ли:

Он навря́д ли позвони́т.   Он не до́лжен позвони́ть.
Навря́д ли, что он позвони́т.

SUMMARY

MEANING	FORMS	AVOID
1. Absence of necessity no obligation	не обя́зан не обяза́тельно	
no imposition	не прихо́дится	на́до/ну́жно + infinitive не до́лжен
change of schedule	не на́до (w/out inf.)	
'can avoid, skip...'	мо́жет не	
2. Reproach/ regret	не сле́довало не на́до бы́ло не до́лжен был не сто́ило	
3. Prohibition subjective	не сле́дует не на́до не до́лжен не сто́ит нельзя́	
objective: social administrative	не полага́ется не разреша́ется	
4. Probability of a non-performance	не до́лжен + Perf. infinitive	

УПРАЖНЕ́НИЯ К ТЕ́КСТУ

1. Preparatory Drill: verb forms

   Self test: cover all but the first column and say the forms aloud.

Impf.	Pf.	1 Sg.	3 Pl.
пить	вы́пить	вы́пью	вы́пьют
лить	нали́ть	налью́	нальётю
шить	сши́ть	сошью́	сошью́т
есть	съесть	съем	съедя́т

2. Conversation Exercise (Comment 5, 10)

   Conduct conversations as in the model. Use съесть or вы́пить, depending on what you're going to have. Note that in Russian there is no cover term for both (cf. *have a cup of coffee, have an ice cream* in English).

   А. Я ду́маю пойти́ *вы́пить ча́шку ко́фе.*

   Б. Пошли́ вме́сте. Я как раз собира́лся *вы́пить ча́шку ко́фе.*

   А. Вот хорошо́. Пойдём *вы́пьем по ча́шке ко́фе.*

стака́н кака́о	a glass of cocoa
стака́н кефи́ра	a glass of kefir
эскимо́	an Eskimo
бутербро́д с колбасо́й	a salami sandwich
бутербро́д с ветчино́й	a ham sandwich
пирожо́к с мя́сом	a meat pirozhok
пирожо́к с ри́сом	a rice pirozhok
пирожо́к с я́блоками	an apple pirozhok
пиро́жное	pastry
ча́шка ко́фе и пиро́жное	a cup of coffee and a pastry

3. Conversation Exercise (Comment 3, 9)

Invent eating places yourself (e.g. армянский ресторáн),
trying to be realistic (никакúх китáйских ресторáнов!)
Make sure your dish matches the eating place.

>   А. Пойдём в *"Зелёный Дракóн"*, *вúпьем по чáшке*
>   *кóфе.*

>   Б. Не могý, мне нéкогда. Придётся тебé сходúть
>   в *"Зелёный Дракóн"* одномý/однóй.

ресторáн	пообéдать
шашлы́чная	съесть по шашлыкý
чáйная	вы́пить по чáшке чаю
кавкáзский ресторáн	съесть по тарéлке харчó
столóвая	съесть по тарéлке сýпа
пивнáя	крýжка пúва
и т.д.	

4. Conversation Exercise (Comment 2, 3, 9)

Repeat Exercise 2, with the following reply to Б as the
third speech:

>   А. Э́то же совсéм недалекó, *пять минýт ходьбы́*
>   *отсю́да.*

a 10 minute walk	a 5 minute streetcar ride
a 5 minute drive	a 12 minute walk
a 10 minute bus ride	a 2-3 minute drive

5. Preparatory Drill: verb forms

Fill in the chart. Omit the Perfective infinitive where
there is a dash in parentheses. Watch out for stress in the
past tense; if you're not sure, look it up in a dictionary.

Impf.	Pf.	3 Pl.	M.	F.	Pl.
печь	испе́чь	испеку́т	испёк	испекла́	испекли́
стричь	(—)				
мочь	(—)				
течь	(—)				
бере́чь	(—)				
мыть	(—)				
рыть	(—)				
открыва́ть					
накрыва́ть					
собира́ть					
убира́ть					
вести́	(—)				
подмета́ть					
иска́ть	(—)				
полоска́ть					
умира́ть					
стира́ть					

6. Conversation Exercise

Note that the first speaker uses Perfective, and the second
speaker uses Imperfective. Use the Russian clues first,
then cover them and work from the English, and then do it
without looking at the book.

   А. Я сего́дня *испёк пирожки́ с капу́стой.*

   Б. Сла́ва Бо́гу, я могу́ сего́дня *не печь пирожки́ с
      капу́стой.*

печь пирожки́ с варе́ньем	bake pirozhki with jam
печь пироги́	bake pies
печь пиро́жные	bake pastry
печь пече́нье	bake cookies
де́лать бутербро́ды с сы́ром	make cheese sandwiches
мыть посу́ду	wash the dishes
мыть пол	
стира́ть и полоска́ть	
подмета́ть в ко́мнате	
накрыва́ть на стол	
убира́ть со стола́	
убира́ть в гости́ной	

7. Repeat Exercise 6, cha
   past (испёк) to futu

8. Conversation Exercise

    A. Мой прия́тель Я́ша, *ветерина́р*...

    Б. (перебива́ет А) Я зна́ю, твой прия́тель—
       ветерина́р сего́дня прихо́дит в го́сти. Я уже́
       испёк/испекла́ пирожки́ с капу́стой.

Professions	*Domestic duties*
teacher	sweep the floor
doctor	set the table
driver	clean up the apartment
engineer	bake cookies
chemist	make soup
artist	wash the dishes
physicist	make ham sandwiches
musician	bake pies
lawyer	bake pastry

9. Conversation Exercise

Use substitutions as in Exercise 8, and invent a variety of
names (including feminine) and activities for the underlined
words in the first speech.

    A. Мы с *Я́шей* за́втра *е́дем за́ город.*

    Б. С каки́м *Я́шей?*

    A. У кото́рого жена́ *ветерина́р.*

    Б. Хорошо́. Я вам *пригото́влю бутербро́ды с*
       колбасо́й.

10. Conversation Topic (Comment 4)

Pretend that you enter a store and get in line. When all
the students are already in line and waiting, the student
at the head of the line becomes a soda jerk and sells
everybody snacks. Don't forget to count your change *before*
you leave the counter. Watch out for wise guys who try to
get ahead of you in line. Use expressions:

Кто после́дний? Я за ва́ми. За мной занима́ла одна́
де́вушка. У меня́ нет сда́чи (the soda jerk's line).
У меня́ без сда́чи (this one is for wise guys). Use
по-мо́ему, я ду́маю, and пожа́луй appropriately.

11. Conversation Topic   (Comment 8)

A *stranger* addresses *you* in the street, asking where he
or she could have a quick snack. The stranger speaks very
good Russian, but with a trace of a foreign accent. You
ask him where he is from. It turns out that he is from
the United States. You go together to the nearest cafe (a
few minutes' walk from where the conversation started).
You begin a conversation about his stay in the USSR: the
reason he came, his impressions of hospitality, of life,
of transportation, of education, of shopping, etc.

УПРАЖНЕ́НИЯ К АНА́ЛИЗУ

12. Conversation Exercise   (Analysis 1.3, 1.4)

Hold conversations as in the model, consulting the list of
sad situations below. The second speaker should be able to
think up a remedy (see Lesson 2, Exercise 13). Note that
the third line has the *Imperfective* infinitive and *Perfective* non-past of the same verb.

А. Чёрт возьми́! Опя́ть *выключа́тель сломался*.

Б. Наде́юсь, что мне не придётся *вызыва́ть
    монтёра*. Я в про́шлый раз *вызыва́л*.

А. Мо́жешь не *вызыва́ть монтёра*. Я сам(а́) *вы́зову*.

В холоди́льнике опя́ть пу́сто.	The refrigerator's empty again.
Макси́м, ка́жется, бо́лен, у него́ температу́ра.	Maxim's sick: he has a temperature.
В статье́ мно́го опеча́ток, её на́до перепеча́тать.	There are a lot of typos in the article; it'll have to be redone.
Ло́ре подари́ли материа́л на пла́тье.	Laura got material for a dress.
И́ре / сро́чно ну́жен перево́д э́той статьи́.	Ira urgently needs a translation of that article.
У Ми́ши заболе́ла соба́ка.	Misha's dog got sick.
У нас маши́на слома́лась.	Our car broke down.
Пол опя́ть гря́зный.	The floor's dirty again.
Выключа́тель слома́лся.	The switch is broken.
Стира́льная маши́на слома́лась.	The washing machine is broken.
Вся оде́жда гря́зная.	All the clothes are dirty.
На обе́д ничего́ нет.	There's nothing at all for lunch.
Плита́ гря́зная.	The stove is dirty.

13. Preparatory Drill

Answer as in the model. Self-test: cover the responses.
The parenthesized phrases can be omitted in the response.
Note that участвовать has no Perfective partner; use
either the phrase принять участие or the Imperfective
future with будет. Note also that the Perfective сдаст
экзамен implies that he'll pass it, unlike будет
сдавать.

A. Вася *пишет* сегодня *контрольную?*

Б. Нет, он *напишет её* завтра.

читает	урок	прочитает/прочтёт его
чинит	выключатель	починит его
выступает	на собрании	выступит (на собрании)
сдаёт	экзамен	сдаст его/будет его сдавать
идёт	на экскурсию	пойдёт (на экскурсию)
участвует	в состязании	примет в нём участие/ будет участвовать в нём
ходит	в магазин	сходит (туда)
делает	уколы против оспы	сделает (уколы)

14. Conversation Exercise (Analysis 1.2, 1.7)

A. *У нас завтра контрольная работа.*

Б. Тебе не обязательно *писать эту контрольную.*

Преподаватель нам дал новый учебник (читать этот
   учебник)
У нас сломался выключатель (чинить этот выклю-
   чатель)
Нам задали ещё одно упражнение (делать это
   упражнение)
У нас завтра собрание (выступать на собрании)
У нас завтра экзамен (сдавать этот экзамен)
У нас завтра экскурсия (идти на эту экскурсию)
У нас завтра дискуссия на темы морали (участвовать
   в дискусии)
У нас завтра состязание по боксу (участвовать в
   состязании)
У нас в холодильнике пусто (ходить в магазин)
Нашей группе завтра делают уколы против оспы
   (делать уколы)

15. Conversation Exercise

   Use items from Exercise 14.

   А. *У нас за́втра контро́льная рабо́та.*

   Б. Тебе́ не обяза́тельно *писа́ть э́ту контро́льную.*

   А. Сла́ва Бо́гу! Я могу́ не *писа́ть э́ту контро́льную.*

   Б. Не ра́дуйся. В сле́дующий раз тебе́ обяза́тельно придётся *писа́ть контро́льную.*

   А. В сле́дующий раз я с удово́льствием *напишу́ контро́льную.*

16. Conversation Exercise

   Think up a profession and substitute it for врач in the following conversation:

   А. У нас появи́лся но́вый *врач.* Тебе́ приходи́лось с ним име́ть де́ло?

   Б. Да, он *лечи́л мою́ жену́.* По-мо́ему не на́до бы́ло принима́ть его́ на рабо́ту.

   А. Нам пришло́сь приня́ть его́ на рабо́ту. Нам обяза́тельно ну́жен был ещё оди́н *врач.*

   Б. Не на́до бы́ло увольня́ть Па́вла Семёновича. Тогда́ вам не пришло́сь бы иска́ть но́вого *врача.*

   А. Да, но Па́вел Семёнович был совсе́м никуды́шный *врач.* Ему́ бы коро́в пасти́, а не *люде́й лечи́ть.*

electrician, teacher, violinist, chemist, driver, translator, etc.

You may continue this exercise by adding:

   Б. Почему́ ты так ду́маешь?

   А. ...

17. Conversation Exercise

    А. Ты смотре́л вчера́ *хокке́й* по телеви́зору?

    Б. Нет, мне на́до бы́ло занима́ться. У меня́
       за́втра контро́льная *по матема́тике.*

Event	*Subject*
hockey	mathematics
soccer	biology
football	physics
sports broadcast	chemistry
play	Russian
musical program	astronomy
volleyball	geography
tennis	Japanese
basketball	Chinese
jazz concert	history

18. Conversation Exercise

Repeat Exercise 17, adding the following two lines:

    А. На́до бы́ло ра́ньше занима́ться, а не *игра́ть в*
       хокке́й.

    Б. Не на́до бы́ло мне идти́ на *математи́ческий*
       факульте́т. Я ведь по нату́ре *хокке́ист.*

In the third speech (На́до бы́ло...), the student substitutes an occupation related to yesterday's TV program.
In the last speech, the student regrets having entered the
institution where he has to take the test, and adds the
profession he really likes to watch on TV and play.

19. Drill (Analysis 3)

Replace нельзя́ with не на́до, не полага́ется, не
разреша́ется, as the context requires.

Де́тям нельзя́ перебива́ть ста́рших.
Посторо́нним нельзя́ входи́ть в э́ту лаборато́рию.
Макси́м! Нельзя́ открыва́ть окно́— комары́ налетя́т в
   ко́мнату.
Де́тям до 16 лет нельзя́ смотре́ть э́тот фильм.
Молоды́м лю́дям нельзя́ пристава́ть к де́вушкам на
   у́лице.
Па́влу Ива́навичу нельзя́ нести́ э́тот чемода́н, он
   тяжёлый. Врачи́ говоря́т, что ему́ нельзя́ носи́ть
   тяжёлые ве́щи.
Нельзя́ есть ры́бу ножо́м.
К своему́ адвока́ту нельзя́ приходи́ть в джи́нсах и
   без га́лстука.
В э́то вре́мя го́да нельзя́ лови́ть ры́бу.
Ку́зе нельзя́ есть моро́женое, у неё го́рло заболи́т.

20. Conversation Exercise (Analysis 4)

Go as fast as you can and as long as you can through this
endless exercise.

А. Кто́-то звони́л в две́рь. По-мо́ему, э́то *до́ктор.*

Б. Навря́д ли э́то *до́ктор.* *До́ктор* не до́лжен
    прийти́ сего́дня. Он обы́чно прихо́дит по
    сре́дам.

В. Мо́жет быть, э́то *меха́ник.*

Г. Навря́д ли э́то *меха́ник.* *Меха́ник* не до́лжен
    прийти́ сего́дня. Он обы́чно прихо́дит по
    четверга́м.

Д. Мо́жет быть, э́то (typist, tailor, veterinarian,
    shoemaker, translator, salesman, saleswoman, archi-
    tect, electrician, plumber,...)

УПРАЖНЕ́НИЯ НА МАТЕРИА́Л ВСЕГО́ УРО́КА

21. Conversation Topic

You are at a bus stop waiting for your friend. It is
6:30. Your friend was supposed to be there at 5:30. You
are annoyed and start discussing the problem with other
people who are waiting for the bus. When *your friend*
finally comes, you tell him off. He says he had to be at
a meeting (or wash the floor, go to a class, etc.) and you
didn't have to wait for him. You tell him he didn't have
to go to the meeting, and that, in general, one shouldn't
offend one's friends.

22. Conversation Topic

Two people are sitting in a dark room. There is a knock
on the door. Both of them shudder. Who is it? The
doctor? He's not supposed to come today. Etc. "Do we
have to open the door?" says one of the people. "Yes,
we have to." "No, we don't have to." They open the door.
It is *the police.* "У нас о́рдер на ваш аре́ст". On
the way to the police station, huddled in the back of the
car, the two deeply regret that they opened the door.
They really shouldn't have.

23. Conversation Topic

A *parent* is disciplining *a child* who (a) broke a window,
(b) got an F in math, (c) didn't wash the dishes, (d)
didn't clean his room. The parent moves from specific
expressions of regret (не надо было etc.) to general
statements about what is allowed and what is forbidden.
The child, naturally, objects. It's not his duty to
listen to his parents, after all. Etc.

24. Conversation Topic

A telephone conversation. *A* calls *B* and *C*, who live
together, to say he can't come to dinner. B presses him
to come (are you sure you *have* to go to... I don't think
you have to... I don't think you should... etc.), and A
responds with various excuses. When the telephone call is
over, B tells C that he tried to convince A to come for
dinner, but he didn't convince him. C, however, is over-
joyed, because now he won't have to do any number of
uninteresting domestic tasks. Besides, he doesn't even
like A.

УРО́К 4

ТЕКСТ. МО́ЖНО Я ВАМ ДАМ МОЙ ТЕЛЕФО́Н?

Ко́ля и Жа́нна встреча́ются в коридо́ре филфа́ка.

К. Жа́нна! Здра́вствуйте. Как дела́? Что но́вого?

Ж. Всё в поря́дке, то́лько о́чень нехвата́ет вре́мени. Сего́дня у́тром я да́же не успе́ла причеса́ться и поза́втракать.

К. Куда́ же вы так спеши́ли?

Ж. У меня́ была́ назна́чена встре́ча с руководи́телем на де́вять три́дцать. До э́того мне на́до бы́ло ещё зайти́ в библиоте́ку. В общежи́тии, к сожале́нию, невозмо́жно занима́ться. Во вся́ком слу́чае, я не могу́ там занима́ться, потому́ что о́чень шу́мно. По доро́ге из библиоте́ки в университе́т я зашла́ в каку́ю-то столо́вую, но там была́ больша́я о́чередь, а я ника́к не могла́ ждать. Я и так опа́здывала.[1] К сча́стью, Яков Семёнович то́же немно́го опозда́л.

К. Так вы, зна́чит, совсе́м ничего́ не е́ли!

Ж. Нет,[2] мне удало́сь пое́сть по́сле встре́чи.

К. Как прошла́ встре́ча, уда́чно?

Ж. Да, о́чень. Он сказа́л, что мне мо́жно бу́дет по́льзоваться архи́вами. Вообще́ был о́чень любе́зен, да́же дал свой дома́шний телефо́н и сказа́л что я всегда́ могу́ ему́ позвони́ть.

К. Действи́тельно, о́чень любе́зно с его́ стороны́.[3] Мо́жно я то́же вам дам мой дома́шний телефо́н?[4]

Ж. Коне́чно. Одну́ мину́ту, я доста́ну записну́ю кни́жку.

К. Две́сти три́дцать семь— со́рок пять— девяно́сто два. Звони́ть мо́жно в любо́е вре́мя до 11 ве́чера. Сего́дня я весь ве́чер бу́ду до́ма.

Ж. Нет, сего́дня я не смогу́ вам позвони́ть, я уже́ обеща́ла провести́ ве́чер у знако́мых. Мо́жет быть, за́втра?

К. За́втра я могу́ не быть до́ма. У моего́ дя́ди годовщи́на сва́дьбы, и мы всей семьёй, наве́рное, пойдём к ним. Дава́йте в пя́тницу.

Ж. Хорошо́, в пя́тницу ве́чером я вам позвоню́. До свида́ния.

* * *

В пя́тницу Жа́нна, как и обеща́ла, позвони́ла Ко́ле, и они́ вме́сте напра́вились в кино́. Они́ подошли́ к кинотеа́тру пе́ред са́мым нача́лом сеа́нса. Все хоро́шие места́ бы́ли уже́ про́даны, и касси́рша предложи́ла Ко́ле на вы́бор после́дний ряд балко́на, и́ли парте́р, пе́рвый ряд, с кра́ю. Ко́ля забы́л до́ма очки́, так что он купи́л два биле́та в пе́рвый ряд, и вско́ре пожале́л об э́том. Когда́ на экра́не замелька́ли пе́рвые ти́тры (режиссёр..., худо́жник..., гла́вные ро́ли исполня́ют и дубли́руют...), раздала́сь така́я гро́мкая му́зыка, что у Ко́ли сра́зу заболе́ла голова́. Ко́ля бро́сил смотре́ть на экра́н, и стал смотре́ть на Жа́нну.

Жа́нне, ме́жду тем, бы́ло ску́чно и хоте́лось кури́ть. Она́ жале́ла, что согласи́лась пойти́ на э́тот безда́рный францу́зский фильм, вдоба́вок сня́тый пошло́ и претенцио́зно. Пе́рвые де́сять мину́т она́ ещё могла́ любова́ться знако́мыми ви́дами Пари́жа и се́верной Фра́нции, на фо́не кото́рых неторопли́во развива́лся сюже́т. Когда́ де́йствие привело́ геро́ев в их уны́лую двухко́мнатную кварти́ру, ску́ка ста́ла невыноси́мый.

Ж.   Вам нра́вится э́тот фильм?

К.   Че́стно говоря́, не о́чень. А вам?

Ж.   Мне совсе́м не нра́вится. Как вы ду́маете, мо́жно нам встать и уйти́? Я про́сто не в состоя́нии бо́льше здесь сиде́ть.

К.   Коне́чно, мо́жно. Пойдёмте.

Они́ выхо́дят на у́лицу.

Ж.   Вы не возража́ете, е́сли я закурю́?

К.   Коне́чно, кури́те.

Ж.   Вы зна́ете, я терпе́ть не могу́ теа́тр и кино́. Мо́жет быть потому́, что в де́тстве роди́тели меня́ заста́вили игра́ть в шко́льном спекта́кле.

К.   Что вы игра́ли?

Ж.   Мы игра́ли пье́су по кни́жке "Али́са в стране́ чуде́с".

К.   С ва́ми в гла́вной ро́ли?

Ж.   Вы шу́тите. Али́са не мо́жет быть брюне́ткой. Али́су игра́ла на́ша лу́чшая учени́ца, блонди́нка с голубы́ми глаза́ми. А я игра́ла герцоги́ню.

К.   Ну и как?

Ж.   Репети́ровать бы́ло ве́село. Наш учи́тель, кото́рый ста́вил спекта́кль, был о́чень тала́нтливым

человеком. Но когда пришлось выступать перед
зрителями, я себя чувствовала ужасно.

К.   Но всё-таки, вы пользовались успехом?

Ж.   Нет, мы имели довольно скромный успех. После
двух представлений наш театр распался. Впрочем,
всем понравились декорации и костюмы. Мы их
сами сделали, по моим рисункам. Тогда я и
решила, что буду заниматься архитектурой.[5]
Архитектора из меня так и не вышло, но я
занялась историей архитектуры. В каком-то
учебнике прочла о Камероне,[6] увлеклась, начала
заниматься архитектурой Ленинграда. Потом
русским языком и литературой. Так я и оказалась
в Ленинграде. Можно сказать, что если бы не
этот школьный спектакль, меня бы сейчас здесь
не было.

К.   Ну что ж, я очень рад, что вы здесь. Обещаю,
что больше не буду вас приглашать в театр и
кино.

КОММЕНТАРИИ

1. I was already behind schedule. Обратите внимание, что
несовершенный вид глагола "опаздывать" означает,
что вы скорее всего опоздаете, но этого ещё не
случилось. Например, если до кинотеатра 15 минут
ходьбы, а до начала сеанса осталось 5 минут, то
вы опаздываете, хотя ещё не опоздали.

2. Заметьте, что это русское "нет" соответствует
английскому yes:

К.   So, you've had nothing to eat all day!
Ж.   Oh, yes, I did have a chance to eat after the
      meeting.

Этот контраст наблюдается когда говорящий возражает
в ответ на отрицательные утверждения:

А.   *Я уверен, что Зина не читала эту книгу.*
Б.   *Нет, читала.*

А.   I'm sure Zina hasn't read this book.
B.   Oh, yes, she has.

Когда говорящий соглашается с отрицательным
утверждением, наблюдается обратное явление:
английское no соответствует русскому "да":

А.   *По-моему, сегодня не холодно.*
Б.   *Да, сегодня не холодно.*

A.   It doesn't seem to be cold today.
B.   No, it doesn't.

Иначе говоря, в английском языке выбор между yes
и no зависит от формальной характеристики предложения: yes в утвердительном предложении, no — в
отрицательном.   В русском языке выбор между *да* и
нет зависит от того, соглашаетесь вы с вашем
собеседником, или нет.

3. That's very nice of him.   Ещё несколько примеров:

Очень мило с её стороны,   That's very nice of her,
что она согласилась   to agree to appear in
выступать в нашем   our concert.
концерте.

Как это жестоко с твоей   That's very cruel of you.
стороны!

Со своей стороны значит for my (his, her) part; as far
as I am (he is) concerned.

Со своей стороны, я (он)   For my (his) part, I (he)
обещал выступить в   promised to appear in
благотворительном   a benefit concert.
концерте.

4. Обычно если притяжательное местоимение относится
к подлежащему, то надо употреблять *свой*:

Он дал ей свой телефон, а   He gave her his phone num-
она дала ему свой.   ber and she gave him hers.

Однако это правило часто нарушается, когда подлежащее — местоимение *мы, я,* и иногда, когда
подлежащее — *ты, вы.*

Я вам дам мой телефон, а вы мне дайте ваш/свой.

5. It was then that I decided that I'd study architecture.
Обратите внимание на функцию союза *и* в этом
предложении.   Ещё несколько примеров:

В университете я и начала   It was at the university
слушать лекции по   that I started taking
социолбгии.   sociology.

У него я и научилась   *Ambiguous:* It was from him
курить марихуану.   that I learned to smoke
       marijuana *OR* It was at
       his place that I learned
       to smoke marijuana.

Петя спровоцировал этот   Peter provoked the question.
вопрос.   Ему и пришлось   (Naturally) it was he who
на него отвечать.   had to answer it.

6. Чарльз Камеро́н, шотла́ндец по происхожде́нию, был
   люби́мым архите́ктором Екатери́ны II. Мно́го рабо́тал
   в Пу́шкине и Па́вловске.

ANALYSIS

        In this lesson, we will be dealing with the following
notions: ability (Section 1), possibility (Section 2), permission (Section 4), inability (Section 5), and impossibility
(Section 6). To express these notions, Russian generally uses
a modal word (мочь, мо́жно, etc.) plus an infinitive. The
student is thus confronted with two problems: choosing the
correct modal word, and choosing the correct aspect of the
infinitive. We will discuss aspectual usage in Sections 3
and 5.

1. Ability: мочь, уме́ть, смочь, суме́ть, спосо́бен, быть в состоя́нии, уда́ться, успе́ть

        We would like to point out right away that we consider
мочь and смочь, уме́ть and суме́ть to be *separate words*
rather than *aspectual pairs*. The reasons for this will be
mentioned in the course of our discussion and summarized at
the end of Section 3.

        As stated above, our task in this section will be to
provide guidelines for the correct use of modal words expressing ability and the correct use of aspect of the infinitive. For both of these purposes we will need to distinguish
the following meanings, both coming under the broad heading
of ability:

        General ability which exists as a potential:

He can cook Chinese food.   Он уме́ет гото́вить кита́йские
                              блю́да.

This means, basically, that when it comes down to it, he is
able to perform the action expressed by the infinitive.
Nothing is said about his actually performing the action.

        Ability on a specific occasion. This describes
a concrete situation in which the subject was able, or will
be able, to perform the action:

At yesterday's party he   На вчера́шней вечери́нке ему́
  managed to fool every-   удало́сь всех одура́чить.
  body.

Here the subject not only was *able to*, but also actually *did*
perform the action.

1.1 General Ability

a) мочь, уметь, знать как. The distinction мочь—
уметь should be quite familiar to you by now. Уметь refers
only to intellectual abilities and skills involving previous
training. Мочь expresses physical or mental ability:

Он мо́жет реша́ть таки́е зада́чи. (He is bright enough to do
it.)

Он уме́ет реша́ть таки́е зада́чи. (He has acquired all the
necessary skills.)

Уметь can sometimes be paraphrased as знать как:

Он зна́ет как реша́ть таки́е зада́чи.

There is, however, an important difference between
уметь and знать как: the former suggests not only that
the person knows how to perform a given action, but also that
he has on occasion actually performed it. Знать как does
not have this connotation; in fact, the choice of знать как
over уметь may suggest that the knowledge is purely theoretical.

Она́ зна́ет как гото́вить кури́ный бульо́н, но ни ра́зу
э́того не де́лала.

b) спосо́бен, быть в состоя́нии. Спосо́бен more
or less corresponds to the English 'be capable of doing something':

Он спосо́бен и на благоро́дный посту́пок и на уби́йство.

Он был спосо́бен проспа́ть три дня подря́д.

Ра́ди герои́ни он спосо́бен на всё: уби́ть, укра́сть,
огра́бить.

As you can see, спосо́бен can be followed by an infinitive or
by the preposition на plus Acc.

Note that the long form спосо́бный *never* occurs in
predicate position (following the verb). When used attributively, in front of the noun it modifies, it means 'capable',
as in the sentence *He is a very capable man* Он о́чень
спосо́бный челове́к. When used attributively after the
noun, the meaning of спосо́бный is again 'capable of':

Э́то был челове́к спосо́бный на всё: уби́ть, укра́сть, огра́бить.	He was a man capable of anything: killing, stealing, robbing.

For a more detailed treatment of long and short form adjectives,
see Lesson 8.

Быть в состоя́нии is nearly synonymous with спосо́-
бен. The difference is that спосо́бен presents the ability
in question as an inherent property of the person, while быть

в состоянии describes it as a more or less short-term state:

Он в состоянии совершить и благородный поступок и
   убийство.

        Быть в состоянии can also express the idea of being
able to do something because one possesses all the necessary
resources:

Он богат и в состоянии заниматься благотворитель-
   ностью.

Otherwise, быть в состоянии most often refers to a particular occasion and thus belongs to the next subsection.

        Another word of warning: when the word состояние
is modified by an adjective, it has nothing to do with ability,
and means simply 'state' or 'shape':

Раненый был в хорошем состоянии.	The wounded man was in good shape.

        c) Future: смочь. Although in the past смочь
typically refers to ability on a specific occasion (cf. the
next subsection), its non-past forms can also refer to general
ability. (This may be because мочь cannot form a future
with буду.) Thus:

Когда ты кончишь этот учебник ты сможешь решать такие задачи.	When you finish this text-book, you'll be able to solve problems like that.

        d) Simple Imperfectives. Quite often the general
ability to perform an action is expressed by the Imperfective
aspect alone, without any modal words. Similar usage exists
in English:

She plays the violin = She can play the violin

In Russian, this usage is more common than in English.

Она прочитывает роман за два часа.	She can read a novel in two hours.

In particular, the verb понимать and the verbs indicating
sensory perceptions (видеть, слышать, etc.) are used this
way:

Я его понимаю.	I can understand him.
Не кричи, я тебя слышу.	Don't yell. I can hear you.
Я ещё помню как это случилось.	I can still remember how that happened.

1.2 Ability on a specific occasion: смочь, сумéть, удáться, успéть

        смочь, сумéть. While the verbs мочь and умéть have a clear-cut semantic difference (cf. above), the verbs смочь and сумéть are practically interchangeable. Both usually refer to the ability to perform an action on a specific occasion, which either was realized or is very likely to be realized:

Пéтя смог (сумéл) убедúть своегó начáльника.	He was able to (and did) persuade his boss.
Пéтя смóжет (сумéет) убедúть своегó начáльника.	He'll be able to persuade his boss (and the speaker knows that this is Pete's intention and is fairly sure of his success).

(The use of сумéть as synonymous with смочь is comparatively recent. Even in the thirties it was still considered incorrect; nowadays some dictionaries label it as colloquial.)

        Удáться refers to the realized ability to perform an action against slim odds:

Емý удалóсь уговорúть начáльника.	He managed to persuade (succeeded in persuading) his boss.

        Finally, успéть means 'to manage to do something although the time was short':

Он едвá успéл доéсть свой бутербрóд, когдá егó опя́ть вы́звали к руководúтелю.	He had barely managed to finish his sandwich when he was again summoned to see his advisor.

1.3 Ability not realized

        In the same way that *You should have done it* means *It was your obligation to do it, but you didn't* (Lesson 2, Analysis, 3.2), the sentence *You could have done it* means *You could, but you didn't*. To express this meaning in Russian, use the past tense of мочь. DO NOT USE мог бы:

Ты мог приготóвить замечáтельное блю́до из э́того петухá.	You could have cooked a wonderful dish with this rooster (and you wasted it).

If a chance to realize the ability still remains, then use мог бы:

Ты моглá бы приготóвить замечáтельное блю́до из э́того петухá.	You could cook a wonderful dish with this rooster (and it's not too late).

2. Possibility

Consider these English sentences:

(1) It is possible to do it.
(2) One can do it.
(3) It is possible for him to do it.
(4) He can do it.
(5) It is possible that he will do it.

Sentences (1) - (4) state that some action can be performed. Sentences (1) - (2) state this without reference to any specific person. It is usually implied that circumstances are such that the action is possible to perform. We will call this meaning "ability due to circumstances". In English it is also possible to use the pronoun *you* instead of *one* to express this meaning: *You can do it = One can do it.* We will call this use of the pronoun "the impersonal you".

Sentences (3) - (4) do contain a reference to a person who is able to perform the action. They differ from one another in that sentence (4) ascribes this possibility to the person's inner qualities (and this meaning was treated in the preceding section on "ability") while sentence (3) would typically imply that the possibility to perform the action stems from outside circumstances.

Sentence (5) is quite different from sentences (1) - (4). Here the likelihood of the action taking place is evaluated and placed somewhere between zero and one hundred percent. We will refer to this meaning as "evaluating possibility".

Thus we will have three situations to describe in this section:
(1) ability due to circumstances without a specific person in mind;
(2) ability due to circumstances with a specific person in mind;
(3) evaluating possibility

2.1 Ability due to circumstances without a specific person in mind

a) Мо́жно is the primary means to express this meaning:

Я уве́рен, что из э́той   I'm sure you (impersonal)
 ку́рицы мо́жно свари́ть   can cook an excellent
 отли́чный суп.   soup with this chicken.

b) If you want to state emphatically that something is *quite possible* to do, use вполне́ возмо́жно + infinitive.

Из э́того кро́лика вполне́ It is quite possible to
 возмо́жно сде́лать обе́д   (You can easily) make a
 на четверы́х.   supper for four with this
                          rabbit.

2.2 Ability due to circumstances with a specific person in mind

In this case too, Russian quite often uses мо́жно without any reference to the person the speaker has in mind. We described a similar use of на́до in Lesson 2, Analysis, 4. When the person is clear from the context, or when you do not want to specify who it is, use мо́жно:

Уже́ 7 часо́в, а обе́д ещё не гото́в. — Не пережива́й, мо́жно бы́стро свари́ть кукуру́зу.	It's already 7 and supper isn't ready yet. — Don't worry, we can boil the corn in no time.
Мне не́ из чего де́лать припра́ву к сала́ту. — Ну что ж, мо́жно сходи́ть за кукуру́зным ма́слом.	I don't have anything to make salad dressing with. — Well, somebody (i.e. *you*) can go get corn oil.

The important thing to remember is that you should not use мо́жно + Dative to express this meaning, because мо́жно + Dative tends to be interpreted as permission:

Ему́ мо́жно сходи́ть в кино́.	He may (I allow him to) go to the movies.

Thus, if you do want to make a reference to the person you have in mind, use мочь:

Е́сли у тебя́ ничего́ нет на у́жин, На́дя мо́жет сходи́ть в магази́н.	If you don't have anything for supper, Nadya can go to the store.

Here, as elsewhere, there are exceptions, and occasionally you may come across examples of мо́жно + Dative in this meaning:

Стрельба́ ко́нчилась. Я ду́маю, тепе́рь тебе́ мо́жно идти́.	The shooting has stopped. I think you can go now.

Note, however, that the context of our example shows clearly that the speaker has in mind possibility rather than permission. We advise you to use paraphrases with мочь:

Стрельба́ ко́нчилась. Я ду́маю, тепе́рь ты мо́жешь идти́.

2.3 Evaluating possibility

The English sentence *It is possible that he will come soon* can be paraphrased as *He may come soon*. In Russian, мочь can be used this way: Он мо́жет ско́ро прийти́. Note, however, that this sentence is highly ambiguous. Apart from *It is possible that...*, it may also mean *He can (is able to) come soon* or *Let him (I allow him to) come soon* (cf. Lesson 2, Analysis, 5.2 on ambiguities of до́лжен). Therefore, in Russian it is often preferable to use expressions like возмо́жно, мо́жет быть, etc. to evaluate possibility:

Он, мо́жет быть (возмо́жно), ско́ро придёт.

(Rule of thumb: use мочь in this meaning only with Perfective verbs of motion with prefixes.)

If the chances are good, use вполне́ возмо́жно, что...

Вполне́ возмо́жно, что он придёт.

It is quite possible that... (He may well come.)

If, on the contrary, the chances are poor, use не исключено́, что:

Не исключено́, что он придёт.

It is not impossible that (There is a chance that) he will come.

Until now, we have been talking about evaluating the chances of a future event or action. If the action being evaluated is simultaneous with or prior to the moment of speech, then мочь cannot be used. Use мо́жет быть, возмо́жно, etc.:

Он, мо́жет быть, сейча́с идёт сюда́.

He may be coming here now.

Он, мо́жет быть, приходи́л сюда́ вчера́.

He might have come here yesterday. (It is possible he came.)

When you want to say that some event may not happen, or some action may not take place, мочь + не + infinitive can be used. Ambiguities do not arise in this case because the aspect of the infinitive distinguishes the possibility meaning from negated necessity. (Cf. Lesson 3, Analysis, 1.7)

Он мо́жет не прийти́. (unambiguously: He may not come; it is possible that he won't come.)

Он мо́жет не приходи́ть. (unambiguously: He doesn't have to come.)

As illustrated by the example above, *Perfective infinitives* are commonly used after мочь не to express possibility. The only Imperfective verb you can safely use to express this meaning is быть:

Его́ мо́жет не быть до́ма. =   He may not be home.
  Его́, мо́жет быть, нет до́ма.

3.1 Aspectual usage

In Lesson 2, Analysis 9, we gave a brief review of the meaning of aspect and its relationship to the use of infinitives after necessity words. Here we shall give further examples with infinitives after ability modals.

Perfective = holistic view, action viewed as a totality.
Imperfective = non-holistic (e.g., process, state of being,
  etc.)

     If the verb denotes a state or process which cannot be
easily quantified into single occasions (see Lesson 2, Analysis,
9), then the infinitive is normally Imperfective, just as in
the case of necessity modals, e.g.,

Вы можете иногда работать
  в саду.

You can work in the garden
sometimes.

Он может спать, даже когда
  его жена чистит плиту.

He can sleep, even when
his wife is cleaning the
stove.

But here again, just as in the case of the necessity modals,
Perfectives with the prefix по- may occur:

Вы можете поработать после
  обеда.

You can get some work done
after dinner.

For repeated or usual actions the Imperfective is used:

Он может решать такие задачи.

He can solve problems of
that sort.

However, do not be deceived by the presence of a temporal
adverb like всегда into believing that it will trigger the
occurrence of an Imperfective infinitive. It won't.

     In the first place, that adverb may be in construction
with the modal word (e.g., with можно), rather than with
the infinitives, as in:

В лесу не пропадёшь. Всегда
  можно найти грибов или
  ягод.

It's easy to survive in the
woods. You can always
find some mushrooms or
berries.

The above sentence does not mean 'you are able to *always find*',
but 'you are *always able* to find'; the word всегда is in
construction with можно, not with найти. The corresponding Imperfective находить is inappropriate in this situation.

     In the second place, this sentence means that on any
given occasion you can find (a holistic action, viewed in its
totality) mushrooms. This situation is very like the holistic
(though repeated) actions described with надо in Lesson 2,
Analysis, 9. In short, Perfective infinitives are very likely
to occur with seemingly repeatable actions after the modals
мочь, можно and способен. This tendency is less strong
with уметь. Compare:

С Ва́сей никогда́ не зна́ешь,   With Vasya you never know
   чего́ ожида́ть. Он мо́жет   what to expect. He can
   (спосо́бен) прийти́ (NOT: turn up at the most
   приходи́ть) в го́сти в са́мую inappropriate moment.
   непоходя́щую мину́ту.

Она́ уме́ет иногда́ так улыб-   She can sometimes give such
   ну́ться (OR: улыба́ться), что   a smile that everybody
   всем стано́вится стра́шно.   gets scared.

In the following example, the temporal adverbs часа́ми/
бесконе́чно are clearly in construction with the infinitive,
not with the modal word, and hence trigger the Imperfective,
as you would expect from their durative meanings.

Он мо́жет (спосо́бен) *расска́зы*- He can tell this story for
   вать э́ту исто́рию часа́ми   hours on end (endlessly).
   (бесконе́чно).

Compare the Perfective in the following:

Он мо́жет *рассказа́ть* э́ту   He can tell this story
   исто́рию лу́чше кого́ уго́дно.   better than anyone else.

In the following examples, по суббо́там 'every Saturday' triggers the Imperfective мо́жете приходи́ть, while
в суббо́ту 'on (any given) Saturday' has the Perfective
мо́жете прийти́, despite the occurrence of всегда́, because
всегда́ goes with мо́жете, not with прийти́:

Вы *мо́жете приходи́ть* ко мне   You can come visit me every
   по суббо́там, мы бу́дем   Saturday, and we'll speak
   разгова́ривать по-ру́сски.   Russian.

Е́сли вы хоти́те говори́ть по-   If you want to speak
   ру́сски, вы всегда́ *мо́жете*   Russian, you can always
   прийти́ ко мне в суббо́ту.   come to see me on a
                                 Saturday.

When мочь is used in the past (with or without бы)
in the meaning of unrealized ability (*could have, could*), there
are no special problems with regard to the use of Perfective
vs. Imperfective infinitive: either may occur, depending on
the usual holistic vs. non-holistic meanings you are familiar
with. Brief reasons for one or another usage are given in
parentheses after each example below.

Ты мог рабо́тать в саду́.   You could've worked in the
                                 garden. (Process)

Ты мог прийти́ в пять.   You could've come at five.
                                 (Single action)

Ты мог приходи́ть по утра́м.   You could've come any
                                 morning. (Repeated action)

Ты всегда́ мог мне позвони́ть.	You always could've called me. (Single action: "given me a ring")
Ты мог бы гото́вить за́втраки, а я у́жины.	You could make breakfasts, and I could make suppers. (in general, usually)
Ты мог приго́товить себе́ яи́чницу.	You could've made yourself eggs. (Single occasion)

3.2 Special cases

(1) Ability on specific occasions

In this case Perfective infinitives are clearly predominant. In particular, after the past forms of смочь, суме́ть, успе́ть, уда́ться Perfective infinitives are almost always used:

Она́ смогла́ прийти́ во́ время.	She managed to get here on time.
Ему́ удало́сь пообе́дать.	He managed to get some dinner.
Он успе́л порабо́тать пе́ред обе́дом.	He managed to get some work done before dinner.

Use Imperfective only if you want to stress that you are talking about the ability to be in some process or state in spite of strongly adverse circumstances. Compare:

Ему́ удало́сь рабо́тать, хотя́ бы́ло о́чень шу́мно.	He managed to work, although it was very noisy.

> But:

Ему́ удало́сь порабо́тать пе́ред обе́дом.	He was able to do some work before supper.
Меня́ удивля́ет, что вы смогли́ там спать.	I'm surprised you were able to sleep there.

> But:

Я рад, что вы смогли́ поспа́ть.	I'm glad you were able to get some sleep.

(2) Immediacy

Another instance of Imperfective infinitives used to describe an ability on a specific occasion comes about when we want to imply that one at long last is able to perform an action and intends to start performing it immediately:

Наконе́ц-то плита́ освободи́лась, и я могу́ печь пироги́.	At last the stove is empty, and I can bake (start baking) pies.

| Ремо́нт ко́нчился. Мо́жно мыть полы́. | The renovation is over. I (You, We) can wash (start washing) the floors. |

This use of the Imperfective is very similar to the one described in Lesson 2, Analysis, 9.2.

(3) Evaluating possibility (see 2.3, this lesson)

Only the Perfective is used with мочь in this meaning.

Perfective:

| Он мо́жет не прийти́. | It is possible that he won't come. |

Imperfective (negated necessity; see Lesson 3):

| Он мо́жет не приходи́ть. | He doesn't have to come. |

Aspectual usage with ability words is summarized in the table on the next page.

SUMMARY OF ASPECTUAL USAGE

Meaning	Modal Word	Other Conditions	Aspect	Example
General Ability	уме́ть	Process or state	Impf.	Я уме́ю мыть пол.
General Ability	мочь спосо́бен мо́жно	Process or state	Impf.	Эту исто́рию мо́жно расска́зывать бесконе́чно. Я могу́ спать где уго́дно.
		The general character of ability stated or clear from context.	Perf.	В столи́це жить хорошо́: мо́жно сходи́ть в теа́тр и́ли на бале́т. Когда́ вам ску́чно, вы всегда́ мо́жете помы́ть пол.
		Otherwise	Impf.	Е́сли вам ску́чно, мо́жно мыть пол.
Ability on a specific occasion	смочь суме́ть удаться успе́ть	Process or state under adverse circumstances	Impf.	Стра́нно, что вы смогли́ там спать.
		Action urgent; beginning soon	Impf.	Мо́жно, наконе́ц, мыть пол: ремо́нт ко́нчился.
		Otherwise	Perf.	Она́ смогла́ (суме́ла, успе́ла) навести́ поря́док в ко́мнате.

4. Permission

4.1 Asking permission

The more intimate way to do this, used in the family, is мо́жно followed by a comma and a sentence:

Ма́ма, мо́жно, я пойду́ в кино́?   Ma, can I go to the movies?

Мо́жно, я бу́ду ходи́ть в   May I join the chess club?
   ша́хматный кружо́к?

Note that the main stress in the sentence is on мо́жно. The intonation can be graphically represented as follows:

```
        мо́жно
                  я      пойду́
Ма́ма                          в    кино́
```

Мо́жно + infinitive can also be used:

Мо́жно мне пойти́ в кино́?

Мо́жно мне ходи́ть в ша́хматный клуб?

The first of the two constructions above is more reliable.

If you want to be more formal, use разреши́те, позво́льте + infinitive.

Разреши́те (позво́льте) мне   May I smoke?
   закури́ть?

Quite often, we ask permission out of sheer politeness, as a formality, without anticipating a refusal. In such cases, use е́сли разреши́те, е́сли позво́лите, е́сли не возража́ете.

Е́сли разреши́те (позво́лите,   If you don't mind, I'll
   не возража́ете), я закурю́.   smoke.

4.2 Granting permission

a) Directly The answer to the more intimate kind of request is мо́жно, and to the more formal one - пожа́луйста.

Мо́жно, я пойду́ в кино́? -Мо́жно.
Е́сли позво́лите, я закурю́. -Пожа́луйста.

If, in the latter case, you want to waive the formalities, you can use the same verb in the Imperfective imperative:

Е́сли позво́лите, я закурю́. — Кури́те (Коне́чно, кури́те).

If you are annoyed, use мочь + infinitive:

Мо́жно, я пойду́ в кино́? — Мо́жешь идти́. ('you may go wherever you please, I don't care,' or 'you may go, but the consequences are going to be grave.')

Otherwise, use мочь + Imperfective infinitive or мо́жно +
Imperfective infinitive only when your interlocutor already
knows what action to perform and is only waiting for you to
give a signal to start.

Все собра́лись. Мо́жете открыва́ть собра́ние.

Я наре́зал о́вощи. Мо́жешь зажига́ть плиту́.

Все пое́ли. Мо́жно убира́ть со стола́.

        b) T h r o u g h   a n o t h e r   p e r s o n : пусть/пуска́й
Here are a few typical dialogues:

Мать: Мо́жно, Аро́н пойдёт в кино́?
Оте́ц: Коне́чно, пусть (пуска́й) идёт, е́сли уро́ки
       сде́ланы.

                        *   *

Оте́ц: Мо́жно, Я́ша пойдёт в кино́?
Мать: Пусть (пуска́й) идёт, мне́-то что? (I don't care,
       literally, *what is it to me?*)
Оте́ц: Е́ва, скажи́ Я́ше, что мо́жно идти́ в кино́ (что
       ма́ма ему́ разреши́ла идти́ в кино́).

                        *   *

Макси́м: Ма́ма, мо́жно я пойду́ с На́дей в кино́?
Мать: Спроси́ у па́пы, е́сли он разреши́т, то я не
       про́тив.
Макси́м: Па́па, мо́жно я пойду́ в кино́?
Оте́ц: А ты уро́ки сде́лал?
Макси́м: Нет ещё.
Мать: Пусть схо́дит в кино́, он успе́ет сде́лать уро́ки
       ве́чером.
Оте́ц: Ну пусть идёт, я не про́тив. (*Макси́му*) Скажи́
       На́де, что́бы взяла́ тебя́ с собо́й.

4.3 Summary of relations between мочь, смочь, уме́ть, суме́ть

        a) мочь may mean ability, possibility, permission:

Он мо́жет прийти́. He is able to come.
                    He may (possibly) come.
                    He may (I allow him to) come.

       смочь means only ability:

Он смо́жет прийти́. He will be able to come.

        b) уме́ть means 'to be able to, to know how'. There
is a clear-cut difference between уме́ть and мочь meaning
'ability'.

        суме́ть does not mean 'to know how'. It is completely
synonymous with смочь.

Given these facts, it seems reasonable to consider мочь and смочь, уме́ть and суме́ть to be different verbs rather than aspectual pairs.

5. Inability, including inability due to circumstances. Aspectual usage

As you know, in many cases a verb after negation tends to be Imperfective:

Я *сочини́л* э́ти стихи́.	→	Я *не сочиня́л* э́ти стихи́.
Вы́мой пол.	→	*Не мой* пол.
Сто́ит посмотре́ть э́тот фильм.	→	*Не сто́ит смотре́ть* э́тот фильм.

This is dramatically not true in the case of inability. The use of aspects after ability words remains almost unaffected by the presence of negation. Уметь is again mostly used with the Imperfective, while all the other words in this group retain the tendency to be followed by the Perfective:

Она́ не уме́ет чи́тать и писа́ть.	She can't read and write.
Он не уме́ет гото́вить (приго́товить) даже́ яи́чницу на за́втрак.	He can't even fry eggs for breakfast.
Мы не мо́жем (неспосо́бны, не в состоя́нии, не в си́лах) вы́полнить э́то зада́ние.	We can't (are unable to) carry out this mission.
Вы́полнить э́то зада́ние оказа́лось невозмо́жным.	Carrying out this mission proved to be impossible.

This tendency to use the Perfective to express inability leads to the already familiar correlation between the aspect of the infinitive and the meaning of нельзя́:

У́лицу нельзя́ перейти́.	You can't cross the street (it's physically impossible).
У́лицу нельзя́ переходи́ть.	You can't cross the street (it's not allowed).

We would like to stress that in most cases не + Perfective infinitive alone is much preferable to нельзя́ + Perfective infinitive:

Тебе́ не подня́ть э́ту кастрю́лю.	You can't lift this pot.
Из э́той у́тки обе́д на четверы́х не приго́товить.	You can't (it's impossible to) make a supper for four with this duck.

As you can see, if there is no subject in the Dative, не + Perfective infinitive expresses inability due to circumstances. Another very common way to do it is to use the 2nd person singular:

Из э́той у́тки обе́д на четверы́х не пригото́вишь.	You can't (etc,) make a supper for four with this duck.
С ним (с тобо́й, с ни́ми) ка́ши не сва́ришь.	You can't get anywhere with him (you, them).

Note that it has to be the 2nd person *singular*, and the pronoun ты is omitted. The verb in the 2nd person singular usually comes at the end of the sentence.

С э́той рабо́той оди́н не спра́вишься.	You (impersonal) can't cope with this work alone.

But (plural):

Вы не мо́жете спра́виться с э́той рабо́той оди́н.	You (the person I'm talking to) cannot (are unable to) cope with this work alone.

The Imperfective *is* used after negated ability words in the same situation as without negation: when you are talking about the inability to be in a state.

Я не могу́ (не спосо́бен, не в состоя́нии, не си́лах) жить в э́том до́ме, спать на э́той посте́ли, есть с ним за одни́м столо́м.	I can't live in this house, sleep in this bed, eat at the same table with him.

6. Impossible situations

As indicated above, when you want to say that something is impossible to do (inability due to circumstances), you use various impersonal constructions including the one with the word невозмо́жно:

Невозмо́жно вы́учить все пра́вила. Все пра́вила не вы́учишь. Всех пра́вил не вы́учить.	You can't learn all the rules.

When, on the other hand, you want to evaluate a situation as impossible or hard to believe, use не мо́жет быть, что́бы and DO NOT USE невозмо́жно:

Не мо́жет быть, что́бы она́ вы́учила все пра́вила.	She couldn't have learned all the rules.
Не мо́жет быть, что́бы э́то была́ она́.	It can't be she OR: It could not have been she.

As the last example indicates, the что́бы clause may, as usual, refer either to the past or the present.

If the situation is not altogether improbable but

highly unlikely, use навря́д ли or вря́д ли:

Вря́д ли (навря́д ли) э́то она́.
Вря́д ли (навря́д ли) э́то была́ она́.

Из э́того поросёнка навря́д ли вы́йдет хоро́шее жарко́е.	This piglet will hardly make a good roast.
Он придёт? — Навря́д ли.	Is he coming? -I don't think so.

УПРАЖНЕ́НИЯ К ТЕ́КСТУ

1. Conversation Topic

   Two people agree to go somewhere. Use current events on
   your campus and your real telephone numbers.

   > А. Пойдём сего́дня ве́чером *на конце́рт/на "Да́му с
   > соба́чкой"/на фильм "Да́ма с соба́чкой"* etc.

   > Б. Ла́дно. Позвони́ мне ве́чером. У тебя́ есть
   > мой телефо́н? Запиши́: *272-43-15.*

2. Conversation Topic

   Use any profession in the first line, a real-life event in
   the second, and your real telephone number in the third.

   > А. Приве́т. Ну как, тебе́ удало́сь вчера́ найти́
   > *машини́стку?*

   > Б. Прости́, я спешу́, я опа́здываю на... Я тебе́
   > за́втра позвоню́ на рабо́ту.

   > А. Звони́ домо́й, мой дома́шний телефо́н...

3. Here is a description of how a movie theater works in the USSR. Make a similar description, by way of contrast, of how they work in the USA in big cities, small towns, and college campuses.

Работа кинотеатра

Обычно кинотеатр открыт ежедневно, примерно с 8-9 часов утра до 12 ночи. Это время разбито на *сеансы,* которые отделены друг от друга десятью-пятнадцатиминутными перерывами. Зрители покупают билеты на определённый сеанс; их впускают в *фойе* кинотеатра во время предыдущего сеанса, и в *зал* кинотеатра во время перерыва, после того как все зрители предыдущего сеанса покинули зал. Недавно в некоторых (преимущественно хроникальных) кинотеатрах была введена принятая на Западе система непрерывного показа фильмов, когда зрители могут входить в зал кинотеатра в любое время и остаться там на любой срок.

Сеансы разбиты на дневные и вечерние; билеты на вечерние сеансы стоят дороже. Цена билетов на вечерние сеансы также меняется в зависимости от кинотеатра и от места в кинотеатре. Самые дешёвые билеты— на детские утренники по субботам и воскресеньям.

В большинстве кинотеатров есть партер и балкон; в самых старых кинотеатрах есть также и ложи. Самые дорогие места— в средних рядах партера и в первых рядах балкона, самые дешёвые места— в последних рядах балкона.

Сеанс обычно длится часа полтора-два и состоит из киножурнала и полнометражного фильма или из нескольких короткометражных фильмов. Длина полнометражного фильма не должна превышать сто минут; если фильм длиннее, его разбивают на две части называемые сериями. Двухсерийные фильмы могут длиться два с половиной-три часа; билеты на них стоят в два раза больше. Большинство западных фильмов показывают как двухсерийные фильмы, т.е. их произвольно разрезают на две части, и показывают за удвоенную цену (если, конечно, цензура их не сократила до размеров Советского фильма).

Билеты можно купить или перед сеансом, или заранее, в кассе предварительной продажи билетов. При входе в кинотеатр билет предъявляется билетёру (билетёрше) который (которая) пропускает зрителя в фойе. В фойе продают мороженое и газированную воду; есть туалеты; иногда играет оркестр.

4. Conversation Topic

Two people discuss what kind of movie they want to see.
They finally agree. When they get to the theater, they
disagree on where to sit. When they sit down and watch,
they complain about everything.

Types

мультипликацио́нный фильм
хроника́льно-докумен-
    та́льный фи́льм
заграни́чный фи́льм
ста́рый фильм

Seats

сли́шком бли́зко
сли́шком далеко́ (забы́л
    очки́)
далеко́ от прохо́да
сли́шком далеко́ сбо́ку/
    спра́ва/сле́ва

Problems

нея́сное изображе́ние

несовпаде́ние ра́мки ка́дра
    с ра́мкой экра́на
плоха́я слы́шимость
неудовлетвори́тельное
    освеще́ние экра́на

*Instructions as to how to
correct them*

навести́ изображе́ние на
    ре́зкость
попра́вить ра́мку

уси́лить звук
увели́чить я́ркость
    изображе́ния

5. Conversation Topic

One of you is a projectionist, the others the audience.
Everything goes wrong and when somebody in the audience
complains about a specific problem (Ра́мку!), the projectionist says (s)he'll fix it right away, although nothing
can be done about the fact that the movie itself is boring.

Complaints

Ра́мку!
Свет!
Фо́кус!
Звук!
Ре́зкость!

Responses

Попра́вить ра́мку
Увели́чить/уме́ньшить ра́мку
Навести́ на фо́кус
Приба́вить звук
Навести́ на ре́зкость

Сапо́жники! and whistling (свист) are all-purpose
complaints.

6. Conversation Topic

Discuss a film or theatrical production you have seen. Use
the following:

гла́вная роль, исполня́ть роль, дубли́ровать,
режиссёр, снима́ть/снять фи́льм, бале́т, балери́на,
балетме́йстер, танцо́р, о́пера на му́зыку Гли́нки,
либре́тто по траге́дии Пу́шкина, певе́ц, певи́ца, бас,
барито́н, те́нор, контра́льто и т.д.

7. Conversation Topic

You are a film director defending your budget before the
producer. You are trying to persuade him that you have to
have a particular film-star in your cast, that some epi-
sodes of the film have to be shot in Southern France, that
you can't do without three secretaries, that it's impossible
to make the movie without a military consultant, etc.

УПРАЖНЕ́НИЯ К АНА́ЛИЗУ

8. Preparatory Drill

Answer as in the model:

Instructor: Кто игра́ет на скри́пке?

Student: Скрипа́ч.

оркестр: скрипа́ч, пиани́ст, гитари́ст, труба́ч,
бараба́нщик, флейти́ст, гобои́ст, уда́рник, виолон-
чели́ст.

кома́нда: футболи́ст, баскетболи́ст, тенниси́ст,
воллейболи́ст, хоккеи́ст.

9. Conversation Exercise (Analysis 1.1)

Use substitutions from Exercise 8.

   А. Ко́ля, у нас *в орке́стре* заболе́л *скрипа́ч*. Ты
       не мо́жешь его́ замени́ть сего́дня ве́чером?

   Б. Вообще́-то могу́, я сего́дня ве́чером свобо́ден.
       То́лько я не уме́ю *игра́ть на скри́пке*.

10. Preparatory Drill

Cover the Imperfective, say the Perfective.

репети́ровать сце́ну   отрепети́ровать сце́ну
снима́ть сце́ну   снять сце́ну
де́лать декора́ции   сде́лать декора́ции
ста́вить декора́ции   поста́вить декора́ции
шить костю́м   сшить костю́м
причёсываться   причеса́ться
гримирова́ть актёров   загримирова́ть актёров

11. Conversation Exercise

The first student uses Imperfective; the second student uses Perfective. If the verb has a complement, the second student uses a pronoun for it.

А. Давайте *репетировать сцену на балконе немедленно.*

Б. Зачём спешить? У нас ешё цёлый день на то, чтобы *её отрепетировать.*

rehearse the scene on the balcony
rehearse the scene in the garden
film the scene in the zoo
make scenery for the performance
erect the set
sew the Duchess's costume
comb our hair for the performance
put make-up on the actors

12. Preparatory Drill: verb forms

Self-test: cover all but column 1 and say aloud.

Impf.

включать	включить	включат	включи!
начинать	начать	начнут	начни!
снимать	снять	снимут	сними!
звонить	позвонить	позвонят	позвони!
готовить	приготовить	приготовят	приготовь!
чистить	почистить	почистят	почисти!
стирать	стереть	сотрут	сотри!
причёсываться	причесаться	причёшутся	причешись!
идти	пойти	пойдут	пойди!
красить	покрасить	покрасят	покрась!

13. Conversation Exercise (Analysis 4.1, 4.2)

The first line has Imperfective, the second line Perfective. In the last line, use the Perfective imperative singular. Review imperative formation.

А. Ужё 6 часов, можно *включать телевизор.*

Б. Если хочешь *включить телевизор,* спроси разрешёния у Васи.

А. Вася, можно я *включу телевизор?*

Б. Конёчно *включи телевизор,* почему нет?

turn on the TV	call the director	make lunch
begin the concert	peel the potatoes	wash the curtains
shoot the scene in the garden	do one's hair	go to the library
	paint the scenery	

14. Conversation Exercise   (Analysis 4.1, 4.2)

Recall all the snacks and sweets from Lesson 3.

А. Мо́жно, я куплю́ себе́ *моро́женого?*

Б. Я не зна́ю. *(к В)* Как ты ду́маешь, мо́жно ему́ купи́ть себе́ *моро́женого.*

В. Коне́чно, пусть ку́пит себе́ *моро́женого.*

пирожо́к с капу́стой, с ри́сом, и т.д., бутербро́д с сы́ром, с колбасо́й, и т.д., молоко́, котле́ты, ко́фе, и т.д.

15. Translate into Russian. Use Imperfectives and мо́жно or на́до depending on meaning.

It's already 8 o'clock. Time to get up.
It's already 8:30! Time to have breakfast.
It's already a quarter to nine! Time to go to work.
It's already twelve o'clock! Time to go have lunch.
It's already five to one! Time to go to work again.
It's already five o'clock. Everyone will be here soon.
   Time to get dinner ready.
Everything's ready. Time to sit down at the table.
Dinner's over. Time to get up from the table.
It's already eight o'clock. We can turn on the television.
It's already ten o'clock. We can go to sleep.

16. Conversation Exercise (Analysis 4.1, 4.2)

Мо́жно-Нельзя́

Дра́ма в одно́м де́йствии, трех карти́нах/явле́ниях.

Карти́на пе́рвая: А, Б, В.

А. Мо́жно я *посмотрю́ э́то кино́?*

Б. (обраща́ясь к В) Как ты ду́маешь, мо́жно ему́/ей *посмотре́ть э́то кино́?*

В. Коне́чно, пусть *посмо́трит э́то кино́. Э́то кино́* сто́ит *посмотре́ть.*

Карти́на втора́я: вхо́дит Г, кото́рый подслу́шивал под две́рью.

Г. А по-мо́ему, ему́/ей не сто́ит *смотре́ть э́то кино́.* Де́тям нельзя́ *смотре́ть таки́е кино́.*

Б. Ви́дишь, *Джон* разреши́л тебе́ *посмотре́ть э́то кино́,* а *Том* не разреши́л.

А. Не на́до бы́ло спра́шивать *То́ма.* Он никогда́ мне не разреша́ет *смотре́ть кино́.*

Б. Я то́же ду́маю, что тебе́ не обяза́тельно *смотре́ть э́то кино́.*

Карти́на тре́тья: А, В.

А. Коне́чно, я могу́ и не *смотре́ть э́то кино́.* Но мне о́чень хо́чется *его́ посмотре́ть.*

В. Мо́жет быть, че́рез год ты смо́жешь *посмотре́ть э́то кино́.*

А и В, обня́вшись, смо́трят в бу́дущее. За́навес.

посмотре́ть э́то кино́, погуля́ть в э́том па́рке, познако́миться с э́той же́нщиной, вы́ступить на э́том собра́нии, приня́ть уча́стие в э́тих вы́борах

17. Preparatory Drills

Cover the Russian and translate. Say the 3rd Pl. as well as the infinitive.

репети́ровать (-и́руют)	rehearse
снима́ть э́тот фильм (-а́ют)	shoot this film
лезть на э́ту го́ру (ле́зут)	climb this mountain
печь пиро́г (пеку́т)	bake a pie
чини́ть электроприбо́ры (чи́нят)	fix appliances
снима́ться (-а́ются)	be photographed
вести́ маши́ну (веду́т)	drive a car
грести́ (гребу́т)	row
чи́стить плиту́ (чи́стят)	clean the stove
де́лать упражне́ния (-ают)	do exercises

18. Conversation Exercise (Analysis 1.1, 1.3, 2.2)

Use not only the clues given above, but also all the
occupations from Lesson 2, all the domestic chores from
Lesson 3, and all the film and theater related activities
from this lesson. In the last line, vary the conditional
clause (éсли бы онá *мéньше пилá/мéньше курúла/
дéлала зарядку и т.д.*).

А. Я не в состоянии бóльше *репетúровать*. Мне
нáдо отдохнýть. Я *репетúрую* ужé три часá.

Б. Внимáние! Всем мóжно отдыхáть! Натáша не
мóжет бóльше *репетúровать*.

В. Éсли бы *онá мéньше пилá*, онá моглá бы
репетúровать вдвóе дóльше.

19. Preparatory Drill

Fill in the chart.

Impf.	Pf.	2 Sg. Pf.
дéлать	сдéлать	сдéлаешь
игрáть		
шить		
стáвить		
доставáть		

20. Conversation Exercise (Analysis 5)

А. Кто бýдет *игрáть Полóния?*

Б. Пусть Мúтя *сыгрáет.*

В. Мúте *Полóния не сыгрáть*. С егó темперá-
ментом, *Полóния не сыгрáешь.*

игрáть Полóния	play Polonius
игрáть актёра, котóрый игрáет короля	play the actor, who plays the king
игрáть королéву	play the queen
дéлать декорáции к спектáклю	make the scenery for the play
шить костюм королéвы	sew the queen's costume
стáвить спектáкль	produce the play
писáть мýзыку к спектáклю	write the music for the play
доставáть дéньги на постанóвку	raise money for production

21. Preparatory Drill: translate

our director (of a play)
the actor who plays the king
the actress who plays the duchess
the actor who plays the duke
the actress who plays the queen
the secretary (female)
the salesman/shop assistant
the architect
the director who is directing this play
the film-director who is shooting this film
the actor who is playing the leading role

22. (Analysis 2.3)

Hold conversations like the one below. Make sure you
understand its translation before doing the exercise.

А. Звонйл *режиссёр*, просйл передать, что он
   мóжет сегóдня не прийтй.

Б. Éсли *режиссёр* сегóдня не придёт, передáйте
   емý, что он и зáвтра мóжет не приходйть.

23. Preparatory Drill: translate

get this rule changed   remember (recall) the poem
prove this theorem   enter this university
get used to this work   solve this problem
pass this exam   convince her that I am a
persuade her to star in my   talented film director
   new film

24. Conversation Exercise (Analysis 6)

Make sure you use correct pronominal forms in the second
and third speeches. We repeat the rule: это is substituted for clauses, он, она, оно for complements,
туда, там, etc. for adverbials. Thus:

Не может быть, чтобы *этого*... (того, чтобы
                      изменили правило—clause)
                      ...нельзя было добиться.

                      чтобы *её*...   (теорему—complement)
                      ...нельзя было доказать.

                      чтобы *туда*... (в институт—
                      adverbial)
                      ...нельзя было поступить.

А. Я уже две недели добиваюсь, *чтобы изменили
   это правило*, и никак не могу добиться.

Б. Не может быть, чтобы *этого* нельзя было
   добиться. Возьми отпуск на две недели, а
   потом попробуй ещё раз.

А. Я думаю, мне *этого* никогда не добиться. Я
   уже махнул рукой.

УПРАЖНЕНИЯ НА МАТЕРИАЛ ВСЕГО УРОКА

25. Conversation Topic

Three out-of-work actors discuss their last play. Use
appropriate words from the last exercise, plus the
following:

спектакль, представления, ставить спектакль,
пьеса по книжке, репетировать, генеральная
репетиция, выступать перед зрителями, пользоваться успехом, декорации.

26. Conversation Topic

You are a theatrical director interviewing an actor/
actress, who wants to play the leading role in your next
work, a play based on *Winnie the Pooh*. The candidate has
never played bears before, but he has appeared in many
performances. Discuss the candidate's record. In the
end, give him your telephone number and ask him to call
tomorrow.

УРÓК 5

ТЕКСТ А. БРÉМЕНСКИЕ МУЗЫКÁНТЫ
(по скáзке брáтьев Гримм)

Жи́ли-бы́ли[1] когдá-то в Брéмене, в Гермáнии,
Осёл, Собáка, Кот, и Петýх. Покá они́ бы́ли молоды́ми,
жизнь у них шла неплóхо. Осёл таскáл на спинé мешки́
с зернóм, Собáка сторожи́ла дом, Кот лови́л мышéй, а
Петýх комáндовал цéлым гарéмом кур. Хозя́ева их за
это корми́ли и пои́ли. Однáко, со врéменем живóтные
состáрились и ужé не могли́ бóльше рабóтать как рáньше.
Злы́е хозя́ева перестáли их корми́ть, а потóм и вóвсе
прогнáли со дворá. Живóтные собрáлись вмéсте, сéли
в кружóк и задýмались. Цéлый час они́ просидéли в
молчáнии. Потóм Осёл негрóмко запéл, Собáка под-
хвати́ла пéсню, а Кот достáл из дорóжной сýмки свою́
стáренькую скри́почку и приня́лся поди́грывать. Вдруг
Петýх сверкнýл глазáми, вспры́гнул на пенёк и восклúк-
нул:

— Друзья́! Не нáдо унывáть! Мы стáнем бродя́чими
музыкáнтами, бýдем путешéствовать по странé и зара-
бáтывать на жизнь мýзыкой и пéнием.

Тепéрь у живóтных снóва появи́лась цель в жи́зни.
Они́ раздобы́ли себé инструмéнты и отпрáвились в путь.

Прошлó мнóго лет. Музыкáнты изъéздили пол-
свéта, насмотрéлись на стари́нные городá и дáльние
стрáны, наслýшались интерéсных истóрий. Пришлóсь им
тáкже натерпéться гóлода и хóлода, ночýя под откры́-
тым нéбом и обéдая кóркой хлéба на четверы́х. Они́
немнóго устáли от бродя́чей жи́зни.

Однáжды éхали музыкáнты по леснóй дорóге и
заблуди́лись. Смеркáлось, устáлые музыкáнты с трудóм
различáли дорóгу. Вскóре в лесý совсéм стемнéло.
Нéбо заволоклó тýчами, нáчал накрáпывать дождь. Вдруг
музыкáнты уви́дели вдали́ огóнь. Они́ поéхали на огóнь
и вскóре подъéхали к высóкому дóму. Заглянýв в
окóшко они́ уви́дели, что в дóме живýт разбóйники.

Разбóйники сидéли за столóм и игрáли в кáрты.
Они́ игрáли на дéньги. Цéлые кýчи бумáжных дéнег и
монéт лежáли пéред ни́ми на столé. Разбóйники так
заигрáлись, что ничегó не ви́дели и не слы́шали.

Живóтные реши́ли прогнáть разбóйников из дóма.
Петýх ти́хо сказáл: "Раз, два, три" и как тóлько он
сказáл "три", Осёл заревéл, Собáка заля́яла, Кот
замяýкал, а Петýх закукарéкал. Потóм Осёл забúл в
барабáн, Петýх задудéл в трубý, а Собáка и Кот

заиграли на скрипке и виолончели. Разбойники испуга-
лись и убежали. А животные стали тихо и счастливо
жить в их доме.

КОММЕНТАРИИ, ТЕКСТ А

1. Типичное начало русских сказок. Ср. английское
   Once upon a time... Например, у Пушкина "Сказка о
   рыбаке и рыбке" начинается так: "Жили были
   старик со старухой у самого синего моря".

Б. С КАКОЙ СТАТИ ВЫ МНЕ РАССКАЗАЛИ ЭТУ СКАЗКУ?

Воображаемый
   Читатель: С какой стати[1] вы мне рассказали эту
   сказку?

Авторы: Вам не понравилось?

В.Ч. Нет, что вы, сказка прелестная, но при чём тут[2]
      наши ленинградские знакомые?

А.   Мы боялись, что вам надоело читать скучные
      бытовые диалоги.

В.Ч. Напротив, я с большим интересом слежу за
      развитием вашей истории. Что случилось дальше?

А.   Дальше Коля и Жанна стали встречаться всё чаще
      и чаще.[3] А потом, в один прекрасный день Коля
      решил снять комнату и жить отдельно от роди-
      телей. Об этом мы вам расскажем в следующем
      уроке.

КОММЕНТАРИИ, ТЕКСТ Б

1. Why on earth did you tell me this fairy-tale? Ещё
   примеры:

С какой стати ты вдруг решил стать кинорежиссёром?	Why on earth did you suddenly decide to become a film director?
С какой стати ты переживаешь о том, что случилось сто лет назад?	Why are you worrying about what happened a hundred years ago?

2. What does it have to do with our friends in Leningrad?

3. More and more often. Ещё примеры:

В комнате становилось темнее и темнее.	The room grew darker and darker.

> *С ка́ждым днём станови́лось*   Day by day it got colder
> *все́ холодне́е.*   and colder.
>
> *Всё интере́снее и инте-*   "Curiouser and curiouser,"
> *ре́снее — поду́мала Али́са.*   thought Alice.

Заме́тьте, что ру́сская констру́кция состои́т из сло́ва
все и одного́ и́ли двух прилага́тельных в сравни́тельной
сте́пени.

ANALYSIS

Action types

1. A review of verb prefixation

By way of introducing the notion of *action types*, let us
review some basic information about verb prefixes. First of
all, recall that with some exceptions, the addition of a prefix
to a simple verb results in a Perfective verb which may or may
not have the same lexical meaning as the simple verb. For
example, there is very little difference in meaning between
де́лать and сде́лать or писа́ть and написа́ть or стро́ить
and постро́ить, except that the second member of each pair
is Perfective. On the other hand, there *is* a difference in
meaning between писа́ть and подписа́ть, the latter being
not only Perfective, but also having the meaning 'write one's
name underneath, sign', not simply 'write'. The difference
in meaning between *sign* and *write* can be described as a *lexical*
difference, the sort of difference which one does not expect
to be discussed in a grammar, but rather, to be recorded in a
dictionary. Now prefixation may have a third kind of effect on
the meaning of a simple verb, namely, that of denoting a particular *type of action*. For example, the prefix по- added to
a verb may have the meaning 'a little, a bit, a while' as in
почита́ть 'read a little, read a bit' or посиде́ть 'sit for
a while'. Similarly, the prefix за- may have the meaning
'inception, beginning', as in заговори́ть 'start talking,
ьegin to speak', закури́ть 'start to smoke, light up',
заплáкать 'start to weep, burst out crying'. Such verbs are
not only Perfective, they also say something about the type of
action, particularly with respect to time (how long it last,
when it begins, etc.). The use of prefixes (as well as suffixes) in denoting action types will be the subject of this
chapter.

Since prefixes have so many functions and meanings, it
is to be expected that ambiguities may result from prefixation.
For example, when за- is added to рабо́тать 'to work', the
resultant form зарабо́тать may mean either 'earn' (a lexical
difference), or 'start working' - said of machines (a difference in the type of action).

Ва́ня зарабо́тал 40 р. на   John earned 40 rubles last
пpо́шлой неде́ле.   week.

Мото́р опя́ть зарабо́тал.   The engine started up again.

SUMMARY

Imperfective (simple verb)	Perfective verbs: differences in meaning		
	minimal difference	lexical difference	difference in action type
писа́ть	написа́ть	подписа́ть sign	пописа́ть write a bit
			записа́ть start writing
рабо́тать	----	зарабо́тать earn	порабо́тать work a while
			зарабо́тать start working
кури́ть	----	прикури́ть get a light	покури́ть smoke a little
			закури́ть start smoking

    Some scholars would maintain that the addition of a
prefix *always* changes the meaning of the verb, bringing about
either a lexical difference or a difference in action type.
They would classify verbs like написа́ть, сде́лать and
постро́ить under an action type category called "resultative".
This is a very reasonable point of view, especially since there
are a good many verbs like рабо́тать or кури́ть which do
not pair up with "purely" Perfective partners - hence the gaps
in the above chart. The reason we have included the "minimal
difference" column for such so-called pairs as писа́ть/
написа́ть is that most students have been trained by their
teachers, grammars, and dictionaries to consider them as pairs.
The question is an interesting one linguistically, but for our
purposes here it is of little practical importance: the student has already learned resultative "pairs" like писа́ть/
написа́ть, and we are going to discuss action types like по-,
за-, and other less well known ones.

    There is one point of aspect formation which should be
borne in mind throughout: the verbs in these action type
categories are Perfective and do *not* have Imperfective partners. For example, from the verb крича́ть we can derive
закрича́ть, покрича́ть, раскрича́ться, докрича́ться, и
т.д., and none of these verbs with action-type prefixes has
an Imperfective counterpart. (There are exceptions, of course:

прочитáть/прочи́тывать, закури́ть/заку́ривать and a few
others, but in the overwhelming majority of cases the gener-
alization holds.) There is a semantic correlate to this grammatical fact: action-type verbs do not refer to habitual,
usual or repetitive activities, but only to ongoing instances
of the activity denoted by the verb. For example, Вáня
закури́л means 'John lit up (a cigarette)', i.e., he began
one instance of smoking; it is not used to mean 'John took up
the habit of smoking', except for certain stylistic purposes.
To express that idea, the verb начáть (always with Imperfective) is used:

Когдá емý бы́ло 15 лет, Вáня начáл кури́ть.	When he was 15 years old, John began to smoke (took up the habit).

Compare the following two examples:

Он встал и *заходи́л*.	He got up and started walking.

But:

Он *начáл ходи́ть* в шкóлу (NOT: заходи́л).	He started to go to (attend) school.

There are, however, rare exceptions to this rule, too:

Пóсле исключéния из пáртии он зáпил (начáл пить).	After his expulsion from the Party, he began to drink (took up drinking).

2. Limited time: по-

The prefix по- may have the meaning 'a little, a bit,
a while, spend some time doing such and such'. (It may also
have other meanings, e.g. 'begin' - see next section.) The
amount of time is relative; for example, the verb поработать
could refer to minutes or years:

Пóсле у́жина я поработáл, почитáл, и лёг спать.	After supper I worked for a little while, read a bit, and went to bed.
Пóсле шкóлы я поработáла два гóда, а потóм поступи́ла в институ́т.	After graduating from high school, I worked two years and then went to college.
Онá пожилá нéсколько лет в Москвé, а потóм переéхала в Казáнь.	She lived for a few years in Moscow and then moved to Kazan;
Онá полежáла нéсколько мину́т и встáла.	She lay down for a few min- utes and then got up.

The number of verbs in this category is very large, but
there are some easily specifiable classes of verbs which can

or cannot take this prefix with the meaning 'limited time'.
Most importantly, note that it is mostly intransitive verbs
that take по- in this meaning. If a given verb is used
transitively, it will have a different meaning, e.g.:

Пу́блика похло́пала (intrans.)   The audience clapped
  и разошла́сь.   (applauded) a little bit
                              and left.

Он меня́ похло́пал по плечу́.   He clapped (patted) me on
                              the shoulder.

      Note that verbs with the prefix по- often appear in
a context "succession of actions". The reason is that in
Russian, when you describe several actions in succession, you
usually employ the Perfective aspect. Many simple (unprefixed)
verbs do not have "minimal difference" prefixes (cf. Section
1). In other words, they do not have a Perfective counterpart.
For lack of it they take the prefix по-. This makes sense
semantically, because when a few actions are performed in
succession, each of them lasts a *limited time*. Similarly, the
most common form in the imperative is Perfective; again, many
verbs lacking Perfective partners take по- as the most
neutral form of the imperative. In such verb forms as
посмотри́, послу́шай, the meaning 'for a little time' is
almost completely lost; по- has become a minimal difference
type.

      Here are some examples of intransitive verbs with по-:

повесели́ться	enjoy oneself (a while)
поговори́ть	talk a while, have a chat
погрусти́ть	be sad for a while
поду́мать	think a little
подыша́ть	take a breath
подыша́ть све́жим во́здухом	get a breath of fresh air
пое́здить	take a little trip
позева́ть	yawn for a while
поигра́ть	play a bit, a while
помолча́ть	be quiet (silent) for a while
постоя́ть	stand for a while, stand still
почиха́ть	sneeze a bit
пошепта́ть	whisper a bit
погуля́ть	take a little walk, take a stroll
походи́ть	take a little walk

Examples:

      1. По́сле обе́да прия́тно погуля́ть по па́рку,
подыша́ть све́жим во́здухом. Мо́жно посиде́ть на скаме́й-
ке, полюбова́ться на приро́ду. Мо́жно поду́мать о чём-
нибудь ве́чном, погрусти́ть, что так бы́стро прохо́дит
жизнь.

2. С другóй стороны́, пóсле у́жина прия́тно
посидéть в гостѝнной, поигрáть на фортепья́но, погово-
ворѝть с прия́телями, а то и прóсто помолчáть, гля́дя
на догорáющий огóнь в камѝне.

3. Uninterrupted action over a period of time: про-

Verbs in this category are usually accompanied by some
indication of the amount of time spent, expressed by an
Accusative noun phrase, e.g.:

Вéра проспалá всю ночь.	Vera slept the whole night through (had a solid night's sleep).

The amount of time spent is again relative. The про-
verbs are in a sense counterparts of the limiting по- verbs
in that they imply that the action is considered long as
against short, even though the time in absolute terms may be
the same. Compare:

Вéра постоя́ла там всегó час.	Vera stood there for only an hour.
Вéра простоя́ла там цéлый час.	Vera stood there for a whole hour.

Examples:

прожѝть (полжѝзни)	проспáть (всю ночь)
проходѝть (цéлый час)	проболéть (всю зѝму)
пробы́ть (где-лѝбо нéсколько часóв)	пролежáть (до полу́дня)

4. Beginning of the action, inceptive: за- and по-

The inceptive meaning *begin to, start to* is rendered
primarily by two prefixes, за- and по-.

4.1 за-

We shall first discuss the more common class, those
verbs which take за-. All of these verbs are intransitive;
when the prefix за- modifies a transitive verb, it effects
a lexical or minimal, not action-type difference. Compare:

Intransitive (inceptive)

У меня́ заколóло в боку́.	I began to get a stitch in my side.
С сéвера заду́ло холóдным вéтром.	A cold wind started to blow from the north.

Transitive (not inceptive)

Он заколóл поросёнка.	He slaughtered a pig.

Он задýл свечý.   He blew out a candle.

Here are some classes of verbs that take the inceptive за-:

a) verbs denoting sounds

зааплодúровать begin to clap   заговорúть begin to talk
закáшлять begin to cough   закричáть begin to shout
запéть begin to sing   засвистéть begin to whistle
заскрипéть begin to squeak   застучáть begin to knock
  creak   захохотáть begin to chuckle

Examples:

        Музыкáнты заигрáли, и пýблика в зáле замолчáла.
Ктó-то закáшлял, и виновáто прикрúл рот рукóй. Когдá
музыкáнты кóнчили игрáть, пýблика зааплодúровала,
закричáла, засвитéла, заорáла, и затóпала ногáми.
Ктó-то запéл. Потóм заскрипéли стýлья, лúди нáчали
вставáть и расходúться.

b) verbs denoting olfactory phenomena

запáхнуть begin to smell   завонять begin to stink

c) verbs denoting visual phenomena

зазеленéть begin to turn green заблестéть begin to shine

Examples:

        Началáсь веснá. Зазеленéли дерéвья. С полéй
запáхло свежевспáханной землéй и навóзом. Запéли
птúцы.

d) certain non-directional verbs of motion

забéгать, залетáть, заплзать, заходúть

Also:

зашагáть begin to walk   запрúгать begin to jump

These are not used very often. A typical example invariably
quoted by grammarians is Ивáн Петрóвич встал и заходúл
по кóмнате (began to pace the room).

        Sometimes the inceptive за- verb has a more restricted
range of usage than the corresponding simple verb; for example, записáть and заработáть are used primarily with
machines and devices rather than people as the subject:

Перó снóва записáло.   Машúна снóва заработáла.

4.2 The inceptive по-

        The inceptive prefix по- is limited pretty much to
determinate (unidirectional) verbs of motion: пойтú,
поéхать, побежáть, полетéть, поплúть, потащúть, etc.

Он пошёл в кино́.   He went to the movies (He
                                     set out for the movies,
                                     started to go to the
                                     movies).

    These verbs also behave like simple Perfectives. Thus,
if "Он пошёл в кино́" occurred as a response to a question
like "Где Ва́ня?", it would correspond to the English "He's
gone to the movies," meaning "He's left, he's not here,"
with no connotations of starting out.

Here are a few other verbs with the inceptive по-:

помча́ться   dart off   поскака́ть   set off at a
почу́вствовать get a feeling   gallop
полюби́ть grow fond of (get to   понра́виться like, begin to
  like, love, fall in love)   like

5. Fully developed, intensive action: раз- -ся

    The meaning of this category is that whatever action
has been started is now in full swing and has reached its
fullest intensity. The category is marked by the prefix раз-
plus the particle -ся.

Внача́ле пиани́ст игра́л вя́ло,   At first the pianist played
а к концу́ ве́чера разыгра́лся.   listlessly, but by the
                                     end of the evening he
                                     really warmed up (really
                                     got going).

Examples:

    Де́ти так разыгра́лись, разбе́гались и раскри-
ча́лись, что их невозмо́жно бы́ло уложи́ть в посте́ль.

Разговори́ться means simply 'to open up, to start talking
freely'. The verbs рассмея́ться, расхохота́ться refer
to a single, limited in time burst of laughter or merriment.

Ми́тя рассмея́лся и сказа́л...   Mitya laughed and said...

Ми́тя расхохота́лся и   Mitya burst out laughing
сказа́л...   and said...

6. Action to the point of saturation: на- -ся

    These verbs indicate that an action has continued so
long or been repeated so often that one has finally had
enough. The saturation point can be viewed either positively:

Ма́льчик нае́лся конфе́т.   The boy ate his fill of
                                     sweets.

or negatively:

Она́ наму́чилась, устра́ивая   She had so much trouble get-
сы́на в институ́т.   ting her son into college.

Я набе́гался по ра́зным учрежде́ниям.	I've had it up to here, running around from one office to another.
Я наслу́шался о нём ужа́сных исто́рий.	I've heard a lot of nasty stories about him.

Note that when a на- -ся verb has an object, it is in the Genitive:

есть конфе́ты   - нае́сться конфе́т
слу́шать исто́рии - наслу́шаться исто́рий

Examples:

Набе́гавшись у́тром по па́рку, надыша́вшись све́жим во́здухом, Ми́тя чу́вствовал прекра́сный аппети́т. За за́втраком он ника́к не мог нае́сться, и всё проси́л доба́вки.

A beautiful example of a neologism with на- -ся can be found in K. Chukovsky's От двух до пяти́, a book full of subtle observations and funny stories about the way children talk. A boy there, having had his fill of spaghetti (which is макаро́ны in Russian) told his grandmother: Ба́бушка! Я намакаро́нился.

Many of these verbs occur in set expressions, as the following:

Она́ не могла́ наслу́шаться.	She couldn't listen to (it) enough (tire of listening to it); she could listen to it forever.

Similarly with: налюбова́ться, насмотре́ться, нагляде́ться

Examples:

Не ви́дев сы́на так до́лго, она́ тепе́рь не могла́ на него́ налюбова́ться, наслу́шаться его́ го́лоса, нагляде́ться на его́ откры́тое, я́сное лицо́.

7. Result of action requiring great effort: до- -ся

Action type verbs with the frame до- -ся convey the notion that a great amount of effort has been expended, with the following two kinds of results:

(1) the achievement of the goal as desired, e.g.:

Вы так кре́пко спа́ли, что я едва́ вас добуди́лся.	You were sleeping so soundly I could scarcely wake you (I tried and tried and finally succeeded).

(2) unforeseen, usually undesirable consequences, expressed by до + Gen. or до того, что + clause, e.g.:

Ма́льчик доигра́лся до слёз (до того́, что роди́телям пришло́сь его́ наказа́ть).	The boy had played till he was so tired he ended up in tears (till his parents had to punish him).

Further examples (both types of consequences):

Он доката́лся до того́, что простуди́лся и заболе́л.	He skated so much he caught cold and fell ill.
Я крича́л, крича́л и наконе́ц докрича́лся: меня́ вы́пустили.	I yelled and yelled until they finally let me out.
Я крича́л, крича́л и докрича́лся до того́, что у меня́ заболе́ло го́рло.	I yelled and yelled until my throat started hurting.
Я звони́л, звони́л, но не дозвони́лся.	I rang and rang, but couldn't get an answer.

8. Complete involvement in an action: за- -ся

These verbs indicate that the person is involved in the action to the point of oblivion, e.g.:

Он заду́мался.	He was lost in thought.
Де́ти так заигра́лись, что не хоте́ли идти́ спать.	The children were so engrossed in playing that they didn't want to go to bed.
Мы затанцева́лись и не заме́тили, как стемне́ло.	We danced, oblivious to everything around us, and didn't notice that it had gotten dark.
Он засмотре́лся на зака́т.	He watched the sun set (oblivious to all else).

> Я зачита́лся.   Я чита́л давно́.
> С тех пор как дождь пошёл стуча́ть в окно́,
> Весь с голово́ю в чте́ние уйдя́,
> Не слы́шал я дождя́.
> > —Pasternak's translation of a poem by Rilke

> Звуча́л орга́н в стари́нной це́ркви на́шей
> Я слу́шал и заслу́шивался. Слёзы
> Нево́льные и сла́дкие текли́.
> > —Пу́шкин, "Мо́царт и Сальери"

9. Verbs meaning 'become plus adjective' -еть, -нуть

There is a large group of verbs which have the meaning

'become such-and-such', many of which are derived from adjectives, e.g.:

| богáтый | - | богатéть | become (get) rich |
| кúслый | - | кúснуть | become (go, turn) sour |

These verbs in -еть or -нуть correspond to English verb + adj. phrases with become (rich), get (thin), grow (old), come (loose), go (blind), turn (sour), fall (ill), run (dry), wear (thin), etc. A learner of Russian must learn which suffix to use in order to obtain the meaning 'become', while a learner of English must learn which verb to use with a particular adjective - a typical difference between the two languages.

Russian does have a verb meaning 'become', of course: становúться/стать. In some cases, especially in impersonal sentences, становúться/стать + adj. is as good as the verb derived from an adjective, e.g., станóвится темнó— темнéет. In other cases, only the derived verb is commonly used: Он богатéет (NOT: станóвится богáтым), 'He's getting rich'. When you want to express the comparative degree then you do use становúться: Он станóвится богáче, 'he's getting richer'. In short, the rule of thumb is: If you know the verb in -еть or -нуть, use it, and avoid становúться.

In the following examples, the prefix used for the Perfective form of these verbs is put in parentheses. (Incidentally, these "become" verbs in -еть/-нуть do not fit exactly into our categories of action types because they are Imperfectives, unlike поговорúть, закурúть, etc. They are included here because the meaning 'become' is semantically very close to the action type "inceptive", i.e., 'become' means something like 'begin to be'.)

(по) зеленéть	turn (get) green
(по) темнéть	get dark
(по) веселéть	get lively, cheer up
(по) старéть	get (grow) old
(об) (по) лысéть	grow bald
(рас) (по) толстéть	get stout, put on weight
(раз) жирéть	get fat
(раз) богатéть	get rich
(о) (по) беднéть	grow poor
(о) пустéть	become empty
(по) редéть	get thin
(вы) (про) мóкнуть	get wet
(вú) сохнуть	get dry (of clothes, a puddle, etc.)
(за) сóхнуть	dry out (of a plant, glue, etc.)

(о) слéпнуть	go blind	
(о) глóхнуть	go deaf	
(с) кúснуть	go (turn) sour	
(с) (про) тýхнуть =	go bad (of food)	
(ис) пóртиться		

(Note: When referring to spoiled food, use тýхлый, кúслый, or гнилóй, but never плохóй, e.g., тýхлое яйцó, мя́со; кúслый творóг, кефúр; гнилы́е óвощи и фрýкты.)

Observe that in two -ну- verbs derived from adjectives, the adjectival vowel *у* changes to *о*: глухóй— оглóхнуть, сухóй— засóхнуть.

Verbs of this group in -нуть lose the suffix -ну- in the past tense:

Онá промóкла.   She got wet.

Растéние засóхло.   The plant dried out.

There are approximately sixty such -ну- losing verbs, of which about half are derived from adjectives. No new verbs are formed this way from recently coined or borrowed adjectives. (By contrast, the suffix -е- is productive, and there are new verbs formed with it.)

For mnemonic purposes, and also to distinguish the suffix -ну- of this section from another suffix -ну-, discussed in the next section, we will in the future always enclose the "disappearing" -ну- in parentheses.

10. Single instance of a repeatable action: -ну- and с-

10.1 There are many simple verbs which denote actions consisting of a series of identical acts, like knocking, jumping, shouting, whistling, etc. The suffix -ну- is used to indicate a single instance of such an action, e.g., give a single knock, leap (once), give a shout, give a whistle, etc. Thus:

стучáть	knock	------	стýкнуть	give a knock
пры́гать	leap	------	пры́гнуть	make a leap
кричáть	cry	------	крúкнуть	let out a cry
свистéть	whistle	----	свúстнуть	give a whistle

Examples:

Мы перепры́гнули чéрез забóр и подошлú к дóму. Максúм негрóмко свúстнул. Стýкнула дверь, на порóге появúлась Нáдя. — Кто здесь, негрóмко шепнýла онá. Вдруг грóмко хлóпнули стáвни на óкнах, и её отéц крúкнул из дóма — Нáдя! Ты где? Мы боя́лись пошевельнýться. Нáдя ещё раз гля́нула в темнотý сáда, повернýлась и вошлá в дом.

Most of the verbs that take -ну- refer to concrete movements made by animals and people, or to sounds which accompany such movements. (Note the loss of consonants in гляде́ть— гля́нуть, дви́гать— дви́нуть, дёргать— дёрнуть.)

бода́ть - бодну́ть	butt
виля́ть - вильну́ть	give a wag (of the tail)
гляде́ть - гля́нуть	throw a glance
дви́гать - дви́нуть	move
дёргать - дёрнуть	give a pull
ныря́ть - нырну́ть	dive
цара́пать - цара́пнуть	scratch
скользи́ть - скользну́ть	slip
ква́кать - ква́кнуть	croak

Ко́шка цара́пнула ребёнка. Коро́ва боднула забо́р.
Крокоди́л нырну́л под во́ду. Лягу́шка ква́кнула.
Змея́ скользну́ла в траву́. Соба́ка вильну́ла хвосто́м.

Examples:

Фёдор Миха́йлович зевну́л, чихну́л, плю́нул в око́шко, гля́нул на жену́, то́пнул ного́й, ругну́лся вполго́лоса, ду́нул на свечу́ и пры́гнул в посте́ль.

This suffix is very widely used in colloquial speech and is tacked onto new words that have recently entered the language, e.g.:

агити́ровать	агитну́ть	propagandize (do a piece of propaganda)
пасова́ть	пасну́ть	pass (a ball, as in sports)
спекули́ровать	спекульну́ть	pull off a deal (speculate)

10.2 Three groups of verbs having to do for the most part with less concrete types of behavior take the prefix c- with the meaning "single instance":

(a) verbs in -ничать, all of which contain a negative characterization of some human activity, e.g.:

эконо́мничать сэконо́мничать	be stingy be a tight-wad (on a given occasion)
(с)малоду́шничать	chicken out
(с)фамилья́рничать	take liberties, be (too) unceremonious
(с)жу́льничать	swindle

Ты опя́ть сэконо́мничал! You're pinching pennies again!

(b) a few other verbs, most of which also have negative

connotations, e.g., воровáть 'steal, be a thief',
свороváть 'commit a theft, steal (on one occasion)'.

(с) трýсить	behave like a coward
(со) лгáть	lie (more polite)
(со) врáть	lie (more rude)
(с) острúть	crack jokes
(с) глупúть	act stupidly
(с) валя́ть дуракá	play the fool

(c) verbs of motion indicating a single round trip:

съéздить, сбéгать, слетáть, спóлзать, сводúть,
сходúть

As you can see, the prefix с- is added to the non-determinate
(non-directional) verbs of motion. Only the verb сводúть
has an alternative, completely synonymous form свестú.

Я сходúла в шкóлу = Я пошлá в шкóлу и вернýлась.

Нáдо сводúть (свестú) ребёнка к врачý. — Я зáвтра
свожý (сведý).

Note that when we say "a single action", "a single round trip",
etc., we do not mean it quite literally. The forms can be
used to describe an action repeated a fixed or limited number
of times, as explained in Lesson 2, Analysis, 9.1.

Он нéсколько раз зевнýл. (yawned)

Он мнóго раз чихнýл. (sneezed)

Он нéсколько раз вздохнýл. (sighed)

Не раз случúлось емý тáкже чертыхнýться. (swore)

11. Comparison of (ну) and ну

Two homonymous suffixes ну have been discussed in this
analysis. They are completely different:

(Ну) usually derives verbs from adjectives. The
derived verb is Imperfective. It means 'to become such-and-
such'. The suffix disappears in the past tense, past gerund
and past active participle, which is why we enclose it in
parentheses. The suffix is not productive: no new verbs are
formed this way.

Ну usually derives verbs from verbs. The derived verb
is Perfective. It means 'to do it once'. The suffix *does*
not disappear in the past tense, past gerund or past active
participle. The suffix *is* productive: there are new verbs
formed this way.

12. Verbs of motion: derivational morphology

The following facts are essential for understanding the

derivational morphology of verbs of motion:

(1) When an action-type prefix is added to a verb of motion, whether determinate or non-determinate, the derived verb is Perfective and it does not have an Imperfective partner. (This is a general fact about action-type derivation - cf. Section 1 above.)

(2) Determinate and non-determinate verbs of motion have different sets of action-type prefixes. Below we list the most common:

> (a) *Determinate:* по- (to begin to, cf. Section 4)
> побежа́ть, поплы́ть, etc.

> (b) *Non-determinate:*

> за- (to begin to, cf. Section 4.1)

> заходи́ть, забе́гать, запла́вать etc.

> по- (for a while, cf. Section 2)

> походи́ть, побе́гать, попла́вать etc.

> с-   (perform an action once, cf. Section 10)

> сходи́ть, сбе́гать, спла́вать etc.

Note that the verbs пойти́ and походи́ть do *not* form a Perfective-Imperfective pair; in fact, they have nothing to do with each other. Both are Perfective.

(3) Prefixes which change the lexical meaning of a verb of motion operate quite differently from action-type prefixes. To begin our discussion, let us run through the basic facts about verbal derivation.

When a prefixless, Imperfective verb is modified by a prefix which changes its lexical meaning, the derived verb is Perfective. From this derived verb, a new Imperfective may, in turn, be formed - usually through the addition of the suffix -а-, -ва- or -ива-. We will call these new Imperfectives, derived from prefixed Perfective verbs, "secondary Imperfectives". The stages of derivation may be summarized as follows:

Simple verb (Imperfective)	Prefixed verb (Perfective)	Secondary Imperfective
гуля́ть walk	прогуля́ть cut a class	прогу́ливать

With verbs of motion, verbal derivation follows the same three stages, with some complications in the formation of secondary Imperfectives. Recall once more that verbs of

motion have two unprefixed forms: determinate (идти́) and
non-determinate (ходи́ть). When a lexical-change prefix is
added to the simple determinate verb, the resulting verb is Perfective (прийти́). So far, the derivation follows the familiar
pattern. The tricky thing about verbs of motion is the formation of secondary Imperfectives. Although sometimes, as you
know, secondary Imperfectives are derived by adding the prefix
to the non-determinate stem (приходи́ть), in other cases the
derivation is idiosyncratic and has to be memorized. In the
following table, we list first the secondary Imperfectives
formed on the non-determinate stem, and below them we list the
idiosyncratic cases.

Simple Determinate Verb (Imperfective)	Prefixed Verb (Perfective)	Secondary Imperfective	Corresponding Simple Non-determinate Verb
везти́	привезти́	привози́ть	вози́ть
вести́	привести́	приводи́ть	води́ть
гнать	пригна́ть	пригоня́ть	гоня́ть
идти́	прийти́	приходи́ть	ходи́ть
лете́ть	прилете́ть	прилета́ть	лета́ть
нести́	принести́	приноси́ть	носи́ть
кати́ть	прикати́ть	прика́тывать	ката́ть
тащи́ть	притащи́ть	прита́скивать	таска́ть
ле́зть	залє́зть	залеза́ть	ла́зить
плыть	приплы́ть	приплыва́ть	пла́вать
бежа́ть	прибежа́ть	прибега́ть	бе́гать
ползти́	приползти́	приполза́ть	по́лзать
е́хать	прие́хать	приезжа́ть	е́здить

Note the stress in прибега́ть vs. бе́гать and приполза́ть
vs. по́лзать.

     As the following example shows, it is very important to
keep in mind the difference between action-type prefixation and
lexical-change prefixation. If you add the action-type prefix
с- (meaning 'once', 'a single round trip') to the verb ходи́ть,
you arrive at the Perfective verb сходи́ть. If you add the
lexical-change prefix с-, meaning 'off', 'down', to the verb
идти́, you arrive at the Perfective verb сойти́, 'to go down',

'to get off'. Forming the secondary Imperfective from сойти, you arrive at the *Imperfective* verb сходи́ть, which has nothing to do with the *Perfective* verb сходи́ть, formed with the action-type prefix с-.

Нам на́до сходи́ть (Imperfective) We have to get off at the
  на сле́дующей остано́вке.　　　　next stop.

Нам на́до сходи́ть (Perfective)　We have to go to the store.
  в магази́н.

Keep in mind that this homonymy is present only in those verbs of motion which form secondary Imperfectives from the non-determinate stem.　Сбега́ть, for example, is clearly distinct from the Perfective action-type сбе́гать.

(4)　Verbs of motion often develop a figurative meaning, and it is not uncommon that only one of the determinate/nondeterminate pair develops it.　Thus, носи́ть may mean 'to wear (a dress)', although нести́ is never used this way.　In such cases, verbal derivation procedes according to general rules, with secondary Imperfectives formed with the suffix -ива-:

носи́ть wear　　сноси́ть wear out　　сна́шивать

Similarly,

ходи́ть за больны́м
take care of a patient

　　　　　　вы́ходить больно́го
　　　　　　see a patient through to recovery

　　　　　　　　выха́живать больно́го
　　　　　　　　be seeing a patient through
　　　　　　　　to recovery

УПРАЖНЕ́НИЯ К ТЕ́КСТАМ

1. Preparatory Drill

    А. *Что там стучи́лось?*

    Б. С како́й ста́ти ты пережива́ешь *о том, что там случи́лось?*

    Чем он занима́ется?
    Кому́ она́ пи́шет?
    Где жи́ли разбо́йники?
    Когда́ Пе́тя закукере́кал?
    Что́ Ко́ля предложи́л? (stressed что)
    Ко́ля снял отде́льную ко́мнату. (unstressed что)
    Ва́се подари́ли коро́бку конфе́т.

    мешо́к зерна́
    ба́нку варе́нья
    па́чку сига́рет
    я́щик сига́р
    буты́лку вина́
    па́чку ко́фе
    буты́лку кукуру́зного ма́сла
    корзи́ну грибо́в

2. Conversation Exercise   (Comment 1, 2)

    А. Дава́й подари́м Ва́се *коро́бку конфе́т.*

    Б. С како́й ста́ти мы бу́дем ему́ дари́ть *коро́бку конфе́т?* Заче́м ему́ *конфе́ты?*

    А. Он то́лько что *стал бродя́чим музыка́нтом.*

    Б. Ничего́ не понима́ю. При чём тут *конфе́ты?*

коро́бка конфе́т	стать бродя́чим музыка́нтом
мешо́к зерна́	стать киноарти́стом
ба́нка варе́нья	стать кинорежиссёром
па́чка сигаре́т	сня́ться в ро́ли дя́ди Ва́ни
я́щик сига́р	сыгра́ть Фе́дю Прота́сова в кино́
буты́лка вина́	поста́вить "Войну́ и Мир"
па́чка ко́фе	поста́вить спекта́кль по пье́се "Вишнёвый Сад"
буты́лка кукуру́зного ма́сла	вы́ступить в благотвори́тельном конце́рте
корзи́на грибо́в	получи́ть приз на фестива́ле

3. Preparatory Drill   (Comment 3)

    А. Ко́ля и Жа́нна ста́ли *ча́сто* встреча́ться.

    Б. Ко́ля и Жа́нна ста́ли встреча́ться *всё ча́ще и*
       ча́ще.

В ко́мнате станови́лось *темно́.*
Станови́лось *хо́лодно.*
Интере́сно — поду́мала Али́са.
Музыка́нты игра́ли *гро́мко.*
Музыка́нты игра́ли *ти́хо.*
Их *пло́хо* корми́ли.
Их *хорошо́* корми́ли.
Он *богате́ет.*   (Он стано́вится...)
Во́лосы у него́ *реде́ют.*
Он *лысе́ет.*
Земля́ *со́хнет.*
Земля́ *мо́кнет.*
Молоко́ *ки́снет.*
Я́йца *ту́хнут.*

4. Conversation Exercise   (Comment 3)

Recall that the English construction "the + *comparative,*
the + *comparative*" corresponds to the Russian "чем +
comparative, тем + *comparative*". Thus, the last sentence
means, 'The quieter, the better.'

    А. Как здесь *ти́хо!*

    Б. Да, здесь стано́вится *всё ти́ше и ти́ше.*

    В. Вот и хорошо́.   Чем *ти́ше,* тем лу́чше.

ти́хо	quiet	чи́сто	clean
шу́мно	noisy	холо́дно	cold
светло́	light	жа́рко	hot
гря́зно	dirty	мра́чно	gloomy

5. Conversation Exercise (Comment 3)

In the last sentence, instead of спокойнéе, you may use any adjective which seems to you funnier, or more appropriate.

    А. Какóй *Вáся весёлый!*

    Б. Да, *Вася* станóвится *всё веселéе и веселéе.*

    А. Вот и хорошó. Чем *Вáся веселéе,* тем мне спокойнéе.

Вáся весёлый	Vasya is cheerful
Мáша счастлúвая	Masha looks happy
Лю́да мрáчная	Lyuda looks gloomy
Кóля богáтый	Kolya is rich
Дúма бéдный	Dima is poor
Óля красúвая	Olya is beautiful
Бóря тóлстый	Borya is fat
Жéня глу́пый	Zhenya is stupid
Нúна глу́пая	Nina is stupid

6. Conversation Exercise (Comment 1, 2)

Mention current cultural events as you did in Lesson 4; recall the names of foods, snacks, and places to eat from Lesson 3.

    А. Мы с Вáсей вчерá *ходúли на концéрт.*

    Б. А мы с Жéней вчерá ходúли *в кафé* и éли *пирожкú с капу́стой.*

    А. С какóй стáти ты мне об э́том рассказáл? При чём тут *пирожкú с капу́стой?*

    Б. *Пирожкú с капу́стой* тут при том, что мне надоéло разговáривать о *концéртах.*

7. Conversation Topic

Retell the story from the point of view of any of the musicians.

УПРАЖНЕ́НИЯ К АНА́ЛИЗУ

8. Preparatory Drill
   Self-test: cover all but the first column and say aloud.

звони́ть	звоню́	звоня́т	не звони́
пла́кать	пла́чу	пла́чут	не плачь
мя́укать	мя́укаю	мя́укают	не мя́укай
кукаре́кать	кукаре́каю	кукаре́кают	не кукаре́кай
мыча́ть	мычу́	мыча́т	не мычи́
стуча́ть	стучу́	стуча́т	не стучи́
петь	пою́	пою́т	не пой
пить	пью	пьют	не пей
ла́ять	ла́ю	ла́ют	не лай
реве́ть	реву́	реву́т	не реви́
красне́ть	красне́ю	красне́ют	не красне́й

9. Conversation Exercise (Analysis 4.1)

   Use the Russian clues first, then cover them and work from the English, then do it without the book.

   А. По-мо́ему, э́тот *ребёнок* собира́ется *пла́кать*.

   Б. *Он* уже́ *запла́кал*.

ребёнок	пла́чет	child	cry
солове́й	поёт	nightingale	sing
ора́тор	говори́т	orator	speak
музыка́нт	игра́ет на скри́пке	musician	play the violin
ко́шка	мя́укает	cat	meow
соба́ка	ла́ет	dog	bark
осёл	реве́т	donkey	bray
пету́х	кукаре́кает	rooster	crow
коро́ва	мычи́т	cow	moo
рабо́чий	стучи́т молотко́м	worker	pound with a hammer
де́вушка	звони́т в колоко́льчик	girl	ring a bell

10. Conversation Exercise (Analysis 2, 4.1, 5)

    Use the clues from the preceding exercise.

    А. По-мо́ему э́тот *ребёнок* собира́ется *пла́кать*.

    Б. *Он* уже́ *запла́кал*.

    А. Ти́ше, не *плачь*. Чего́ ты распла́кался?

    Б. Пуска́й *пла́чет*. Попла́чет немно́го и переста́нет.

11. Conversation Exercise (Analysis 3)

А. Долго вы вчера *танцевали?*

Б. Да, мы *протанцевали всю ночь.*

танцева́ть	всю ночь	dance	all night
бесе́довать	весь ве́чер	talk	all evening
стоя́ть в о́череди	два часа́	stand in line	two hours
спо́рить	до темноты́	argue	till dark
гуля́ть	пока́ нас не вы́гнали	walk	until they kick us out
быть в па́рке	весь день	be in the park	all day
смотре́ть телеви́зор	весь ве́чер	watch TV	all evening

12. Conversation Exercise (Analysis 2, 3)

Use the clues from above. The phrase Да что ты! is an
expression of surprise, corresponding to the English
'Really?!' or 'You don't say!'

А. Долго вы вчера *танцевали?*

Б. Нет, *потанцевали* немно́го и пошли́ домо́й.

В. Да что ты! А мы *протанцевали всю ночь.*

13. Conversation Exercise (Analysis 2, 3, 6, 7)

In the last line, instead of 'get an F on the exam', you
may mention any other unfavorable outcome, e.g., lie on
the beach - get sunburned; celebrate - become an alcoholic; listen to the music in the park - get a cold; etc.

А. Долго вы вчера *танцевали?*

Б. Нет, *потанцевали* немно́го и пошли́ домо́й.

А. Да что ты! А мы *протанцевали* всю ночь.
Натанцева́лись вдо́воль.

Б. Смотри́, *дотанцу́ешься* до того́, что *полу́чишь
дво́йку на экза́мене.*

петь	sing
весели́ться	enjoy oneself
пра́здновать день рожде́ния нача́льника	celebrate the boss's birthday
сиде́ть в рестора́не	sit in the restaurant
гуля́ть по пля́жу	walk along the beach
отмеча́ть	celebrate
митингова́ть	have a meeting
лежа́ть на пля́же	lie on the beach
слу́шать му́зыку в па́рке	listen to music in the park
рабо́тать	work

14. Conversation Exercise (Analysis 3)

Recall professions, typical activities, and places of learning from Lessons 1 and 2.

А. Ты умéешь *водúть грузовúк?*

Б. Конéчно. Не зря же я проучúлся *полгóда на кýрсах шофёров.*

drive a truck	half a year	driver
speak English	5 years	Philology Department
sew dresses	6 months	sewing lessons
play piano	5 years	music school
solve such problems	4 years	Mathematics Department
make moonshine	4 years	Chemistry Department

15. Conversation Exercise (Analysis 2, 6)

Everybody tries to amuse Student A, who is bored, until everyone in the class gets bored.

А. *Натáша,* мне скýчно.

Б. *Поéшь* немнóго.

А. Я ужé *наéлся,* мне надоéло.

В. *Почитáй* немнóго.

А. Я ужé *начитáлся,* мне надоéло.

Г. ...

eat, read, dance, listen to the radio, walk, watch TV, smoke, play a game of chess with your friend, play the cello, ...

16. Conversation Exercise (Analysis 7, 8)

Recall professions from Lesson 2.

А. Почемý *водопровóдчика* ýтром нé было на мéсте? Я емý звонúл(а), звонúл(а) — никáк не мог(лá) *дозвонúться.*

Б. Простúте, он *читáл кнúгу,* и так *зачитáлся,* что ничегó не слýшал.

звонúть	ring, telephone	слýшать рáдио	listen to the radio
стучáть	knock	смотрéть телевúзор	watch TV
кричáть (комý)	yell	дýмать	think
звать	call (orally, not by phone)	болтáть с прия́телями	chat with friends
		игрáть на флéйте	play the flute

17. Preparatory Drill (Analysis 9)

Change the adj. + noun phrase into a sentence, as in the
model.

ки́слое молоко́ → Молоко́ ски́сло.

ки́слое молоко́   жи́рные ослы́
суха́я земля́   лы́сые де́ти
ту́хлые я́йца   бога́тые сосе́ди
слепы́е петухи́   ста́рые ко́ты
то́лстые коро́вы   бе́дные ро́дственники

Repeat, changing all the plurals to singular.

18. Conversation Exercise (Analysis 9)

Use substitutions from above.   Что поде́лаешь? = 'What
can ya do about it?'

А. Как*ое* у тебя́ *ки́слое молоко́!*

Б. Что поде́лаешь? В э́том клима́те *молоко́*
   бы́стро *ки́снет.*

19. Conversation Exercise (Comment 3, Analysis 9)

Она́ вся покрасне́ла— 'She got red (blushed) all over.'

А. Смотри́, Же́ня стано́вится всё *красне́е и красне́е.*

Б. Действи́тельно, она́ вся *покрасне́ла.*

кра́сный, си́ний, зелёный, жёлтый, голубо́й, бе́лый,
чёрный, ро́зовый

20. (Analysis 9)

Translate into Russian. You are supposed to be able to
derive the prefix-less verbs from the adjectives; the
prefixes you will need are indicated in parentheses.

How's Peter? He's grown old. (по)
How's Kostya? He's grown bald. (об)
How's Anna? She's become rich. (раз)
How's Misha? He's become poor. (о)
How's Olya? She's gone blind. (о)
How's Dima? He's gone deaf. (о)
How's Zina? Her hair's become thin. (по)
How's Vasya? His face has become very dark. (по)

21. Preparatory Drill   (Analysis 10)

Change the verb to past Perfective so that it has the
meaning "single instance".

А. Он стучи́т.

Б. Он сту́кнул.

зева́ть   дёргать сестру́ за во́лосы
врать   дуть на свечу́
лгать   толка́ть мла́дшего бра́та
мяу́кать   ходи́ть в рестора́н
крича́ть   води́ть Же́ню в рестора́н
остри́ть   ворова́ть

22. Conversation Exercise   (Analysis 10)

А. Чего́ ты всё вре́мя *зева́ешь?* Неуже́ли тебе́ не
    надое́ло *зева́ть?*

Б. Непра́вда! Я то́лько оди́н раз *зевну́л.*

А. Марк говори́т, что ты *зевну́л* пять раз.

Б. Марк опя́ть *совра́л*

yawn/lie
meow/lie
yell/lie
pull one's sister by the hair/ lie
blow on the candle/make a crack
push one's younger brother/lie
go to a restaurant/lie
take Zhenya to a cafe/make a crack
steal/lie

23. Drill: verbs of motion

А. Кто здесь *хо́дит?* Здесь нельзя́ *ходи́ть!*

Б. Я зна́ю, мне не на́до бы́ло сюда́ *приходи́ть,* но
    я всё-таки *пришёл.*

ходи́ть, бе́гать, по́лзать, ла́зать, пла́вать, лета́ть,
е́здить, води́ть свою́ соба́ку, гоня́ть коро́в, носи́ть
ору́жие, вози́ть тури́стов, таска́ть я́щики, ката́ть
бо́чки.

24. Preparatory Drill

Turn back to Analysis, Section 12, and find the chart of
verbs. Self-test: cover up any three columns and say
aloud. Also, say the 1 Sg. and 3 Pl. of the first and
last columns. Also, say the past tense forms of column 1
(or 2, which is the same thing).

Now practice using the appropriate prefix and preposition
to indicate the opposite direction (self-test):

залезть на шкаф	слезть со шкафа
залезть в шкаф	вылезть из шкафа
уползти в кусты	выползти из кустов
убежать в ванную	выбежать из ванной
уехать в город	приехать из города
втащить пианино в ванную	вытащить пианино из ванной
залезть за шкаф	вылезти из-за шкафа
залезть под шкаф	вылезти из-под шкафа
уйти в уборную	выйти из уборной
уплыть на другой берег	приплыть с другого берега
загнать корову в гостиную	выгнать корову из гостиной
прикатить велосипед на веранду	укатить велосипед с веранды

25. Conversation Exercise (Analysis 12)

In the last line, Student A must figure out the appropriate prefix and preposition, as in the preceding drill.
Don't peek. You'll have to change the Perfective in the
first speech to Imperfective in the following speeches.

А. Маша опять *залезла на шкаф.*

Б. Безобразие! Как только я за ней не
    слежу, она *залезает на шкаф.*

А. Маша! *Слезай со шкафа,* а то Вася (он же Б)
    рассердится.

УРÓК 6

ANALYSIS

1. Conversives

Certain linguistic expressions pair up into conversive relationships, such that one member of the pair is said to be the converse of the other. For example, the verbs *buy* and *sell* form a conversive pair; one implies the other. Thus, *John bought a book from Mary* implies *Mary sold John a book* and vice versa. Similarly *taller* and *shorter* form a pair, e.g., *John is taller than Bill* implies *Bill is shorter than John* and vice versa.

Conversives are not to be confused with "opposites" or "antonyms", because the two members of a conversive pair *mean the same thing* in a sense; the difference between the two lies in one's point of view, not in the relationship of the people or things involved in the situation. One might say that when a conversion takes place, the actors simply "switch places", e.g., *Mary is John's wife* ↔ *John is Mary's husband*. Hence the title of Text A: Поменя́емся места́ми.

ТЕКСТ А. ПОМЕНЯ́ЕМСЯ МЕСТА́МИ и́ли ГДЕ ВЗЯТЬ ДÉНЕГ?

Предполо́жим, молодо́й челове́к поступи́л в институ́т, стал студе́нтом и хо́чет жить отде́льно от роди́телей. Для э́того ну́жно снять у кого́-нибудь ко́мнату. Ко́мнаты в Ленингра́де сдаю́т за 30 рубле́й в ме́сяц; ме́жду тем в институ́те студе́нтам даю́т стипе́ндию, кото́рая немно́гим[1] бо́льше: от 35 до 50 рубле́й в ме́сяц (зави́сит от институ́та[2]). Я́сно, что на э́ти де́ньги на́шему молодо́му челове́ку не прожи́ть. Возника́ет вопро́с: где взять де́нег?

Мо́жно взять де́нег в долг (одолжи́ть, заня́ть де́нег). Но для э́того на́до найти́ челове́ка, кото́рый даст де́нег в долг (одолжи́т де́нег). А где же найдёшь тако́го челове́ка? К тому́ же, когда́ берёшь де́ньги в долг, пото́м на́до отдава́ть.

Мо́жно вы́играть де́ньги в ка́рты. Но мо́жно ведь и проигра́ть. К тому́ же, в ка́рты игра́ть нехорошо́.

Мо́жно заня́ться ку́плей-прода́жей: покупа́ть ве́щи дёшево, а продава́ть подоро́же. Но э́то называ́ется спекуля́цией и пресле́дуется по зако́ну.

Мо́жно брать де́ньги у роди́телей. Но кака́я же

Это независимость?

Так что, если хочешь вести самостоятельную жизнь, приходится работать вечерами и зарабатывать деньги. Это трудно, но зато чувствуешь себя действительно взрослым, самостоятельным человеком.

КОММЕНТАРИИ, ТЕКСТ А

1. *немногим больше = не намного больше* — little more/ not much more (than that).

   Не путайте *немногим больше* и *немного больше* — *a* little more (than that).

2. Английский глагол 'to depend' может употребляться с дополнением или без него:

   Are you coming tomorrow? — It depends on the weather.
   Are you coming tomorrow? — It depends. If the weather is nice...

   Русский глагол "зависеть" употребляется только с дополнением.

   Ты придёшь завтра? — Зависит от погоды.
   Ты придёшь завтра? — Не знаю (Не уверен, Посмотрим).
   Если погода будет хорошая...

   См. также Урок 7, Комментарий 2.

ТЕКСТ Б.   ВЫ СДАЁТЕ КОМНАТУ?

В Ленинграде на Малой Подъяческой улице, недалеко от канала Грибоедова, каждый день собираются люди, которые хотят сдать или снять комнату. Туда направился и Коля. Подойдя к толпе он обращается к полной женщине средних лет в ярко-красном пальто с меховым воротником.

Коля: Простите, вы сдаёте комнату?

Женщина: Я студентам не сдаю.

К.   (*опешив*) Почему ж так?

Ж.   От студентов беспокойства много. Шумят, курят, домой приходят поздно, за собой не убирают, громкую музыку слушают. Нет, я сдаю только военным.

К.   По-моему, вы не правы. Но как хотите, не мне вас учить.[1] (*Обращается к худенькой старушке в очках, одетой в валенки, и зимнее пальто; голова у старушки закутана в шерстяной платок.*):

Бабушка, вы сдаёте комнату?

Старушка: Сдаю, сынок, сдаю. Комната чудесная, светлая, 14 метров,[2] окна на улицу. Живу невысоко, на третьем этаже, да и лифт есть.

К.   А не шумно у вас?

С.   Нет, у нас улочка тихая. За углом, правда, трамвай ходит, автобус, а у нас тихо. Расположение удобное, до центра на втором автобусе двадцать пять минут. И метро рукой подать,[3] а на нём куда хочешь можно доехать.

К.   Какие удобства в квартире?

С.   Удобства все: ванная, туалет отдельно,[4] телефон, горячая вода. Телевизор стоит в столовой, можете смотреть.

К.   А кто ещё живёт в квартире?

С.   Да я одна и живу. Квартира трехкомнатная кооперативная,[5] дочка купила на заводе четыре года назад. Теперь дочка с мужем нанялись на Север на два года, зарабатывать,[6] а я одна осталась. Решили сдавать одну комнату, чтобы взносы выплачивать.

К.   Кажется, мне нравится ваша квартира. У вас нет плана с собой, посмотреть как моя комната расположена?

С.   Плана нет, да я вам и без плана всё расскажу. Как входишь— передняя, направо сразу ванная и туалет, а слева на стене вешалка висит, пальто вешать. Из передней направо коридорчик маленький на кухню. Кухня небольшая, но стол есть, так что кушать можно на кухне. Прямо из передней коридор, из коридора две двери, направо в вашу комнату, а прямо в столовую, а уж из столовой дверь в спальню. Так что столовая со спальней смежные, а ваша комната отдельно.[7]

К.   А какая мебель есть в комнате?

С.   Диван-кровать пружинный,[8] я на нём спала, когда дочка с зятем здесь жили. Потом стол, стул, шкаф стенной.[9] Если захотите, можете кресло принести из столовой.

К.   Сколько вы хотите за комнату?

С.   Да я думаю, тридцать пять рублей надо попросить. Комната хорошая, и удобства все.

К.   Ну хорошо, я согласен. Теперь как мы

договори́мся о веща́х? Бельё я привезу́, коне́чно,
своё: про́стыни, на́волочки, пододея́льники,
полоте́нца. А вот посу́ду, че́стно говоря́, неохо́та
таска́ть.

С. За посу́ду не беспоко́йтесь. Таре́лки, ча́шки,
блю́дца, ви́лки, ло́жки, ножи́— э́того у меня́ мно́го.
До́чка всё оста́вила, когда́ уезжа́ла. И е́сли
кастрю́лька нужна́ бу́дет, и́ли ко́вшик,[10] то́же
всегда́ мо́жете по́льзоваться. Сковоро́дки у меня́
три, и ча́йника два, нам на двои́х хва́тит.

К. Заче́м же два ча́йника?

С. А у меня́ был ста́ренький, со свистко́м, а зя́тю не
нра́вилось, что свисти́т, так он купи́л но́вый,
эмалиро́ванный. Тепе́рь они́ уе́хали, я опя́ть
свои́м ста́реньким по́льзуюсь.[11]

К. Я то́же люблю́ со свистко́м, так что бу́дем с ва́ми
вме́сте чай пить.

КОММЕНТА́РИИ, ТЕ́КСТ Б

1. *Не мне вас учи́ть.*   Lit., It's not up to me to
                                     teach you, i.e., Have it
                                     your way.

Аналоги́чно:

Не мне вам сове́товать. Не мне вам объясня́ть.

2. Оди́н квадра́тный метр равня́ется приме́рно десяти́
квадра́тным фу́там.

3. *Руко́й пода́ть* — a stone's throw away

4. Во мно́гих сове́тских кварти́рах ва́нная и туале́т
располо́жены отде́льно. Это счита́ется бо́лее удо́бным,
чем совмещённая ва́нная-убо́рная.

5. *Кооперати́вная кварти́ра* — a condominium

Пе́рвый взно́с обы́чно равня́ется сорока́ проце́нтам
сто́имости, остально́е выпла́чивается в рассро́чку в
тече́ние пятна́дцати лет. В кооперати́в мо́жно
вступи́ть и́ли че́рез Городско́е Жили́щное Управле́ние,
и́ли на предприя́тии, на кото́ром рабо́таешь (е́сли,
коне́чно, э́то доста́точно большо́е предприя́тие,
кото́рое смогло́ получи́ть у госуда́рства уча́сток
земли́ для кооперати́ва). В о́череди за городски́ми
кооперати́вными кварти́рами мо́жно провести́ мно́го лет.

6. В отдалённых райо́нах страны́, в Сиби́ри, и осо́бенно
на Се́вере, за Поля́рным Кру́гом, существу́ют ра́зного
ро́да доба́вки к основно́й зарпла́те. Мно́гие е́дут на

Се́вер с це́лью зарабо́тать и скопи́ть де́нег.

7. Отде́льная ко́мната— э́то така́я, в кото́рую мо́жно попа́сть из коридо́ра и́ли пере́дней (прихо́жей). Две ко́мнаты называ́ются *сме́жными*, е́сли что́бы попа́сть в одну́ из них, на́до пройти́ че́рез другу́ю.

8. *Пружи́нный дива́н* — a sofa with a spring mattress

   (В отли́чие от *поролбнового матра́ца* — foam-rubber mattress)

9. *Стеннбй шкаф* — built-in wardrobe, closet

10. *Кастрю́ля* — a pot with two small handles
    Кбвшик — a smaller pot with one long handle, saucepan

11. Говоря́ о скро́мных бытовы́х предме́тах мо́жно употребля́ть то́лько сло́во *по́льзоваться*. В большинстве́ значе́ний у э́того глаго́ла нет соверше́нного ви́да. То́лько когда́ он зна́чит 'to make (improper) use of something' ему́ соотве́тствует приста́вочный глаго́л *воспбльзоваться*.

   Он по́льзуется (воспбль-   He is taking (took) advan-
   зовался) ва́шей добротбй.   tage of your kindness.

В предложе́ниях ти́па 'I used something to do (make) something' глаго́л 'use' на ру́сский язы́к вообще́ не перево́диться:

I used two eggs and a   *Я сде́лала те́сто из двух яйц*
  pound of flour to   *и фу́нта муки́.*
  make the dough.   *Я положи́ла в те́сто два яйца́*
                          и фунт муки́.

I used the big pan to   *Я поджа́рила кабачо́к на*
  fry the squash.   *большо́й сковоро́дке.*

ANALYSIS (continued)

2. Conversive verb pairs

Listed below are a number of conversive verb pairs. Where necessary, we supply information on verb government, indicating the appropriate case forms of objects by using the proper forms of что or кто, e.g., определя́ться *чем*, Instrumental case. Otherwise, verb government can be inferred from the examples.

2.1 Дава́ть кому́/получа́ть у кого́, где

Кто тебе́ дал биле́ты?	Who gave you the tickets?
У кого́ ты получи́л биле́ты?	Whom did you get (receive) the tickets from?

When получа́ть is the conversive of дава́ть, the preposition у is usually used, though от is also possible, as in the following.

Ма́ша всегда́ нам даёт надёжную информа́цию.	Masha always gives us reliable information.
Мы всегда́ получа́ем хоро́шие сове́ты от Ма́ши.	We always get good advice from Masha.

When an institution rather than a person is the donor, a Locative phrase with в/на is used. This will be discussed in greater detail in Section 2.4.

Серёже даю́т в институ́те стипе́ндию.	The institute gives Seryozha a stipend ("They give Seryozha a stipend at the institute").
Серёжа получа́ет в институ́те стипе́ндию.	Seryozha gets (receives) a stipend from ("at") the institute.

2.2 Посыла́ть кому́/получа́ть от кого́

The verb получа́ть pairs up with both дава́ть 'give to/get, receive from', and посыла́ть 'send to/get, receive from', much as in English. When получа́ть is the conversive of посыла́ть, the preposition от (not у) is used.

Я посла́л Ло́ре кни́ги.	I sent Lora the books.
Ло́ра получи́ла от меня́ кни́ги.	Lora got (received) the books from me.

2.3 Дава́ть кому́/брать у кого́, где

The verb дава́ть has two conversives, получа́ть and брать, just as English 'give' has both 'receive' and 'take',

with just about the same difference in meaning, i.e., получа́ть
'receive' implies less initiative on the part of the recipient,
while брать 'take' may imply a great deal of initiative (even
to the point of meaning 'take without permission, steal').

Кто тебе́ дал э́ти кни́ги?	Who gave you these books?
У кого́ ты взял э́ти кни́ги?	From whom did you get (take) these books?

2.4 Lend/borrow

There are several ways of expressing this relationship
in Russian:

ода́лживать, одолжи́ть кому́/ода́лживать, одолжи́ть у кого́

занима́ть, заня́ть кому́/занима́ть, заня́ть у кого́

дава́ть, дать в до́лг кому́/брать, взять в долг у кого́

Thus, the following synonymous sentences:

Ва́ня одолжи́л Пе́те 5 р.
= "   заня́л   "   "   ⎱ John lent Pete 5 rubles.
= "   дал Пе́те 5 р. в долг. ⎰

Пе́тя одолжи́л у Ва́ни 5 р.
= "   заня́л   "   "   ⎱ Pete borrowed 5 rubles from
= "   взял у Ва́ни 5 р. в долг. ⎰ John.

Серёжа одолжи́л (заня́л) Ми́ше←→Ми́ша одолжи́л (заня́л) у
    20 рубле́й до полу́чки.   Серёжи 20 рубле́й до
                                                    полу́чки.

Ма́ша дала́ Ве́ре 5 рубле́й в ←→Ве́ра взяла́ у Ма́ши 5
    долг на неде́лю.   рубле́й в долг на неде́лю.

2.5 Give and receive, lend and borrow, with institutions

As you know, one can borrow money from (or have other
transactions with) either persons or institutions. English
describes both cases the same way:

a) Pete borrowed some money from his dad.
b)   "   from the bank.

In Russian there is a difference. Namely, the institution is interpreted (syntactically) as *the place* of the
transaction, not as *a participant*:

a) Пе́тя одолжи́л де́нег у отца́.
b) Пе́тя одолжи́л де́нег в ба́нке.

The converse descriptions of the situation may also
be different:

a) Отéц одолжи́л Пéте дéнег.
b) Бáнк одолжи́л Пéте дéнег. = В бáнке Пéте одолжи́ли
   дéнег.

Example (b) is a little artificial, because there are no
institutions in the Soviet Union which lend money to individuals.

The following situations are quite common:

a) Серёжа получáет в институ́те стипéндию.
b) Институ́т даёт Серёже стипéндию.

= В институ́те даю́т Серёже стипéндию.

a) Семёновы получи́ли на завóде кварти́ру (which does NOT
   mean that the apartment is at the factory, but that the
   factory gave the Semyonovs an apartment).
b) Завóд дал Семёновым кварти́ру.

= На завóде Семёновым дáли кварти́ру.

2.6 Other conversive verb pairs

In this section we list several other conversive verb
pairs, with examples.

ввози́ть, импорти́ровать ↔	*вывози́ть, экспорти́ровать*
import	export

Япóния *вывóзит* (*экспорти́рует*)	Japan exports cars and
маши́ны и телеви́зоры в	televisions to America.
Амéрику.	

Амéрика *ввóзит* (*импорти́рует*)	America imports cars and
маши́ны и телеви́зоры из	televisions from Japan.
Япóнии.	

сдавáть экзáмен ↔	*принимáть экзáмен*
take an exam	give an exam

(Студéнт *сдаёт* экзáмен, а преподавáтель *принимáет*
экзáмен у студéнта.)

сдавáть (*книг*) ↔	*принимáть* (*книги*)
return	receive

Мне нáдо сдать (И́ЛИ: *вернýть*) э́ти кни́ги в библиотéку.
Когдá *принимáют* кни́ги от читáтелей?

учи́ть когó чемý ↔	*учи́ться чемý у когó*
(See Lesson 1)	

преподавáть что комý ↔	*занимáться чем* (See Lesson 1)
	под руковóдством когó

вы́играть ↔	*проигрáть*
win (games)	lose (games)

победи́ть ↔	*потерпéть пораже́ние*
win (war)	lose (war)

See Lesson 12 for a discussion of *win/lose*.

предшествовать чему   ←→ *следовать за чем*
precede   follow

Голосованию *предшествовала*   A long discussion preceded
   долгая дискуссия.   the voting.

За долгой дискуссией   The voting followed a long
   последовало голосование.   discussion.

состоять из чего   ←→ *образовать что*
consist of   form, make up

Советский Союз *состоит из*   The Soviet Union consists of
   пятнадцати республик.   fifteen republics.

Пятнадцать республик   Fifteen republics make up
   образуют Советский Союз.   (form) the Soviet Union.

поддерживать что   ←→ *опираться на что*
support   rest on

Колонны *поддерживают* крышу.   The columns support the
                                     roof.

Крыша *опирается на* колонны.   The roof rests on the
                                     columns.

3. Брать, принимать as semi-auxiliary verbs

3.1 In the examples in Section 2, the verbs брать and
принимать were treated for the most part as ordinary verbs
having distinct and definable meanings. However, they both
occur in fixed expressions like принимать участие, 'take
part, participate', where they don't mean much of anything -
they are simply components of idiomatic expressions which must
be learned as whole units. You will note that in the following
examples, many of the English translations are idiomatic in the
same way as Russian - e.g., you really aren't literally *taking*
anything when you *take part*. We shall call such verbs (or
such uses of verbs) *semi-auxiliaries*, and we shall have more
to say about them later. The interesting thing about such
verb uses is that the verbs themselves don't have meaning -
they are simply required by the particular noun, so that when
you learn the noun участие, you must learn that the verb to
use with it is принимать. When you learn the noun интервью,
'interview', you must learn that the verb брать goes with
it: брать интервью у кого, 'to interview someone'. Of
the many nouns and phrases that require брать and принимать,
we list a few below. When the meaning of an expression is easy
to guess, we give only the English translation; otherwise we
provide both the translation and examples of usage.

брать в долг	*borrow*
брать заказ	*take an order*
брать интервью *(у кого)*	*interview*
брать напрокат	*rent (a thing, e.g. a vacuum cleaner)*

Серёжа взял напрокат детскую коляску.	Seryozha rented a baby carriage.

брать обещание ⎫ *с кого (Gen.)* *брать слово* ⎭	*get somebody's promise* *get somebody's word*

Нелли взяла с Алика слово/ обещание, что он бросит курить.	Nellie got Alec's promise to stop smoking (got Alec to promise that he'd stop smoking.

брать обязательство	*take on the obligation*

Рабочие завода взяли обязательство досрочно выполнить план.	The workers at the plant took on the obligation of fulfilling the plan early.

брать пример с кого (Gen.)	*follow somebody's example*

Бери пример с Никиты! Он никогда не лжёт.	Follow Nikita's example! He never lies.

принимать во внимание	*take into consideration*
принимать в расчёт	*take into account*
принимать вызов	*take on (accept) the challenge*

Рабочие маслозавода приняли вызов рабочих мясокомбината соревноваться за досрочное выполнение плана.	The workers in the creamery accepted the challenge of the slaughterhouse workers to compete in the early fulfillment of the plan.

Герцог Н. вызвал графа К. на дуэль, и граф, конечно, принял вызов.	Duke N. challenged Count K. to a duel and the count, naturally, accepted the challenge.

принимать гражданство	*take on citizenship, become a citizen*

В 1949, семья Жерновых приняла американское гражданство.	In 1949, the Zhernovs became American citizens.

принимать заказ	*take an order*

принима́ть зако́н	pass a law
принима́ть законопрое́кт	pass a bill
принима́ть постановле́ние	
принима́ть резолю́цию	pass a resolution
принима́ть предложе́ние	accept a proposal
принима́ть ме́ры	take measures
принима́ть обяза́тельство	take on the obligation
принима́ть реше́ние	make a decision

Кабине́т мини́стров при́нял вре́менное реше́ние отложи́ть приня́тие оконча́тельного реше́ния.	The cabinet made a temporary decision to postpone making the final decision.
принима́ть сто́рону Х-а	take somebody's side
принима́ть то́чку зре́ния Х-а	adopt somebody's point of view
принима́ть уча́стие	take part

As you can see, verbal expressions with semi-auxiliary verbs are characteristic of official or journalistic style.

Note that in some cases бра́ть and принима́ть are interchangeable: брать/принима́ть зака́з, брать/ принима́ть обяза́тельство.

3.2 Conversive verbal expressions with semi-auxiliary verbs

Sometimes an expression with the semi-auxiliary verb брать has a conversive verbal expression with the semi-auxiliary давать:

брать в долг	↔	*дава́ть в долг*
брать интервью́	↔	*дава́ть интервью́*
брать сло́во/обеща́ние	↔	*дава́ть сло́во/обеща́ние*
брать напрока́т	↔	*дава́ть напрока́т*

В ателье́ прока́та дава́ли напрока́т пылесо́сы. Сере́же не ну́жен был пылесо́с, он хоте́л взять напрока́т холоди́льник, но их не́ было.	The rental center had vacuum cleaners for rent. Seryozha didn't need a vacuum cleaner; he wanted to rent a refrigerator, which they didn't have.

In other cases, the conversive expression may have a semi-auxiliary other than давать:

брать/принима́ть зака́з	↔	*де́лать зака́з*

Посети́тель рестора́на (*официа́нту*): Могу́ я наконе́ц сде́лать зака́з?	Person in a restaurant to waiter: Can I order now (finally)?
Официа́нт: Я э́тот стол не обслу́живаю. У вас возьмёт/ при́мет зака́з друго́й официа́нт.	Waiter: This isn't my table. The other waiter will take your order.

4. Име́ть as a semi-auxiliary verb

The group of verbs that may act as semi-auxiliaries is by no means confined to бра́ть, принима́ть, дава́ть.

The verb име́ть is also used in this way.

име́ть в виду́	*have in mind*
Что вы име́ете в виду́?	What do you have in mind? What do you mean?
име́ть влия́ние	*be influential, be in a position of influence, have influence, impact*
Э́тот законопрое́кт, е́сли его́ при́мут, мо́жет име́ть (OR: оказа́ть) большо́е влия́ние на промы́шленность.	This bill, if passed, may have a strong influence on industry.

The noun влия́ние can also be used with the verb оказа́ть/ока́зывать:

То, что предложе́ние прези- де́нта бы́ло, наконе́ц, при́нято сена́том, то́же мо́жет оказа́ть (име́ть) не́которое влия́ние на ход перегово́ров.	The fact that the President's proposal has finally been accepted in the Senate may also have some impact on the negotiation process.
име́ть де́ло	*deal with, have something to do with*
Мне никогда́ не приходи́лось име́ть дела́ с расхо́дами на оборо́ну.	I've never had to deal with defense spending.
Ди́ма никогда́ ра́ньше не име́л дела́ с таки́ми людьми́ и таки́ми пробле́мами.	Dima had never before dealt with such people and such problems.

The Russian expression име́ть де́ло can only be used with human subjects. For the Russian equivalent of such English sentences as *This proposal (non-human subject) deals/has some-thing to do with price deregulation*, see below, the entry име́ть отноше́ние.

име́ть де́рзость	*have the temerity*

Он имéл дéрзость сдéлать ей
предложéние.

He had the temerity to
propose to her.

имéть дóступ

have access

Он имéл дóступ к секрéтным
докумéнтам.

He had access to secret
documents.

имéть отношéние к

have to do with, relate

Недáвняя резолюция конгрéсса
имéет какóе-то отношéние
к госудáрственному кон-
трóлю над чáстными бáнками.

The recent Congressional
resolution has something
to do with federal control
over private banks.

понятия не имéть (Note the
                word order.)

to have no idea

Я понятия не имéю, где он
сейчáс.

I have no idea where he is
now.

имéть прáво

have the right

Жéнщины в США бóрются за то,
чтóбы имéть рáвные правá
с мужчúнами.

Women in the US are struggling for equal rights
with men.

Все должны имéть прáво
получúть образовáние.

Everyone should have the
right to get an education.

Все должны имéть прáво на
образовáние.

Everyone should have the
right to an education.

имéть слóво

have the floor

Слóво имéет товáрищ Котелкóв.

Our next speaker is Mr.
Kotelkoff.

имéть смысл

make sense

Предложéние Áвстрии сократúть
расхóды на вооружéние имéет
смысл.

Austria's proposal to cut
arms spending makes sense.

Note that "makes no sense" has two interpretations in
English: (a) to be meaningless; (b) to be unreasonable. The
Russian expression имéет смысл has only the meaning (b).
To express (a), use бессмысленно:

(a) This argument makes no sense.

Этот спор совершéнно бессмысленный.

(b) I don't think it makes sense to accept their conditions now.

Я думаю не имéет смысла принимáть сейчáс их
условия.

имéть успéх

be a success

Предложе́ние приня́ть неме́дленные ме́ры про́тив инфля́ции успе́ха в коми́сии не име́ло.	The proposal to take immediate measures against inflation was not a success in the commission.
Э́та пье́са име́ла огро́мный успе́х у зри́телей.	This play was a tremendous success with the public.
име́ть сча́стье *удово́льствие* *честь*	*have the pleasure* *pleasure* *honor*
Не припомина́ю, что́бы я име́л *сча́стье/удово́льствие/честь* с ва́ми познако́миться.	I can't recall having had *the pleasure/the honor* of meeting you.

It is important to remember that the Russian verb име́ть is used mostly in combination with abstract nouns like значе́ние, отноше́ние, успе́х. *Do not ever* use име́ть when you want to say something like "Peter has a pencil." In fact, try not to use the verb име́ть at all, except in stable combinations of the kind introduced in this section.

5. Вести́, провести́, проводи́ть as semi-auxiliaries

Verbs of motion take part in many idiomatic expressions. Quite often, only one verb from the determinate— non-determinate pair combines with a given noun. In particular, only determinate verbs can combine with nouns describing steadily developing processes, which are conceived of as moving along a line. Thus, for example, you can say вре́мя ползёт, идёт, бежи́т, лети́т, but none of the non-determinate counterparts of these verbs can be used. Similarly, only вести́ (not води́ть) is used in combinations like вести́ заня́тие, семина́р, бесе́ду, диску́ссию, 'conduct a class, seminar, talk, discussion'.

The resultative prefix that the verb вести́ usually takes when used in such combinations is про-: провести́ заня́тие, etc. From the verb провести́ the secondary Imperfective verb проводи́ть can be formed. This verb can be freely used in the combinations where the verb води́ть is impossible: проводи́ть заня́тие, семина́р, etc. Вести́ and проводи́ть are practically interchangeable; вести́ is preferable in description of multiple events, rather than a single event.

За́втрашнюю диску́ссию на те́мы мора́ли бу́дет вести́/проводи́ть ле́ктор из горко́ма.	Tomorrow's discussion on the topic of morals will be led by a lecturer from the City Party Committee.
В бу́дущем году́ семина́р по церковнославя́нскому языку́ бу́дет вести́/проводи́ть профе́ссор Черно́в.	Next year, the seminar in Old Church Slavic will be led by Professor Chernov.

If вести́ in an expression can take the prefix про-, then in
the examples we give two forms: вести́, проводи́ть.

вести́ иссле́дование	conduct an investigation, investigate, do research

Наш университе́т ведёт/
проводит обши́рные иссле́до-
вания в э́той о́бласти.

Our university is doing
extensive research in
this area.

вести́ наблюде́ние за Х (Instr.)   observe, keep under sur-
                                       veillance

Астроно́мы веду́т/прово́дят
наблюде́ние за плане́той
Сату́рн.

The astronomers are making
observations of the
planet Saturn.

Мини́стр меж-галакти́ческих
отноше́ний приказа́л вести́
наблюде́ние за плане́той
Сату́рн.

The minister of inter-
galactic affairs ordered
that the planet Saturn be
kept under surveillance.

Террори́сты вели́ наблюде́ние
за все́ми вхо́дами во дворе́ц.

The terrorists watched (kept
under surveillance) all
the entrances to the
palace.

Поли́ция вела́ наблюде́ние за
террори́стами.

The police kept the terrorists under surveillance.

вести́ перегово́ры   hold, conduct negotiations,
                      negotiate

Представи́тели вели́ких держа́в
веду́т/прово́дят перегово́ры
о сфе́рах влия́ния.

Representatives of the great
powers are holding nego-
tiations (negotiating)
about spheres of influence.

вести́ перепи́ску   be in (have) correspondence

Он ведёт обши́рную перепи́ску
с колле́гами во мно́гих
стра́нах.

He has extensive corres-
pondence with his col-
leagues in many countries.

вести́ по́иски   conduct a search

Комми́сия ведёт/проводит
по́иски пропа́вших докуме́нтов.

The commission is conducting
a search for lost docu-
ments.

вести́ рассле́дование,   conduct an investigation,
сле́дствие   investigate

(Note that a scientific investigation is иссле́дование while
a police investigation is рассле́дование.)

Поли́ция ведёт/прово́дит
рассле́дование неда́внего
уби́йства.

The police are investigating
the recent murder.

Коммѝсия ведёт расслѐдование трёх слу́чаев корру́пции в правѝтельстве провѝнции.	The commission is investigating (conducting an investigation of) three instances of corruption in the provincial government.
Областно́й прокуро́р ведёт/ прово́дит расслѐдование по дѐлу граждани́на Н.	The D.A. is investigating (conducting an investigation of) the N. case.

Semi-auxiliary verbs will be taken up again in Lesson 11.

6. Existential sentences

Existential sentences are those sentences which inform us that something or someone exists somewhere. In English, such sentences often start with "there" followed by the verb "to be":

There is a gas stove in the kitchen.	В ку́хне есть га́зовая плита́.

Existential sentences in Russian are marked by a few peculiarities.

6.1 Word order

The subject in Russian existential sentences must follow the verb. Compare:

В кабинѐте была́ секрета́рша.	There was a secretary in the office.
Секрета́рша была́ в кабинѐте.	The secretary was in the office.

6.2 Semi-auxiliary verbs in existential sentences

Russian uses the verb быть in existential sentences much less often than English uses the verb "to be". Russian prefers various semi-auxiliary verbs, which all basically mean быть when they appear in existential sentences.

Of these semi-auxiliary existential verbs, the most common are сидѐть, стоя́ть, лежа́ть, висѐть:

В кабинѐте сидѐла секрета́рша.	There was a secretary in the office.
В ку́хне стоя́ла га́зовая плита́.	There was a gas stove in the kitchen.
На крова́ти лежа́ло одея́ло.	There was a blanket on the bed.
На окнѐ висѐли занавѐски.	There were curtains on the window.

These verbs, rather than быть, should be used whenever they are applicable. The only situation where быть is preferable is when you want to object forcefully to somebody's statement:

По-моему, на кровати нет одеяла. — Я уверен, что там *есть* одеяло.	I don't think there's a blanket on the bed. - I'm sure there *is* a blanket there.

With some nouns, none of the verbs сидеть, лежать, стоять, висеть is appropriate. For example: *There were stars in the sky.* In such cases, Russian makes use of actions *typically associated with such nouns.* Thus:

На небе сияли звёзды.	There were stars (shining) in the sky.
По дну ущелья протекал ручей.	There was a creek (flowing) along the bottom of the gorge.
В центре города возвышался огромный собор.	There was a huge cathedral (rising) in the center of the town.
За рекой расстилалась широкая равнина.	There was a wide plain (spreading) on the other side of the river.

Sometimes, to express the idea that something exists, Russian makes use of verbs expressing sensory perceptions.

В соседней комнате слышались голоса.	There were voices in the next room. (Lit.: voices were heard.)
Вдали виднелась деревня.	There was a village in the distance. (Lit.: one could see a village in the distance.)

With abrupt sounds the verb раздаться/раздаваться is used:

Раздался выстрел.	There was a shot.
Раздался гром.	There was a clap of thunder.

When the color of the thing is known, you can use the verbs белеть, зеленеть, темнеть, etc.

На вершине горы белел снег.	There was snow on the summit of the mountain.
На горизонте темнела туча.	There was a dark cloud on the horizon.

Thus, the verbs белеть, зеленеть etc. are ambiguous.

They may mean either 'to become white, green, etc.' (cf. Lesson 5), or 'to be, to show white'.

When you state the existence of objects that *lead* from one place to another (e.g. a tunnel), you can use the verbs of motion идти́, вести́.

Из ку́хни в гости́ную шёл/вёл дли́нный коридо́р.	There was a long corridor between the kitchen and the living room.
Из дере́вни в го́род вела́ у́зкая лесна́я доро́га.	A narrow forest road led from the village into the city. (There was a narrow forest road leading from the village to the city.)

Finally, when you state the presence of a state, process or action, rather than the existence of a thing, you can use a number of verbs, of which the most common are стоя́ть and идти́. Стоя́ть is used when the state or process in question lacks inner structure or development (noise, chaotic disorder, odors); otherwise, идти́ is appropriate (negotiations, arguments):

В ко́мнате стоя́л шум.	It was noisy in the room.
беспоря́док.	It was messy in the room.
за́пах сире́ни.	There was a (strong) smell of lilacs in the room.
За столо́м шёл спо́р о смы́сле жи́зни.	At the table they argued about the meaning of life.
В столи́це шли перегово́ры о ми́ре.	There were peace talks under way in the capital.

With some nouns both идти́ and стоя́ть can be used, with a predicable difference in meaning. Thus На у́лице шла стрельба́ 'There was shooting in the street' describes a kind of shooting which has some structure or development to it: you can make out separate shots, identify sides, hear an occasional pause, etc. On the other hand, На у́лице стоя́ла стрельба́ 'There was shooting in the street' suggests the idea of a continuous barrage of fire in which all the distinctions and inner divisions are lost.

All these facts about the Russian existential sentence are important to remember when you translate from Russian into English. When translating a sentence like На крова́ти лежа́ло одея́ло 'There was a blanket on the bed' into English, you do not have to - in fact you should not - imitate Russian usage and translate the verb in the sentence with its *dictionary equivalent*. The fact is that English in most cases uses the verb "to be" in existential sentences, while in the Russian sentence the verb быть would be extremely awkward.

УПРАЖНЕ́НИЯ К ТЕ́КСТАМ

1. Conversation Exercise

   Use Genitive plural in the second line. Recall appliances
   from Lesson 2.

   А. Я хоте́л бы *снять ко́мнату*.

   Б. Я студе́нтам *ко́мнат не сдаю́*.

rent a room	buy a pillow
borrow some money	borrow a hundred rubles
buy a kettle	rent an apartment
rent a washing machine	buy a blanket
rent a vacuum cleaner	buy a (small) pot

2. Conversation Exercise (Comment 2, Text А; Comment 1,
   Text Б)

   Use substitutions from Exercise 1 and any profession you
   know.

   А. Вы *сдаёте ко́мнату?*

   Б. Э́то зави́сит от того́, кака́я у вас профе́ссия.

   А. Я *водопрово́дчик*.

   Б. Я *водопрово́дчикам ко́мнат* не сдаю́. С *водо-
      прово́дчиками* хлопо́т мно́го. Они... (Think of
      something nasty to say about *plumbers*.)

   А. По-мо́ему, вы не пра́вы. Но как хоти́те, не
      мне вас учи́ть.

3. Conversation Topic

   Describe your apartment, its layout and furniture. Use
   words from Text Б, and conveniences mentioned in Lesson 2.

4. Conversation Topic

   Describe the process of making and unmaking the bed
   (стели́ть посте́ль, застила́ть посте́ль, убира́ть
   посте́ль). Use words from Text Б and also одея́ло,
   поду́шка.

5. Conversation Topic

   Describe a laid out table. Use words from Text Б and
   also: глубо́кая таре́лка, пло́ская таре́лка, кру́жка,
   кувши́н.

6. Conversation Topic

   Negotiate about renting a room. The person who lives in
   the apartment or house can make a sketch of the lay-out of
   the rooms and things in them.

УПРАЖНЕ́НИЯ К АНА́ЛИЗУ

7. Conversation Exercise   (Analysis 2)

   А. Я́пония *экспорти́рует сковоро́дки в Аме́рику.*

   Б. Не мо́жет быть, чтобы *Аме́рика импорти́ровала
      сковоро́дки из Я́понии.*

   Japan exports frying pans to America.
   Japan exports pillows to America.   (Use the other word for
     "export".)
   Peter borrowed a blanket from Dima.
   Zhanna borrowed some money from the bank.
   Vasya receives a stipend from the conservatory.
   The Ivanovs received a 3-room apartment from the factory
     they work at.
   Vanya gave Masha a promise that he would stop smoking.
   This journalist interviewed our senator.
   Borya won 123 rubles from Yura in a card game.

8. Conversation Exercise   (Analysis 2)

   Note that the second line has a strong contrastive stress
   in it. Use items from the preceding exercise and any
   others you can think up.

   А. *Ко́ля вы́играл у Ната́ши 5 рубле́й в ка́рты.*

   Б. Ты всё перепу́тал. *Ко́ля проигра́л Ната́ше 5
      рубле́й в ка́рты.*

9. Conversation Exercise (Analysis 2)

Hold conversations similar, but not necessarily identical,
to the one in the model. The first student has a pressing
need; the second student provides him with the name and
telephone number of a person who can help him. Preparatory
self-test: look at the list of verbs and say the conversives aloud.

А. Мне срóчно нýжно *взять дéнег в долг.*

Б. Я могý тебé помóчь. Я знáю одногó человéка,
котóрый охóтно *даёт дéньги в долг.*

А. Замечáтельно. Как мне егó найти́?

Б. У меня́ есть егó телефóн. Запиши́: *215-73-81.*
Егó зовýт В (и́мя-óтчество, напр. *Ивáн Ильи́ч*).

снять кварти́ру, купи́ть магнитофóн, одолжи́ть дéнег,
взять нéсколько урóков рýсского языкá, сдать вéщи
на хранéние на лéто, заня́ться рýсским языкóм,
дать интервью́, жени́ться/вы́йти зáмуж.

10. Conversation Topic (Analysis 2)

Develop the situation of Exercise 9, using the same clues.
Hold a telephone conversation similar to the one in the
model. Then improvise the conversation during the visit.
After the visit, A calls his/her friend Б from Exercise
9 and tells him/her what happened.

Г. (слы́шит телефóнный звонóк, снимáет трýбку)
Аллó.

А. Позови́те пожáлуйста В.

Г. Однý минýточку. *В,* тебя́.

В. (подхóдит к телефóну) Слýшаю.

А. Здрáвствуйте. Меня́ зовýт *А.* Мне дал ваш
телефóн Б. Он сказáл, что вы смóжете мне
помóчь. Мне срóчно нýжно *взять дéньги в
долг.*

В. Вы от Б? Конéчно, я с удовóльствием *дам
вам дéнег в долг.* И зови́те меня́ прóсто
(уменьши́тельное, напр. *Вáня*).

А. Большóе спаси́бо. Как мы с вáми договори́мся?

В. Приходи́те ко мне сегóдня вéчером. Мой
áдрес: ул. Котелкóва д. 13, кв. 72. При-
ходи́те часóв в вóсемь.

А. Обязáтельно придý. Большóе спаси́бо.

В. До вéчера.

11. Conversation Exercise (Analysis 4, 5)

Vary the sex and name and patronymic of the fired person.
(Recall the pronunciation of patronymics from Lesson 1.)

А. Сергéя Семёновича увóлили. *Заня́тие по*
гражда́нской оборóне бýдет вести́ Дми́трий
Алексéевич.

Б. Как Дми́трий Алексéевич!? Он же никогдá не
имéл дéла с *гражда́нской оборóной.*

А. Я дýмаю, он проведёт тóлько за́втрашнее
заня́тие, а потóм возьмýт на рабóту насто-
я́щего специали́ста по *гражда́нской оборóне.*

заня́тие по гражда́нской оборóне (civil defense class)
лéкция по экспóртно-и́мпортной поли́тике США
диску́ссия об африка́нской поли́тике Совéтского
Сóюза
собрáние на тéму "Влия́ние креди́та на внéшнюю
торгóвлю"
семинáр по вопрóсам пропи́ски и приёма на рабóту
наблюдéния за спýтниками
эксперимéнт на ку́рах и петуха́х
опера́ция на сéрдце

12. Conversation Exercise (Analysis 4)

А. *На э́той крова́ти* нет *одея́ла.*

Б. Э́то не имéет значéния. Сегóдня мы мóжем
спать без *одея́ла.*

А. Я всё-таки дýмаю, что вам имéет смы́сл
одолжи́ть *одея́ло* у сосéдей.

bed	blanket	sleep
bed	pillow	sleep
bed	sheets	sleep
cupboard	plates	have supper
cupboard	saucers	have tea
cupboard	knives and forks	have supper
kitchen	pots	make supper
kitchen	kettle	make tea
living room	armchair	watch TV

13. Drill   (Analysis 6.2)

Fill in the blanks with existential verbs, first in the
past, then in the present.

Дом председа́теля_____на краю́ дере́вни.   За
до́мом_____река́.   На друго́й стороне́ реки́
_____лес. В лесу́_____пти́цы.   За
ле́сом_____огро́мная гора́.   На верши́не горы́
_____снег. Днём, когда́ на не́бе_____
со́лнце, снег та́ял.

УПРАЖНЕ́НИЯ НА МАТЕРИА́Л ВСЕГО́ УРО́КА

14. Conversation Topic

Discuss a recent or current bill in Congress. Voice your
opinions on various legislators: one has no influence on
where things are going, another one has never dealt with
problems of any complexity, a third gave his word to his
voters to cut defense spending (расхо́ды на оборо́ну)
and now he's the biggest spender in Washington, etc. Use
expressions with semi-auxiliary words.

15. Conversation Topic

Discuss your country's foreign trade and what you think should be done about it.

отрицательный торговый баланс	negative trade balance
импорт превышает экспорт	imports exceed exports
энергетический кризис	energy crisis
трубопровод с нефтепромыслов на Аляске	pipeline from Alaskan oil fields
переговоры по продаже зерна Советскому Союзу	negotiations on the sale of grain to the Soviet Union
рекордный урожай/неурожай кукурузы	record crop/short crop of corn
обмен зерна на нефть	trade grain for oil
25% продаваемых машин являются иностранными.	Foreign trade constitutes 25% of auto sales.
малолиражные машины Тойота	Toyota compact cars
Налоги на импорт нарушают торговые соглашения	Import taxes violate international trade agreements.
курс доллара палает	the dollar is falling
курс йены поднимается	the yen is rising
солнечная энергия	solar energy
ветряная мельница	windmill
отопление дровами	heating with wood
синтетическое жидкое топливо, изготавливаемое из угля	synthetic liquid fuel from coal
открытое месторождение	strip mining
загрязнение среды	pollution
ядерная станция	nuclear plant
ядерное деление	fission
ядерный синтез	fusion

УРОК 7

ТЕКСТ. ЧАЕПИТИЕ

Коля, Жанна и старушка сидят на кухне за столом, пьют чай и беседуют.

С. А что,[1] у вас в Америке зимы холодные?

Ж. Где как.[2] Где я живу, там сейчас туман и слякоть. К северу от нас уже снег лежит. А на юге во Флориде вообще зимы не бывает, круглый год купаться можно. У кого пенсия большая, или вообще деньги есть,[3] часто там покупают домик под старость.

С. У нас тоже везде по-разному. Сестра у меня живёт на Кубани, так они сейчас виноград собирают. А дочка с зятем уже три недели как на лыжах катаются,[4] снегу выпало метра на три.[5] Такая, пишут, метель была, что школы закрылись, и автобусы не ходили. А у нас, видишь, дождь.

К. Завтра обещали, что прояснится и похолодает.[6] Мороз будет минус пять градусов.[7]

С. Вот и хорошо. Я уже соскучилась по морозу. А то мне, когда так моросит, дышать трудно, не могу на улицу выйти.

Ж. Как же вы ходите в магазин, если купить что-нибудь надо?

С. Ну, магазин у нас рядом, за углом. Сегодня Коля, спасибо ему, ходил за продуктами,[8] и мне принёс.

К. Чайник вскипел.[9] Налить ещё чаю?

С. Да, налей мне ещё стакан. И Жанне налей. *(Жанне)* Вот, хорошо что у меня квартирант завёлся, чай наливает, мне вставать не надо. А что же ты ничего не ешь, бери печенье, конфеты. В холодильнике варенье есть.

Ж. Спасибо, я наелась, я выпью ещё чаю. Что-то меня знобит[10] сегодня, от сырости наверное. Выпью чаю — пройдёт.

Коля наливает всем чаю. Старушка кладёт себе в стакан две ложки сахарного песку, Жанна пьёт свой чай без сахара. Коля отрезает себе ломтик лимона. Молчание.

Ж. Настасья Семёновна, а у вас семья большая?

К.	(*с воодушевлéнием*) Настáсья Семёновна, покажúте
	Жáнне фотогрáфии вы мне вчерá покáзывали.[11]
	(*Жáнне*) Пóлный альбóм фотогрáфий, óчень интерéсные.

С.	Ну лáдно, принесú альбóм. Кудá ты егó положúл?

*Кóля исчезáет и возвращáется с пýхлым альбóмом
фотогрáфий. На столé освобождáется мéсто мéжду
чáйником и корóбкой конфéт. Настáсья Семёновна
вытирáет рýки о передник и раскрывáет альбóм.*

*Альбóм открывáется большóй цветнóй фотогрáфией. В
пéрвом рядý сидят пять человéк, сзáди стоят ещё трóе.
Крáйняя слéва в пéрвом рядý Настáсья Семёновна, лет
на пять молóже чем сейчáс. На ней наря́дное сúнее
плáтье в бéлый горóшек, на шéе бýсы, на плечáх—
тóнкий шерстянóй платóк. Рядом с ней сидúт молодáя
жéнщина лет двадцатú пятú в длúнном бéлом свáдебном
плáтье с фатóй. Онá дéржится зá руки с молодым
человéком в костюме-трóйке, гáлстуке и лакирóванных
тýфлях (костюм сéрый в полóску, гáлстук крáсный с
úскрой).*

Ж.	Это вáша дóчка, навéрное? Óчень на вас похóжа:
	глазá совсéм такúе же, и брóви.

С.	Да, это моя́ Жéня с Пéтей со своúм.[12] На свáдьбе
	у них снимáли.

Ж.	А это кто, такóй тóлстый?

*Рядом с женихóм сидúт действúтельно óчень тýчный,
вáжного вúда мужчúна лет шестúдесяти. На егó лысой
брúтой головé почемý-то надéта тюбетéйка, вóрот
вышитой рубáшки расстёгнут. В отлúчие от всех
остальных на фотогрáфии, у негó óчень свéжий отдохнýвший вид. Егó лицó, шéя и рýки покрыты загáром.*

С.	Это Сергéй Петрóвич, зятя моегó отéц.[13] Он
	пóваром рабóтает в Ташкéнте, у них там еды
	мнóго.

Ж.	Вот почемý он такóй загорéлый. А с ним рядом,
	навéрное, женá егó.

С.	Нет, женá у негó в позапрóшлом годý умерлá. А
	это моя́ свояченица...

Áвторы:	Позвóльте нам вмешáться. Вмéсто тогó, чтóбы
	опúсывать дáлее внéшность и харáктер рóдственников Настáсьи Семёновны— её зятя, свояков,
	свояченúц, дéверей и прóчей роднú— мы с горáздо
	бóльшим удовóльствием представим вам персонáжей
	нáшей истóрии, с котóрыми вы ужé знакóмы.

Кóля.	Молодóй человéк срéднего рóста в очкáх. У

него высокий лоб, густые брови и слегка иронический
взгляд. Его широкие плечи и сильные мускулистые руки
выдают в нём спортсмена.

Жанна. Ей немного более двадцати лет: маленькая
полная брюнетка с длинными прямыми волосами. Она
близорука, но очки не носит, предпочитая контактные
линзы. У неё абсолютно прямой нос, покатые плечи,
полная талия.

Марина Николаевна (Колина мать). Пожилая женщина с
коротко подстриженными седыми волосами. Очень волевая
и энергичная, Марина Николаевна полностью распоря-
жается в доме. Она прекрасно готовит, и её квартира
всегда сверкает чистотой. Кроме того, все члены
семьи носят свитера и пуловеры, которые Марина Николаевна сама связала. По специальности она— врач.

Лена (Колина сестра). Жизнерадостная десятиклассница
с постоянной улыбкой на лице и ямочками на щеках и
на подбородке. Лена очень похожа на отца, а Коля
больше похож на мать.

Продавщица. Маленькая полная женщина средних лет.
Со студентами разговаривает строго, но относится к
ним хорошо, а перед стипендией даёт в долг сигареты
и кофе.

Серёжа. Здоровый весёлый парень с курчавыми волосами.
Серёжа— турист и спортсмен.

Настасья Семёновна. Лицо и руки у неё в морщинах,
волосы совсем седые. Она ходит слегка сгорбившись и
опираясь на палку.

Авторы. Наши авторы являют собой полную противоположность друг другу. Один из них очень высокого
роста, а другой, напротив, теряется в толпе. У того,
который повыше— длинная белая борода, а у того,
который пониже— и борода, и усы совершенно чёрные.
Белобородого автора венчает сверкающая куполообразная
лысина, а у чернобородого автора волосы всегда стоят
дыбом. У обоих авторов, однако, ясно очерчивается
круглый животик, проистекающий от их чрезмерного
пристрастия к еде и питью.

Авторы: Кажется, нам придётся опять вмешаться и
закончить этот затянувшийся текст. За окном
уже совсем стемнело. Коля, Настасья Семёновна
и Жанна добрались до конца альбома. Настасья
Семёновна зевает, Жанна смотрит на Колю, Коля
смотрит на часы.

К.   Пожалуй нам пора. Жанне в общежитие далеко
ехать.

С. Ты Жа́нну прово́дишь до трамва́я? А то сего́дня в
    о́череди расска́зывали: кака́я-то де́вушка так же
    вот ве́чером шла одна́, к ней подскочи́ли тро́е
    хулига́нов и су́мочку отня́ли.

К. Почему́ до трамва́я, я до общежи́тия провожу́.

С. Вот пра́вильно. Я тогда́ тебя́ дожида́ться не
    ста́ну, а ты, как придёшь,[14] дверь на цепо́чку
    закро́й. До свида́ния, Жа́нночка, приходи́ ещё
    чай пить.

Ж. Спаси́бо, обяза́тельно приду́. Мне на сле́дующей
    неде́ле в Москву́ е́хать; как верну́сь, так сра́зу
    к вам в го́сти и приду́. У меня́ то́же есть альбо́м
    с фотогра́фиями, я вам принесу́ показа́ть. Споко́й-
    ной но́чи.

КОММЕНТА́РИИ

1. Say, do you have cold winters in America? Оди́н из
   спо́собов ввести́ в диало́г вопро́с, кото́рый темати́-
   чески не свя́зан с предыду́щим разгово́ром— э́то
   нача́ть его́ с *а что*.

2. It depends (on where).

   Аналоги́чно: *Когда́ как* It depends (on when)
                 Кому́ как   It depends (on to/for whom)
                 С кем как   It depends (on with whom) и т.д.
   См. та́кже Уро́к 6, Коммента́рий 2 к Те́ксту А.

3. Граммати́чески пра́вильнее бы́ло бы сказа́ть *те, у
   кого́ пе́нсия больша́я...*, но так обы́чно не говоря́т.
   В разгово́рном языке́ местоиме́ние *те* е́сли и появи́лось
   бы в э́том предложе́нии, то скоре́е во второ́й его́
   ча́сти: *У кого́ пе́нсия больша́я, те ча́сто покупа́ют
   до́мик под ста́рость.*

   Обрати́те внима́ние на два одноро́дных словосоче-
   та́ния: (*те,*) *у кого́ пе́нсия больша́я* и (*те,*) *у кого́
   де́ньги есть.* Оба перево́дятся на англи́йский язы́к
   при по́мощи глаго́ла to have: (those) who have a large
   pension и (those) who have money. Одна́ко ру́сские
   словосочета́ния различа́ются ме́жду собо́й тем, что в
   одно́м из них стои́т глаго́л *есть* (настоя́щее вре́мя от
   глаго́ла *быть*), тогда́ как в друго́м словосочета́нии
   э́того глаго́ла нет. Когда́ сле́дует и когда́ не
   сле́дует употребля́ть глаго́л *есть* в предложе́ниях
   тако́го ти́па обсужда́ется в сле́дующем уро́ке.

4. My daughter and son-in-law have already been skiing for
   three weeks OR It's been three weeks that they've been skiing.

Ещё не́сколько приме́ров:

Уже́ два часа́ как в шко́ле ко́нчились заня́тия, а Ва́си всё ещё нет.

В доли́не уже́ два ме́сяца как снег раста́ял.

Чего́ мы здесь сиди́м? До́ждь уже́ полчаса́ как переста́л.

5. There was about three meters of snow.

Аналоги́чно:

Пе́тя купи́л рубле́й на пять шокола́ду.	Pete bought about five rubles worth of chocolate.

Заме́тьте, что когда́ вы ста́вите числи́тельное по́сле существи́тельного (чтобы переда́ть смысл "приме́рно, приблизи́тельно") предло́г то́же ста́вится по́сле существи́тельного, непосре́дственно пе́ред числи́тельным:

Ста́нция была́ киломе́трах в трёх от до́му.	The station is about three kilometers from the house.
Мы все зарабо́таем рубле́й по сто.	We all earn about 100 rubles.

6. Ко́ля, коне́чно, хоте́л сказа́ть: *Обеща́ли, что за́втра проясни́тся и похолода́ет.* Разгово́рные непра́вильности тако́го ро́да обсужда́ются в Ана́лизе.

Глаго́лы *проясни́ться* и *(по)холода́ть* употребля́ются без подлежа́щих, как и не́которые други́е глаго́лы, опи́сывающие явле́ния приро́ды. При э́том глаго́л *(по)холода́ть* мо́жет употребля́ться *то́лько* без подлежа́щего (не пу́тайте с глаго́лом *холоде́ть*, кото́рый употребля́ется то́лько с подлежа́щим). Таки́е глаго́лы называ́ются безли́чными. Вот спи́сок безли́чных глаго́лов опи́сывающих явле́ния приро́ды:

вечере́ть (I)	It's growing dark.
моро́зить (I)	It's freezing.
рассвета́ть = света́ть (I)/ рассвести́ (P)	Day is breaking.
сквози́ть (I)	There's a draft.
смерка́ться (I)/ смеркну́ться (P)	Twilight's falling.
темне́ть (I)/стемне́ть (P)	It's getting dark.
холода́ть (I)/ похолода́ть (P)	It's turning cold.

Глаго́л *проясни́ться* мо́жет употребля́ться как в

в безли́чном, так и в ли́чном предложе́нии, наприме́р: *Не́бо проясни́лось.* Вот ещё не́сколько таки́х глаго́лов.

дуть: Из окна́ ду́ло. Дул си́льный ве́тер.

ка́пать: С потолка́ ка́пало. С потолка́ ка́пала вода́.

мороси́ть: На у́лице мороси́т. Мороси́т ме́лкий до́ждь, сы́ро да́же в карма́не. (из пе́сни)

та́ять: На дворе́ уже́ та́яло. Лёд уже́ раста́ял.

(по)темне́ть: В во́здухе потемне́ло. Не́бо потемне́ло. (Обрати́те внима́ние, что *стемне́ть* употребля́ется то́лько безли́чно. Нельзя́ сказа́ть *не́бо стемне́ло*.)

(по)тепле́ть: За́втра потепле́ет. Во́здух потепле́л.

7. Ми́нус 5 гра́дусов по Це́льсию это 23 гра́дуса по Фаренге́йту. Вот небольша́я табли́ца:

Це́льсий	-40	-30	-20	-10	0	10	20	30	40	100
Фаренге́йт	-40	-22	-4	14	32	50	68	86	104	212

то́чка замерза́ния   то́чка кипе́ния
воды́   воды́

8. Today Kolya, like a good boy, went shopping, and brought me things.

9. Russian past Perfective - English present.

Ча́йник вскипе́л.   The water's boiling.

Эта Ко́лина ре́плика интере́сна по двум причи́нам. Во-пе́рвых, заме́тьте, что по-ру́сски в э́той ситуа́ции кипи́т ча́йник, а не вода́ (э́то называ́ется метоно́мия). Иногда́ ру́сский язы́к по́льзуется метони́мией там где англи́йский язы́к не по́льзуется е́ю, и наоборо́т. Так, наприме́р, по-ру́сски говоря́т *помы́ть го́лову*, а НЕ *помы́ть во́лосы*.

Во-вторы́х, проше́дшее вре́мя в Ко́линой ре́плике соотве́тствует *настоя́щему* вре́мени в англи́йском перево́де. Де́ло в том, что ру́сское проше́дшее вре́мя соверше́нного ви́да ча́сто употребля́ется, когда́ како́е-нибудь де́йствие в про́шлом, и́ли его́ результа́т, ва́жны свои́м прису́тствием в настоя́щем (лингви́ст сказа́л бы *релева́нтни для настоя́щего*). Это употребле́ние ру́сского проше́дшего вре́мени соверше́нного ви́да аналоги́чно англи́йскому настоя́щему соверше́нному времени (present perfect): The water has come to a boil (and is still boiling). Трудность для англоязычных студентов заключается в том, что во многих ситуациях, когда по-русски естественно и идиоматично употребляется прошедшее время совершенного вида, по-английски употребляется настоящее время (present or present progressive), а не настоящее совершенное (present perfect). Вот несколько примеров:

Дима заболел.	Dima's sick. (Lit., Dima's gotten sick.)
Вы поняли, что он сказал?	Do (present) you understand what he said?
Да, понял.	Yes, I understand (I have understood).
Как сказать по-китайски окно? — Я забыла, Серёжа.	How do you say "window" in Chinese? -I forget (I have forgotten), Seryozha.
Серёжа! Я вспомнила! Окно по-китайски чуан ху.	Seryozha! I remember (have remembered) now. "Window" in Chinese is 窗户.
Где Ваня? — Он пошёл погулять.	Where's John? -He's out walking (has gone for a walk).
Я пошёл/пошла.	I'm off.
Мы пошли.	We're off.
Пошли в кино.	Let's go to the movies.
Неужели ты не устал убирать снег?	Aren't you tired of shovelling snow?
— Нет, я привык к такой работе.	-No, I am used to this kind of work.
— А я, наоборот, уже отвык.	-And I, on the contrary, am not used to it any more.
Мы опоздали.	We are late (We have arrived too late).
Давай отдохнём. Я устал.	Let's rest for a while. I'm tired.
Я больше не могу. Мне надоела эта работа.	I can't do any more. I'm sick and tired of this work.

10. Внутренние состояния и ощущения человека, так же как и погода, часто описываются безличными предложениями. Из глаголов употребляемых в таких предложениях некоторые употребляются только безлично (примеры А), а другие употребляются и в

ли́чных, и в безли́чных предложе́ниях (приме́ры Б):

А. Меня́ знобит.   I feel feverish (I'm having
                                  chills).

    Меня́ лихора́дит.   I feel feverish.

    Меня́ мути́т.   I feel nauseous.

    Меня́ тошни́т.   I feel sick.

Б. У меня́ ко́лет в боку́.   I have a stitch in my side.
    У меня́ закололо́ в   I got a stitch in my side.
    боку́.

    У меня́ шуми́т в уша́х.   It's ringing in my ears.

    У меня́ потемне́ло в   I blacked out.
    глаза́х.

    У меня́ сдави́ло   I tensed up.
    се́рдце.

    У меня́ захвати́ло дух.   I gasped.

11. Граммати́чески пра́вильно бы́ло бы: покажи́те фото-
    гра́фии, кото́рые вы мне вчера́ пока́зывали. См.
    Ана́лиз.

12. В разгово́рной ре́чи притяжа́тельные прилага́тельные
    (*мой, твой, свой* и т.д.) иногда́ сле́дуют за
    существи́тельным, к кото́рому они́ отно́сятся, осо́-
    бенно когда́ э́то существи́тельное обознача́ет
    челове́ка. Е́сли пе́ред э́тим существи́тельным есть
    предло́г, то он мо́жет повторя́ться пе́ред прилага́-
    тельным. Вся констру́кция звучи́т эмфати́чески и́ли
    насме́шливо:

    У бра́та у твоего́ ве́чно   This brother of yours is
    неприя́тности.   always in trouble.

    К Пе́те к твоему́ никогда́   Your Pete is impossible to
    не дозвони́шься.   reach by telephone.

13. По совреме́нным пра́вилам поря́дка слов Наста́сья
    Семёновна должна́ была́ сказа́ть *оте́ц моего́ зя́тя.*
    Вме́сто э́того она́ употреби́ла старомо́дный поря́док
    слов, характе́рный для ру́сского языка́ предыду́щих
    веко́в и до сих пор сохрани́вшийся в простонаро́дной
    ре́чи.

    Приведём ещё не́сколько назва́ний степене́й родства́
    (kinship terms). Назва́ния, взя́тые на́ми в ско́бки,
    в настоя́щее вре́мя уже́ почти́ не употребля́ются. Мы
    вам сове́туем вме́сто них по́льзоваться описа́тельными
    выраже́ниями: вме́сто *де́верь*— брат му́жа, вме́сто
    своя́ченица— сестра́ жены́ и т.д.

двою́родный брат - first cousin

двою́родная сестра́ - first cousin

(свёкор - оте́ц му́жа)

(свекро́вь - мать мужа́)

(зять - муж до́чери и́ли муж сестры́ и́ли муж сестры́ му́жа)

(неве́стка - жена́ сы́на и́ли жена́ бра́та)

(тесть - оте́ц жены́)

(тёща - мать жены́)

(де́верь - брат му́жа)

(своя́к - муж сестры́ жены́)

(своя́ченица - сестра́ жены́)

(шу́рин - брат жены́)

(сноха́ - жена́ сы́на по отноше́нию к его́ отцу́)

14. В разгово́рной ре́чи сою́з *как* мо́жет употребля́ться вме́сто *когда́* и́ли *как то́лько*.

ANALYSIS

Colloquial Russian

You may have noticed that Наста́сья Семёновна, and sometimes even Ко́ля and Жа́нна, do not always speak "correctly", i.e. the way you've been taught. The reason is that you've been taught the rules of the standard literary language, and Russians, to an even greater degree than English-speaking people, deviate from grammatical standards in their informal speech. In this lesson we illustrate several constructions which often come up in conversation, but which would be considered incorrect in writing. With one or two exceptions, we do not recommend that you use these constructions until your mastery of the language is nearly complete, but you should know them and understand them.

In this Analysis we discuss two aspects of colloquial Russian: (1) the omission of words that introduce clauses, and (2) word order. The omitted words are что, кото́рый, and temporal conjunctions like когда́. Word order is tied up with the division of sentences into a *topic* (what you're talking about) and *comment* (what you're saying about the topic). The last section of the Analysis is devoted to the use of то́же vs. та́кже , in which topic/comment structure plays a crucial role.

1. Colloquial Russian: asyndeton

The omission of words that introduce clauses results in two clauses right next to each other with no special word joining them. The technical term for this type of clause structure is *asyndeton*. Asyndeton is more common in English than in standard Russian, but colloquial Russian outdoes even English for asyndeton.

Here are the three kinds of omission we will be discussing:

(1) Ди́ма сказа́л (что) за́втра бу́дет хоро́шая пого́да.

(2) У нас но́вая сосе́дка (кото́рую) Ната́шей зову́т.

(3) Ди́ма пришёл (когда́) я ещё лежа́ла.

When we cite sentences with asyndetic constructions, we never put commas in them, because a comma would contradict the intonation of such a sentence (see 1.4 below).

1.1 Что omission

In this respect colloquial Russian is closer to English than its standard counterpart. In English you can say (and write) either *John said that Daddy would be home tomorrow* or *John said Daddy'd be home tomorrow*. In standard Russian you can never omit the conjunction in a sentence like Ва́ня сказа́л, что оте́ц за́втра бу́дет до́ма. In colloquial Russian you can omit it: Ва́ня сказа́л оте́ц за́втра бу́дет до́ма. More examples:

Ди́ма расска́зывал (что) у них о́чень интере́сный семина́р в э́том году́.

О́ля вчера́ хва́сталась (что) но́вую кра́ску себе́ купи́ла для брове́й и ресни́ц.

Вы наве́рно ви́дели (что) была́ заме́тка в газе́те?

1.2 Кото́рый omission

Starting again from a familiar English example, observe that in English you can say (and write) either *Where's the book that you were reading yesterday?* or *Where's the book you were reading yesterday?* In the corresponding Russian sentence the literary standard requires the presence of кото́рый, which can be omitted in colloquial speech: Где кни́га (кото́рую) ты чита́л вчера́? More examples:

А где тут кни́га лежа́ла Са́ша дал почита́ть?

Ди́ма смотре́л кино́ как называ́ется?

Я ему́ показа́ла одну́ ико́ну у Со́ни виси́т в ко́мнате.

Прогони́ му́ху у тебя́ по бороде́ ползёт.

Sometimes кото́рый does appear, but in a most unexpected place, as an afterthought, a late tribute to literary standards:

Ты мне обеща́ла лека́рство тебе́ до́ктор кото́рое прописа́л.

Вы ещё не ви́дели но́вые духи́ Ма́ша из Пари́жа привезла́ кото́рые?

1.3 Когда́ omission

The third group of Russian conjunction-less clauses finds no correspondence in English. Although we again see just two clauses placed next to each other, from the meaning of the clauses (and their specific intonation), it is clear that the implied relation between the two clauses is *temporal*; in the standard language they would be conjoined by the conjunction когда́:

(Когда́) Ди́ма пришёл я ещё обе́дал.

(Когда́) я вчера́ звони́ла её не́ было.

(Когда́) я сего́дня шла ми́мо гастроно́ма бана́ны дава́ли.

(Когда́) я у́тром бе́гал ещё челове́к пять бе́гали, все молоды́е ребя́та.

1.4 The intonation of asyndetic constructions

In standard Russian you can speak quickly or slowly, with or without appropriately placed pauses.

Either: Ди́ма сказ$^{а́л}$,|| что за́втра бу́дет хоро́шая ^{по}го́$_{да}$.

Or: Ди́ма сказа́л, что за́втра бу́дет хоро́шая ^{по}го́$_{да}$.

The first sentence has a pause (marked by the symbol "||"); the second doesn't. The first has two intonation contours and two major stressed syllables, the second only one of each. The first is likely to be spoken more slowly.

Colloquial style is essentially fast style. If you use an asyndetic construction, you must utter it like the second sentence, with one intonation contour, one major stress, and no pause.

Ди́ма сказа́л за́втра бу́дет хоро́шая ^{по}го́$_{да}$.

If you don't, the effect is as peculiar as saying *doncha* (for *don't you*) slowly and deliberately.

If you can speak Russian fast and without pauses, go ahead and use asyndetic constructions in the appropriate informal circumstances, just as educated younger generation Russians do. Otherwise, avoid them.

2. Topic/comment structure and word order

In all languages most sentences can be divided into topic and comment. The topic is what you and your listener have been talking about; the comment is what you're saying about the topic. Thus, if you have been talking about a party and want to say that it was fun, you say:

Ве́чер	был весёлый.		The party	was fun.
topic	comment		topic	comment

The most general word order rule in Russian is: topic first, comment last. Thus, if you're talking about a party (topic) and want to say whom you met there, you say:

На ве́чере	я познако́милась с Ди́мой.
topic	comment

On the other hand, if you're talking about Dima (topic) and want to say where you met him (comment), the party will come last:

Я с ним познако́милась	на ве́чере.
topic	comment

Note that this general rule accounts for the well-known fact that pronoun objects usually come before the verb, while noun objects tend to follow the verb.

Я его́	*ви́дела*.		I sáw	him.
topic	comment		comment	topic

Я ви́дела	*Ди́му*.		I saw	Jóhn.
topic	comment		topic	comment

The reason is that pronouns are used when the person or thing is already known to the listener, is therefore part of the topic, and therefore comes early in the sentence.

The translation of the above examples shows that English, with its more fixed word order, relies heavily on sentence stress to mark the comment of a sentence. In Russian the sentence stress also falls on the comment, so that the comment is doubly marked - by stress and by position. (It should not come as a surprise that both languages use stress to mark the comment; after all, the comment is the part of the sentence the speaker wants to emphasize.)

In some contexts English also marks the comment doubly: by stress and by the use of the article *a*. Observe the stress, use of articles, and word order in the following examples:

Же́нщина	вошла́ в *ко́мнату*.		*The* woman	entered the ро́om.
topic	comment		topic	comment

В ко́мнату вошла́	*же́нщина*.		*A* wóman	entered the room.
topic	comment		comment	topic

If you're in doubt about which part of the sentence is

the comment, concoct a question that elicits that sentence.
Thus, *Where's the lamp?* elicits the answer *On the táble,*
which is the comment of the sentence *The lamp is│on the táble.*
The question *What's on the table?* elicits the answer *A lámp,*
which is the comment of the sentence *There's a lámp│on the table.*
Compare Russian:

Где лáмпа?   Лáмпа │ на *столé.*   *The* lamp...
        topic │ comment

Что стоúт на столé?   На столé стоúт │ *лáмпа.*   ...*a* lamp...
          topic │ comment

     Here are some further examples. As you read them, formu-
late questions that would elicit the comments.

Жéнщина сидéла *за столóм.*   The woman was sitting at the
                                  táble.

За столóм сидéла *жéнщина.*   There was a wóman (sitting)
                                  at the table.

Шум взрыва разбудúл *Джóна.*   The sound of the explosion
                                  awakened Jóhn.

Джóна разбудúл *шум взрыва.*   John was awakened by the
                                  sound of an explósion.

     Summary: normal word order in Russian is topic first,
comment last. Word order in Russian is like a well-told anec-
dote - first the build-up, then the punch line. To identify
the comment, find the main sentence stress or concoct an
appropriate question that would elicit the comment as an answer.

     We shall now proceed to apply topic/comment structure to
the analysis of two problems: (1) word order and case in
colloquial Russian, and (2) тóже vs. тáкже.

3. Word order and case in colloquial style

     There are two ways of rendering the English sentence
I don't trust this guy at all in standard Russian. The first,
typical of spoken standard Russian, strictly follows the topic/
comment structure we have discussed in the preceding section,
with the topic fronted:

Этому пáрню │ я совсéм не *доверяю.*
  topic   │   comment

The second way, more typical of the written style, follows the
syntactic pattern Subject + Verb + Object, the comment being
marked by sentence stress:

Я совсéм не *доверяю* Этому пáрню.

     In colloquial Russian, syntax is violated when the
speaker "forgets" to put the proper case ending on his fronted
topic, leaving it in the Nominative:

Э́тот па́рень, я ему́ совсе́м не *доверя́ю*. The effect is very
much like fronting the topic in English: *This guy I don't trust
at all*.

In the following examples the fronted nouns may appear in
the Nominative. Simply fronting the topics makes the sentences
very colloquial; putting the topics in the Nominative makes
them very sloppy.

Капу́сту (Капу́ста) ты вчера́ купи́ла на́до вы́бросить.
Ка́ши (Ка́ша) две по́рции да́йте пожа́луйста.

3.1 There are many varieties of sentences with the fronted
topic in the Nominative. Below we illustrate the more common
types:

(a) There is a pronoun in the sentence which refers to
the fronted topic.

Э́тот твой Серёжа, / всегда́ он что́-нибудь забыва́ет.	This Seryozha of yours, he's always forgetting something.
Э́та де́вушка мы вчера́ познако́мились / ты её пригласи́ла в го́сти?	That girl we met yesterday, did you invite her over?
Моя́ сосе́дка А́нна Ива́нна, / я с ней всегда́ сове́туюсь.	My neighbor Anna Ivanna, I always talk things over with her.

(b) There is a verb (most commonly быть or some other
existential verb) in the fronted topic part of the sentence.

Ми́ша, у меня́ тут кни́га была́, кто её взял?

Ми́ша, у тебя́ тут кни́га лежи́т, мо́жно её взять?

У нас ра́ньше бы́ли сосе́ди, у них всегда́ шу́мно бы́ло.

Quite often the second, *comment* part of such sentences begins
with так:

У меня́ сестра́ на Куба́ни живёт, так у них сейча́с
виногра́д собира́ют.

У нас на дворе́ де́рево растёт, так на нем уже́ три дня
как ли́стья зелёные.

(c) There is a relative clause (with or without
кото́рый) in the fronted topic part of the sentence.

Э́та де́вушка мы вчера́ познако́мились ты её пригласи́ла?

Э́та де́вушка мы вчера́ познако́мились с кото́рой, ты её
пригласи́ла?

Же́нщины кото́рые хло́пок собира́ют мы аванси́руем.	Women who go to the countryside to collect cotton are paid in advance.

3.2 Sometimes the topic of a complex sentence comes in the
subordinate clause. In this situation, too, the topic can be
moved all the way up front. Thus, if you are talking about
Dima, you can, instead of Я зна́ю, что Ди́ма не лю́бит
моро́женое say Ди́ма я зна́ю что не лю́бит моро́женое.
When talking about ice cream, you are more likely to say
Моро́женое я зна́ю что Ди́ма не лю́бит. More examples:

За́втра обеща́ли что похолода́ет. (meaning Обеща́ли что за́втра похолода́ет.)	Tomorrow they promised it'll be a bit colder.
Хлеб я люблю́ чтоб всегда́ был све́жий.	I like bread always to be fresh.
На рабо́ту она́ почему́-то о́чень не хо́чет, чтобы ей звони́ли.	For some reason, she very much doesn't want to be called at work.
У меня́ отгада́й кто тепе́рь остановился. (Пу́шкин)	Guess who's staying with me now.
Крамско́го жале́ю что не вида́л. (Л. Толсто́й)	I'm sorry I didn't see Kramskoj.

3.3 Fronting can also be used for emphasis in this way:

Весёлый вчера́ был у на́ших сосе́дей пра́здник.

instead of the more standard:

У на́ших сосе́дей вчера́ был весёлый пра́здник.

The effect of putting the adjective up front is again quite like
the effect of fronting in English, e.g.,

Quite some party our neighbors had yesterday.

4. То́же - та́кже

        The Russian conjunctions то́же and та́кже are quite
unusual because they do *not* differ in meaning, and yet they
are not freely interchangeable. The differences between them
are two. The first is stylistic and conceptually quite simple:
та́кже is a rather bookish word which is rarely used in ordinary conversation. We are going to disregard this difference
for the moment, returning later in this section to the question
of what is used instead of та́кже in ordinary conversation
(and this is *not* то́же). Assuming that both то́же and
та́кже are appropriate stylistically, let us concentrate on the
other differences between them, which can only be characterized
in terms of the distribution of topic and comment in the two
sentences which то́же or та́кже conjoin.

        Consider two pairs of sentences:

a) Я ходи́л *в теа́тр*.   Ди́ма ходи́л *в теа́тр*.

b) *Я ходи́л* в теа́тр.   *Я ходи́л* в кино́.

The sentences in (a) share their comment, while those in (b) share their topic. If you want to put the Russian equivalent of *also* in the second sentences of the two pairs, you put то́же in (a) where you bring in a new topic, and you put та́кже in (b) where you bring in a new comment:

a') Я ходи́л в теа́тр.   Ди́ма то́же ходи́л в теа́тр.

b') Я ходи́л в теа́тр.   Я та́кже (NOT: то́же) ходи́л в кино́.

Similarly,

Я ходи́л в теа́тр и Ди́ма то́же.   I went to the theater and
                                     so did Dima.

Я ходи́л в теа́тр, а та́кже в   I went to the theater and
  кино́.   also to the movies.

(You never say и та́кже in Russian, only а та́кже.)

In the examples above, one of the sentence parts, either topic or comment, is repeated verbatim in both sentences of a pair. Consider now the following:

В Оде́ссе хо́лодно и до́ждь.   В Ки́еве плоха́я пого́да.

Плоха́я пого́да and хо́лодно are synonymous enough to be considered the same comment. Therefore то́же can be used:

В Оде́ссе хо́лодно и до́ждь, в Ки́еве то́же плоха́я пого́да.

In all the sentences with то́же we have quoted so far, та́кже can also be used, but not the other way around: то́же cannot be used in sentences with new comments. The trouble with та́кже is that it sounds highly unnatural in a conversation. Therefore, Russians use a number of devices to avoid та́кже.

First, if the new comment is *fronted*, то́же *can* be used instead of та́кже, as in (3) below.

(1) Я ходи́л в теа́тр.   Я ходи́л|*в кино́*.
                                  |new comment

(2) Я ходи́л в теа́тр.   Я та́кже ходи́л *в кино́*.

(3) Я ходи́л в теа́тр.   *В кино́* я то́же ходи́л.

Similarly,

(1) Я хочу́ хле́ба.   Я хочу́|*ма́сла*.
                             |new comment

(2) Я хочу́ хле́ба.   Я та́кже хочу́ *ма́сла*.

(3) Я хочу́ хле́ба.   *Ма́сла* я то́же хочу́.

Another possibility is to put и right before the new comment in its normal sentence-final position:

Я ходи́л и в кино́. Я хочу́ и ма́сла OR: Я и ма́сла хочу́.

You can also put тоже in sentences with и marking the comment. Тоже comes right *after* the comment:

Я ходи́л и в кино́ то́же.

Я хочу́ и ма́сла то́же.

Я и ма́сла то́же хочу́.

What you *cannot* do is use тоже in any of these sentences with normal topic + comment word order. The one rule to remember is this: do not use то́же directly before new sentence-final comments.

All of the following sentences forbid this use of то́же, because in the second of each pair there is a new comment. Note the use of и:

У Ди́мы есть маши́на. У него́ есть и мотоци́кл (то́же).

С Ди́мой прия́тно рабо́тать. С ним прия́тно и отдохну́ть (то́же).

Матема́тикой занима́ться тру́дно, но и интере́сно (то́же).

The Russian words то́же and та́кже can be translated not only by the English *too, also,* but also by *either/neither* in negative sentences:

Я не пошёл в кино́, и Ма́ша то́же не пошла́.	I didn't go to the movies and Masha didn't go, either.
Я не пойду́ в кино́, и Ма́ша то́же.	I won't go to the movies and neither will Masha.

Notice that the Russian phrase и X тоже corresponds in English positive sentences to phrases like *and so will (is, did, can, etc.) X,* and in English negative sentences to phrases like *and neither will (is, did, can, etc.) X*:

Ди́ма люби́л (лю́бит, не люби́л, не лю́бит, пригласи́т, не пригласи́т) Ма́шу, и я то́же.

УПРАЖНЕ́НИЯ К ТЕ́КСТУ

1. (Comment 6, 10)

   Translate into Russian:

   When it gets dark I feel feverish.
   When it's foggy I get chills.
   When it gets light I'll call my father-in-law.
   It's so drafty here, I got a stitch in my side.
   When it gets colder, I'll feel nauseous.
   When it drizzles I have a ringing in my ears.
   When there's more snow, we'll go skiing.
   When it gets warmer the snow will melt.

2. Preparatory Drill

   Consult the temperature scale and practice Celsius-Fahren-
   heit conversion and the reverse.

   А. Ско́лько сейча́с гра́дусов?

   Б. Ми́нус 10 (= 10 гра́дусов моро́за).

   А. А ско́лько э́то бу́дет по Фаренге́йту?

   Б. Ми́нус 10 гра́дусов по Це́льсию э́то (плюс) 14
   гра́дусов по Фаренге́йту.

3. Conversation Topic (Comment 6, 7)

   You have probably just gotten back from Christmas vacation.
   (If not, draw on experiences at Thanksgiving or last
   summer.) Ask your friend where he/she spent his/her vacation. Discuss the climate of that place as compared to
   the climate of the place where you grew up. Go through all
   the seasons and all times of the day; use expressions like
   О́сенью в Се́верной Дако́те темне́ет ра́но, а света́ет
   по́здно or Зимо́й в Ита́ке сне́гу выпада́ет ме́тра на
   два. Consult the text and Comments 6 and 7; try to
   develop a feel for the Celsius scale.

4. Conversation Topic (Comment 6, 7, 10)

   Start as in Exercise 3. Suddenly your first cousin appears.
   Introduce him/her to your friend. The cousin immediately
   starts complaining about his/her health, using expressions
   from Comment 10. One of you suggests a vacation in some
   warm climate as the perfect cure.

5. (Comment 4)

   Translate into Russian.

   Sonya, get dressed if you want to go to the concert.
   (Pause) Sonya, do you understand what I've told you?
   -I can't remember (forget) where I put my stockings.
   -You don't have to look for them any more. We are already
   late. -No, we're not. (addressing a third person) We're
   off!

6. Conversation Topic

   Describe your favorite dress or suit. Pay particular
   attention to colors and materials. Use the following words
   and expressions:

silk	шёлк	шёлковый
cotton	хло́пок	хлопча́то-бума́жный
wool	ше́рсть	шерстяно́й
linen	лён	льняно́й
synthetics	синте́тика	синтети́ческий
nylon	нейло́н	нейло́новый

striped	в поло́ску
checkered	в кле́тку
polka-dotted	в горо́шек
shimmering	с искро́й
solid gray	гла́дко-се́рый
solid blue	гла́дко-си́ний etc.

   костю́м-тро́йка, брю́ки, пиджа́к, жиле́т(ка);
   пла́тье, ю́бка, ко́фта, блу́зка, косы́нка, плато́к,
   бу́сы; ша́пка, ке́пка, бере́т, шля́па, шля́пка;
   светлоси́ний, тёмносе́рый, светлозелёный и т.д.

7. Conversation Exercise

Start with the suggested clues, then try and talk about
pieces of clothing you actually remember seeing on your
classmates.

А. Где *твой костюм в полоску?* Я тебя́ давно́ *в
нём* не ви́дел(а).

Б. *Он* мне надое́л, я уже́ три ме́сяца как *его́* не
ношу́. Я тепе́рь ношу́ то́лько *костю́мы в кле́тку.*

костю́м в поло́ску
striped suit

костю́м в кле́тку
checkered suit

си́нее пла́тье
blue dress

бе́жевое пла́тье
beige dress

шёлковая руба́шка
silk shirt

хлопча́то-бума́жная
   руба́шка
cotton shirt

джи́нсы
jeans

вельве́товые штаны́
curduroy pants

нейло́новая косы́нка
nylon scarf

льняна́я косы́нка
linen scarf

УПРАЖНЕ́НИЯ К АНА́ЛИЗУ

8. Pronunciation and Transformation Practice (Analysis 1)

Try to read these "colloquial" sentences with the appropriate speed and intonation, then produce their "standard"
counterparts, employing the suggested conjunction and/or
changing the word order.

Бе́жевая блу́зка я вчера́ одева́ла ты не   (кото́рый)
   ви́дел?
Конфе́ты Ма́ша принесла́ пра́вда вку́сные   (кото́рый)
   бы́ли?
Где пече́нье Ди́ма обеща́л что принесёт? (кото́рый)
Га́лстук бу́дешь надева́ть смотри́ не   (когда́)
   запа́чкай.
В костю́ме-тро́йке я терпе́ть не могу́ когда́
   Ди́ма прихо́дит.
Варе́нье я не слы́шал что́бы с огурца́ми
   мо́жно бы́ло есть.
Гуля́ть по́сле обе́да до́ктор говори́т о́чень   (что)
   поле́зно.
На́волочка на ве́рхней по́лке лежи́т возьми́.
Когда́ совсе́м лы́сый мне не нра́вится мужчи́на.
С бородо́й, коне́чно, краси́во, е́сли аккура́тно
   подстри́жена.
Бри́ться Ва́ся говори́т не мо́жет ка́ждый день. (что)

9. Conversation Exercise (Analysis 4)

А. У тебя́ есть *костю́м в поло́ску?*

Б. Есть. У меня́ есть и *пла́тье в поло́ску.*

А. У меня́ то́же есть *пла́тье в поло́ску.*

костю́м в поло́ску a striped suit	пла́тье в поло́ску a striped dress
ю́бка в кле́тку a checkered skirt	шёлковая косы́нка a silk scarf
пылесо́с a vacuum cleaner	стира́льная маши́на a washing machine
кастрю́ля a pot	сковоро́дка a pan
ча́йник a teapot	ко́вшик a (small) pot
поду́шка a pillow	одея́ло a blanket
на́волочка a pillowcase	пододея́льник a blanket cover
торше́р a lamp	насто́льная ла́мпа a table lamp
конфе́ты candy	пече́нье cookies
мёд honey	варе́нье jam
бутербро́ды с сарди́нами sardine sandwiches	бутербро́ды с икро́й caviar sandwiches

10.   (Analysis 4)

Insert either то́же or та́кже. Then provide a colloquial paraphrase of the bookish sentences with та́кже, using и or changing the word order.

1. Я был в теа́тре. Он ... был в теа́тре.
2. Она́ близору́кая. Её мать ... близору́кая.
3. За э́тот семе́стр я сде́лал докла́д. Он ... сде́лал докла́д.
4. За э́тот семе́стр я сде́лал докла́д. Я написа́л ... ску́чную статью́.
5. Де́вушка была́ со все́ми о́чень приве́тлива, и её ... все люби́ли.
6. Вы не спи́те? — разда́лся го́лос из ночи́. — А я вот ... ника́к не могу́ засну́ть.
7. Мы чу́вствовали, что аспира́нты с больши́м интере́сом слу́шали на́ши объясне́ния. Мы чу́вствовали ... и то, что мно́гое у них вы́звало удивле́ние.
8. Он никогда́ не был в Ло́ндоне и Пари́ж ... не ви́дел.
9. Вчера́ мно́гие студе́нты на́шего ку́рса бы́ли на вы́ставке. Я ... там был.
10. Мне понра́вилась игра́ актёров, постано́вка, а ... декора́ции.
11. Здра́вствуйте, с пра́здником вас! — Спаси́бо, вас ...
12. Он мне не пи́шет давно́, я ... ему́ не пишу́.
13. Весь день брат ходи́л печа́льный. Мне ... бы́ло неве́село.
14. Мы не смо́жем э́тим занима́ться не то́лько сего́дня, но ... и за́втра, и послеза́втра.
15. Вре́мени бы́ло ма́ло, но я наде́ялся, что всё успе́ю сде́лать. Я наде́ялся ... что мне помо́гут.

УПРАЖНЕ́НИЯ НА МАТЕРИА́Л ВСЕГО́ УРО́КА

11.   Conversation Topic

Discuss a tea party you are going to have with your classmates (it would be nice if you could really arrange it). Decide who will bring what (cookies, candy, pastry, white bread (бу́лка), preserves, caviar, perhaps some snacks from Lesson 3) and who will wear what. Everyone is allowed to bring one friend, provided you can describe his/her appearance and personality. Have fun.

12. Conversation Topic

Describe to each other the appearances and personalities of your cousins or uncles or aunts or professors or roommates. Use words and expressions from the text and also from Section 1.6 of Analysis, Lesson 8.

13. Conversation Topic

Everyone brings to class a photograph or, preferably, an album. Have an intelligent discussion of the pictures; use expressions like А кто э́то в за́днем ряду́ второ́й спра́ва? etc.

УРОК 8

ТЕКСТ.   ВЫ́ПИВКА В ВАГО́НЕ

Жа́нна е́дет в Москву́, и Ко́ля реша́ет пое́хать с
ней за компа́нию.   Что́бы не́ было неприя́тностей в
университе́те, он сходи́л к знако́мому врачу́ и получи́л
бюллете́нь[1] на пять дней.   Пря́мо из поликли́ники он
напра́вился на вокза́л, где, отстоя́в полтора́ часа́ в
о́череди, он купи́л биле́ты себе́ и Жа́нне на ско́рый
по́езд в жёсткий купе́йный ваго́н.[2]   По́езд отправля́лся
в 23 часа́ 55 мину́т от девя́той платфо́рмы (ле́вая
сторона́)[3], и прибыва́л в Москву́ на сле́дующее у́тро.

В день отъе́зда Ко́ля и Жа́нна встре́тились на
вокза́ле в за́ле ожида́ния.[4]   У Жа́нны, кро́ме её обы́чной
су́мочки,   был небольшо́й чемода́н и су́мка на дли́нном
ремне́ че́рез плечо́.   Ко́ля путеше́ствовал налегке́, с
одни́м портфе́лем.   До отхо́да по́езда остава́лось всего́
пять мину́т, и они́ поспеши́ли к своему́ ваго́ну.   Про-
водни́к прове́рил их биле́ты и пропусти́л их внутрь.
Найдя́ своё купе́, они́ обнару́жили, что их бу́дущие
попу́тчики бы́ли уже́ там.   Они́ удо́бно расположи́лись
у окна́, разложи́в на сто́лике ма́ссу свёртков, паке́тов
и кулько́в с едо́й.   Ко́ля с Жа́нной вошли́, поздоро́вались,
сня́ли пальто́.   Ко́ля по́днял чемода́н Жа́нны наве́рх, на
бага́жную по́лку.   Прошло́ ещё полмину́ты, и по́езд пла́вно
тро́нулся с ме́ста.

Оди́н из попу́тчиков, пожило́й лысова́тый[5] челове́к
в очка́х, кото́рый уже́ давно́ и́скоса погля́дывал на
молоды́х люде́й, наконе́ц не вы́держал и заговори́л:

Лысова́тый: Ну что ж, дава́йте знако́миться.   Евге́ний
    Миха́йлович.

Ко́ля: Ко́ля.

Жа́нна: Жа́нна.

Четвёртый пассажи́р был в э́тот моме́нт за́нят
открыва́нием ба́нки шпрот.   Лишь спра́вившись с ба́нкой,
он по́днял го́лову, улыбну́лся, обнажи́в дли́нный ряд
золоты́х зубо́в, и сказа́л:

Четвёртый: Семён.

Семёну бы́ло лет со́рок.   С пе́рвого взгля́да ви́дно
бы́ло что он большо́й люби́тель пое́сть и вы́пить:[6]   на
лице́ у него́ масси́вно выделя́лся синева́тый с кра́сными
прожи́лками нос, а из-под пиджака́ выпира́л ую́тный
кру́глый живо́тик.   Похо́же бы́ло, что бо́льшая часть еды́
на столе́ появи́лась из его́ аво́ськи.   Евге́ний Миха́й-
лович, ме́жду тем, потяну́лся к своему́ пальто́, висе́вшему

на крючке́ у две́ри, и доста́л из вну́треннего карма́на непоча́тую поллитру.[7]

Два часа́ спустя́ э́та поллитра и ещё одна́ из друго́го карма́на уже́ опусте́ли. На столе́ тепе́рь стоя́ла после́дняя ма́ленькая.

Семён: (*снима́я с ма́ленькой про́бку*) Ну что, по после́дней?

Евге́ний Миха́йлович: (*зева́я*) Да, разлива́й, Се́ня, а то[8] за́втра ра́но встава́ть. Когда́ прибыва́ем?

Семён: В во́семь утра́. Ничего́ Миха́лыч, за́втра кое-ка́к,[9] а послеза́втра выходно́й, отоспи́шься.

Коля: (*заме́тно пья́ный, с глу́пой улы́бкой*) У меня́ есть тост.

С. (*поднима́я стака́н*) Дава́й, Ко́ля, валя́й.[10]

К. За мир и дру́жбу ме́жду Сове́тским и Америка́нским наро́дами.

Е.М. (*неодобри́тельно*) Всего́ два стака́на и вы́пил, а уже́ лы́ка не вя́жет.[11]

С. В моё вре́мя джентельме́ны пи́ли за здоро́вье прекра́сных дам и за не́жные чу́вства. Жа́нночка, бро́сьте вы э́того пацана́, и пойдёмте лу́чше за́втра со мной в "Ара́гви".[12]

Ж. Дава́йте вы́пьем за прия́тное знако́мство, и чтоб за́втра голова́ не боле́ла.

Е.М. Вот, хорошо́ сказа́ла. Твоё здоро́вье, Жа́нночка.

Ж. За ва́ше здоро́вье.

Семён одни́м ма́хом опроки́дывает стака́н. Евге́ний Миха́йлович выпива́ет свой ме́дленно, ма́ленькими аккура́тными глотка́ми. Жа́нна пригу́бливает и ста́вит стака́н обра́тно на стол. Ко́ля подража́ет Семёну, но у него́ не выхо́дит, он начина́ет ка́шлять, и вы́нужден запи́ть[13] свою́ во́дку лимона́дом.[14] Семён подаёт ему́ солёный огуре́ц на куске́ хле́ба.

С. Эх, ты, паца́н, пить не уме́ешь. На, зае́шь.

На сле́дующее у́тро у всех кро́ме Жа́нны похме́лье и голова́ боли́т. В буфе́те на Ленингра́дском вокза́ле в Москве́ Семён и Евге́ний Миха́йлович опохмеля́ются пи́вом.[15] Ко́ля и Жа́нна стано́вятся в о́чередь на такси́.

КОММЕНТА́РИИ

1. В сове́тских ВУ́Зах посеща́емость стро́го обяза́тельная
   (см. Уро́к 3, Коммента́рий 6). Так как студе́нт не
   мо́жет сам вы́брать свою́ програ́мму, ему́ ча́сто слу-
   ча́ется слу́шать ку́рсы, кото́рые ему́ не о́чень инте-
   ре́сны. Есте́ственно возника́ет собла́зн пропуска́ть
   заня́тия. Что́бы не́ было неприя́тностей, о́чень
   поле́зно в таки́х слу́чаях получи́ть спра́вку из
   поликли́ники о том, что вы больны́. Таку́ю спра́вку
   мо́жет дать врач в поликли́нике того́ райо́на где вы
   живёте. Да́же е́сли у вас нет знако́мого врача́,
   кото́рый дал бы вам спра́вку про́сто по дру́жбе,
   получи́ть её не о́чень тру́дно. Пе́ред тем, как вам
   войти́ к врачу́ в кабине́т, медсестра́ вас попро́сит
   поме́рить температу́ру. На́до взять гра́дусник, пойти́
   в туале́т и приложи́ть гра́дусник к радиа́тору, пока́
   температу́ра на нём не подни́мется до 37,2 — 37,3
   Це́льсия. Пото́м у врача́ на́до пожа́ловаться на
   головну́ю боль, на́сморк и ка́шель. Спра́вка о
   боле́зни на три-четы́ре дня вам обеспе́чена.

2. Пассажи́рские поезда́ в Сове́тском Сою́зе де́лятся на
   при́городные поезда́ и поезда́ да́льнего сле́дования.

   Поезда́ да́льнего сле́дования в СССР быва́ют трёх
   ви́дов: пассажи́рские, ско́рые и курье́рские. Пасса-
   жи́рские поезда́ са́мые ме́дленные: они́ остана́вли-
   ваются на всех, да́же са́мых ма́леньких, ста́нциях.
   Ско́рые поезда́ хо́дят быстре́е и остана́вливаются
   ре́же. Курье́рские поезда́ и́ли экспре́ссы хо́дят
   то́лько ме́жду са́мыми больши́ми города́ми, а та́кже
   за грани́цу. Обы́чно поезда́ не име́ют назва́ний, а
   то́лько номера́, наприме́р: ско́рый по́езд но́мер 37
   Москва́ — Севасто́поль. Одна́ко экспре́сс Москва́ —
   Ленингра́д име́ет имя: "Кра́сная Стрела́".

   Ваго́ны в поезда́х да́льнего сле́дования быва́ют
   сидя́чие и спа́льные. Сидя́чие ваго́ны в поезда́х
   да́льнего сле́дования появи́лись сравни́тельно неда́вно;
   их мо́жно ви́деть то́лько на са́мых ва́жных маршру́тах,
   наприме́р Москва́ — Ленингра́д, где поезда́ хо́дят о́чень
   бы́стро. Основна́я ма́сса поездо́в да́льнего сле́до-
   вания соста́влена из спа́льных ваго́нов, кото́рые
   де́лятся на 5 (!) кла́ссов по цене́ и комфо́рту.
   Са́мый дешёвый класс — жёсткий, и́ли о́бщий, в нём
   мо́жно спать то́лько си́дя и́ли забра́вшись на втору́ю
   по́лку (иногда́ забира́ются и на тре́тью, бага́жную
   по́лку и там спят). Что́бы гаранти́ровать себе́
   лежа́чее ме́сто на второ́й по́лке на́до дополни́тельно
   к биле́ту купи́ть так называ́емую плац-ка́рту.
   Сле́дующий по сто́имости класс ваго́нов называ́ется

плацка́ртный. В тако́м ваго́не пассажи́ров не бо́льше, чем по́лок, и у ка́ждого на биле́те ука́зан но́мер его́ по́лки (в жёстком ваго́не номера́ мест на биле́тах не ука́заны, и пассажи́ров мо́жет быть ско́лько уго́дно). *Купе́йные* ваго́ны разделены́ на купе́, в ка́ждом из кото́рых мо́гут е́хать четы́ре пассажи́ра. Купе́ отделены́ от коридо́ра непрозра́чной две́рью, что создаёт не́которое подо́бие ую́та. Купе́йные ваго́ны разделя́ются на два подви́да: *жёсткие купе́йные ваго́ны и мя́гкие купе́йные ваго́ны*. Они́ различа́ются то́лько тем, что в мя́гких ваго́нах дива́нчики там, где в жёстких ваго́нах—деревя́нные по́лки. Наконе́ц, в *междунаро́дных* ваго́нах всё так же, как в мя́гких купе́йных, но купе́ там на двои́х, а не на четверы́х.

3. В СССР нумеру́ют платфо́рмы, а не пути́. Там, где в Аме́рике написа́ли бы tracks 15-16, в СССР написа́ли бы: платфо́рма 8, ле́вая сторона́— пра́вая сторона́.

4. Зал ожида́ния— passenger waiting room
   Кро́ме того́ на любо́м вокза́ле, а та́кже на любо́й авто́бусной ста́нции или в аэропорту́, мо́жно найти́: буфе́т и рестора́н, газе́тный и апте́чный кио́ски, ка́меру хране́ния, медпу́нкт и отделе́ние мили́ции. Где́-нибудь на стене́ виси́т расписа́ние поездо́в (самолётов, авто́бусов); подро́бности мо́жно узна́ть в спра́вочном бюро́. В аэропо́ртах кро́ме всего́ э́того есть ещё ме́сто регистра́ции биле́тов и багажа́ (passenger and luggage check-in).

5. лыс-ова́т-ый = bald-ish Аналоги́чно:
   красн-ова́т-ый = red-dish
     сер-ова́т-ый = grey-ish
    тесн-ова́т-ый = kind of small, tight (said of a piece of
                         clothing or footwear)

Я глупова́т. Я, Бо́же, простова́т. (И. Бро́дский)

Су́ффикс *-ова́т-* присоединя́ется и к наре́чиям:

Здесь душн-ова́т-о.   It's kind of stuffy here.

Тру́дно предсказа́ть, когда́ мо́жно от да́нного прилага́тельного и́ли наре́чия образова́ть производ́ное с су́ффиксом *-ова́т-*, и когда́ нельзя́. Поэ́тому мы рекоменду́ем вам по́льзоваться то́лько те́ми произво́дными прилага́тельными и наре́чиями, кото́рые приво́дятся в э́том уро́ке.

6. He's always one for a good meal.

Ещё не́сколько приме́ров:

Семён— люби́тель попе́ть и потанцева́ть.

*Дима— большой любитель похвастаться и рассказать
о своих приключениях.*

Я— не любитель вмешиваться в чужие дела.

Вася был большой любитель армянского коньяка.

7. Водка продаётся в Советском Союзе в бутылках
объёмом в пол-литра (примерно one pint) и в
четверть-литра. От частого употребления сочетание
слов *пол-литра* (half a liter) превратилось в существительное женского рода: *достал поллитру, пришёл
с поллитрой, выпил две поллитры.* Поллитровую
бутылку водки называют также полбанки. По
аналогии с поллитрой, слово *полбанки*— женского
рода: *пришёл с полбанкой, выпил две полбанки.*

Четвертьлитровую бутылку называют *четвертинка*
или (нежно) *маленькая.*

8. Это предложение очень эллиптичное; в нём многое
подразумевается, благодаря союзу *а то.* Перевод
звучит примерно так:

Yeah, pour it all, Senya, it's time to finish the bottle
and go to sleep because we have to get up early. Ещё
примеры такого разговорного и эллиптичного употребления союза *а то:*

Надень плащ, а то дождь обещали.	They've predicted rain, so wear your raincoat.
Пойду в магазин, куплю маленькую, а то Петя скоро придёт.	I'm going to go to the store and get a little bottle of vodka, since Pete'll be here soon.

9. Завтра кое-как— ещё один пример разговорного
эллипсиса. Значит что-то вроде: завтра ты
кое-как справишься.

Обратите внимание, что Семён обращается к
Евгению Михайловичу просто по отчеству: Михалыч.
Такое обращение характерно для более простых
классов населения: люди образованные его не
употребляют.

10. Валяй— shoot (low colloquial).

11. Лыка не вяжет (идиома), употребляется только в
несовершенном виде и значит very drunk.

12. Пацан— kid, youngster (slightly derogatory).
"Арагви"— дорогой ресторан в Москве.

13. запить— chase (e.g. vodka with soda)
заесть = закусить— follow (with food)

Сло́во *заку́ска* происхо́дит от глаго́ла *закуси́ть* и
фу́нкция заку́ски— сопровожда́ть выпива́ние во́дки.
Е́сли во́дка выпива́ется пе́ред обе́дом (счита́ется,
что пе́ред обе́дом о́чень поле́зно и прия́тно вы́пить
стака́нчик-друго́й во́дки для аппети́та), то заку́ска
приме́рно соотве́тствует францу́зскому поня́тию hors
d'ouevres. *Заку́ски* (мн.) зна́чит то́ же, что заку́ска
(См. Уро́к 10, Ана́лиз 3).

14. Лимона́д— э́то о́бщее назва́ние це́лого семе́йства
    сла́дких безалкого́льных (soft) напи́тков, со все-
    возмо́жными фрукто́выми и́ли я́годными при́вкусами.
    Так, кро́ме лимо́нного лимона́да (7-up), мо́жет быть
    и вишнёвый лимона́д (cherry soda), сли́вовый лимона́д
    (plum soda), гру́шевый лимона́д (pear soda), и т.д.

15. Похме́лье— hangover
    В Росси́и лу́чшим сре́дством от похме́лья счита́ется
    вы́пить немно́го спиртно́го: во́дки, вина́ и́ли пи́ва.
    Э́то называ́ется *опохмели́ться*. Коне́чно, всегда́
    есть опа́сность, что, нача́в опохмеля́ться, продол-
    жа́ешь пить весь день, на сле́дующий день просы-
    па́ешься с похме́льем, опя́ть начина́ешь опохмеля́ться
    и т.д. Э́то уже́ называ́ется *запо́й*. Поэ́тому мно́гие
    приде́рживаются му́дрого пра́вила: пей, но не
    опохмеля́йся.

ANALYSIS

1. Introduction: the verb быть

This lesson deals with problems associated with the verb *to be* in Russian: the use of есть (У Пе́ти краси́вый дом vs. У Пе́ти есть краси́вый дом); when to use short vs. long form adjectives (Он спосо́бен vs. Он спосо́бный); when to use the Instrumental vs. Nominative case (...был мои́м нача́льником vs....был мой нача́льник); and word order (Полко́вник был преда́телем vs. Преда́телем был полко́вник).

The key to the solution of these problems is an understanding of the meanings of the verb быть. This verb has four meanings, which can easily be identified by the same technique you learned in Lesson 7 for identifying the comment of a sentence, i.e., concoct an appropriate question (где? что? како́й? что у X?) to determine whether the *be*-sentence is, respectively, *locational, attributive, existential,* or *possessional.* In the examples below, note that the main sentence stress falls, as you would expect, on the comment.

    a) locational

Э́тот ста́рый дом был (стоя́л) *на углу́ у́лицы.*	That old house was *on the córner.*

    b) attributive

Дом на углу́ у́лицы был о́чень *ста́рый.*	The house on the corner was very *óld.*

    c) existential

На углу́ у́лицы был (стоя́л) о́чень ста́рый *дóм.*	There was a very old *hóuse* on the corner.

    d) possessional

У Пе́ти был о́чень ста́рый *дóм.*	Peter had a very old *hóuse.*

The names of these four basic meanings correspond to the comments of the sentences (italicized), and hence to questions that elicit them:

    a) Где был дом? — *На углу́ у́лицы.*   locational
    b) Како́й он был? — *Ста́рый.*   attributive
    c) Что там бы́ло? — *Дом.*   existential
    d) Что у него́ бы́ло? — *Дом.*   possessional

We shall now make a comparison of these sentence types.

First of all, let us dispose of the *locational* type; it causes the student no problem. The word order is much like English, with the locative phrase in final position. In the present tense есть *cannot* be used.

1.1 Attributive vs. Existential sentences

Now compare *attributive* and *existential*. One problem
here is word order. As you have already learned, the comment
usually comes last in Russian, and these two types are distinguished precisely by this difference in word order. (English
also uses a different word order for the two types, but the
order in existential sentences doesn't match up with the Russian.
English marks some existentials with *there*, and with indefinites
like *a*, *some*, but these things have no counterpart in Russian.)

A more serious problem for the student is when to use
есть. The answer, once you can distinguish the meanings of
the verb быть, is simple: use есть in existential sentences;
conversely, never use есть in attributive sentences.

Attributive (есть impossible):

Дом на углу́ у́лицы о́чень *ста́рый*.	The house on the corner is very *óld*.

Existential (use есть):

На углу́ у́лицы есть (стои́т) о́чень ста́рый *до́м*.	There's a very old *hóuse* on the corner.

(You will recall that existential sentences were discussed in Lesson 6, Analysis 6, where it was pointed out that
semi-auxiliary verbs could be substituted for есть, just like
стои́т for есть in the above example.)

Thus, the verb быть is peculiar because in the past
(and future) tense it does not distinguish these meanings -
был is used in all types, as in (a), (b), (c), and (d) above -
while in the present tense these types *are* distinguished.
Есть is used in existential (and certain possessional) sentences, but not in the other types. In short, есть means
*exist*ence (cf. Latin *est* 'is', German *ist* 'is', French *est*
'is', etc.)

Further examples of attributive vs. existential

Past tense (бы́ли)

Attributive:

Па́рки в на́шем го́роде бы́ли *хоро́шие*.	The parks in our town were góod.

Existential:

В на́шем го́роде бы́ли хоро́шие *па́рки*.	There were (some) good párks in our town.

Present tense (есть only existential)

Attributive:

Па́рки в на́шем го́роде
  хоро́шие. (есть impossible)
	The parks in our town are
	  go͡od.

Existential:

В на́шем го́роде есть
  хоро́шие *па́рки*.
	There are (some) good па́rks
	  in our town.

1.2 Possessional sentences

Comparing existential and possessional sentences, we can see that Russian treats possession as a kind of existence; instead of saying *Pete has a house*, a Russian says something like *In Pete's possession there is a house*:   У Пе́ти есть дом.

This particular example fits the above description of existential sentences in every detail: есть is used; sentence stress on дом shows that it is the comment and answers the question что?; the prepositional phrase comes at the beginning of the sentence. In all these respects, this example matches the previous examples of existential sentences:

У Пе́ти есть *до́м*.

На углу́ у́лицы есть о́чень ста́рый *до́м*.

В на́шем го́роде есть хоро́шие *па́рки*.

If an adjective is added to Pete's house, the example is even more parallel to the others:

У Пе́ти есть краси́вый *до́м*.   Pete has a nice house.

(Note where the sentence stress falls.)

This sentence still answers the question *What does Pete have?* Now suppose you already know that Pete has a house (topic) and want to know what kind of a house it is (comment). The answer will now be an *attributive* sentence, with sentence stress on the adjective and without есть:

Дом у Пе́ти *краси́вый*.
  (=Пе́тин дом краси́вый.)

This sentence is now parallel to the previous examples of *attributive* sentences:

Дом на углу́ у́лицы о́чень *ста́рый*.

Па́рки в на́шем го́роде *хоро́шие*.

Thus, possessional sentences constitute a cross-cutting classification with existential and attributive types: there are both existential-possessional and attributive-possessional sentences.

   The student's problem arises when the word order of the
two types is the same, i.e., when you have the quite permissible
sequence:

У Пе́ти *краси́вый* дом.

Why is it impossible to use есть in this sentence? - because
the sentence stress falls on the attributive adjective
краси́вый (comment), which shows that this sentence answers
the question како́й? and is therefore of the attributive
type (есть impossible), not of the existential type (use
есть).

   Thus, there are two ways of using y to say *Pete's house
is nice* or *Pete has a nice house* (attributive-possessional):

Дом у Пе́ти *краси́вый*.

У Пе́ти *краси́вый* дом.

(=Пе́тин дом *краси́вый*.)

But there is only one way to say *Pete has a nice house*:

У Пе́ти есть краси́вый *до́м*.

   The rule for the use of есть in possessional sentences
is the same as we have already stated: do not use есть in
attributive(-possessional) sentences; use it in existential
(-possessional) sentences.

   Russian speakers sometimes fail to use есть when you'd
expect them to, according to these rules, e.g.:

У Серёжи маши́на, а у меня́   Seryozha has a car, and I
   жена́.   have a wife.

В го́роде три кино́, клуб,   The city has three movie
   библиоте́ка, а они́ всё   theaters, a club, and a
   жа́луются, что им ску́чно.   library, and they're still
                                   complaining that they're
                                   bored.

However, Russian speakers never use есть in violation of
these rules, i.e., never in locational or attributive sentences.
The safe course for the student is to observe the rules when
speaking or writing.

   Before we leave the topic of possessional sentences,
there is a cautionary warning to make: do not equate Russian
possessional sentences with English *have*, because the y +
Genitive construction is used primarily with animate nouns. In
English you can say *Our town* (inanimate) *has a good museum*,
just like *Vanya* (animate) *has a good samovar*, whereas the two
corresponding Russian sentences have different prepositions:

У Ва́ни есть хоро́ший самова́р.   Vanya has a good samovar.

В на́шем го́роде есть хоро́ший   There is a good museum in
    музе́й. (NOT: У на́шего   our town. Our town has
    го́рода...)   a good museum.

Similarly,

В на́шем институ́те но́вая   Our institute has a new
    столо́вая. (NOT: У на́шего   cafeteria.
    институ́та...)

This is not to say that the у + Genitive construction is impossible with inanimates, but its use here is metaphorical,
e.g.,

У Москвы́ бога́тая исто́рия.   Moscow has a rich history.
(=Москва́ име́ет бога́тую
    исто́рию.)

1.3 Negation in *be*-sentences

        Our discussion of attributive and existential sentences
(whether possessional or not) may remind you of the use of нет
and не, which you learned in elementary Russian: нет negates
the existence of something, while не negates the attribute,
e.g.:

Existential, negated

У Пе́ти нет *до́ма*.   Pete doesn't have a (any)
                                            house.

Attributive, negated

У Пе́ти *некраси́вый* дом.   ⎫
=Дом у Пе́ти некраси́вый.   ⎬ Pete's house isn't nice.
=Пе́тин дом некраси́вый.   ⎭

Further examples:

У меня́ есть *брат*. — У меня́   I don't have a brother.
    нет *бра́та*.

У меня́ *симпати́чный* брат. —
    Брат у меня́ *несимпати́чный*. ⎫
    У меня́ *несимпати́чный* брат. ⎬ My brother isn't likeable.

Similarly:

В на́шем го́роде нет краси́вых   Our town has no nice parks.
    па́рков.

Па́рки в на́шем го́роде   The parks in our town
    некраси́вые.   aren't nice.

1.4 The partitive meaning of есть

        In the English translations of many of the есть

sentences in the preceding sections, the word *some* appears.
This partitive meaning is expressed in a variety of ways in
Russian, e.g. with the partitive Genitive in Да́йте мне *ча́ю*.
Partitive meaning shows up in existential sentences as well,
e.g.,

В на́шем го́роде есть хоро́шие *па́рки*.	There are (some) good *parks* in our town.

Not all of these sentences are translated with the English
'some', but the partitive meaning is there and is particularly
clear when the noun is plural or collective. Compare:

(a) У неё есть *седы́е во́лосы*.	She has (some) grey hair(s). Her hair is partially grey.
(b) У неё *седы́е* во́лосы. (=Во́лосы у неё *седы́е*.)	Her hair is grey. She has grey hair.

In the existential sentence (a), the whole noun phrase is the
focus and the existence of (some) grey hair(s) is posited. In
the attributive sentence (b), the adjective is the focus; it
is the full response to a question like Каки́е у неё во́лосы?
— Седы́е.

      In the following examples the existential (partitive)
member of the pair is listed first, the attributive second.

У неё есть *хоро́шие студе́нты*.	She has (some) good students. (Some aren't.)
У неё *хоро́шие* студе́нты.	Her students are good. (In her class, there are only good students.)
У Пе́ти есть *де́ньги в швейца́рском ба́нке*.	Peter has some money in a Swiss bank.
У Пе́ти де́ньги *в швейца́рском ба́нке*.	Peter has his money in a Swiss bank.
У Ната́ши есть *фальши́вые зу́бы*.	Natasha has false teeth.
У Ната́ши *фальши́вые* зу́бы.	Natasha has dentures.
У него́ есть *стари́нная ме́бель*.	He has some antique furniture.
У него́ *стари́нная* ме́бель.	He has (only) antique furniture.
У Па́вла Серге́евича есть *хоро́шая карто́шка (морко́вка, капу́ста)*.	Pavel Sergeevich has some good potatoes (carrots, cabbage).
У Па́вла Серге́евича *хоро́шая карто́шка*.	Pavel Sergeevich's potatoes are good.

There are cases where the meaning "partitive" cannot be rendered by English *some*, but emerges as the speaker's choosing to view the thing in question as one of a larger set of things rather than as a whole, isolated from other things.

У неё есть но́вое пла́тье.	She has a new dress (in her wardrobe, one of the pieces in a large set).
Смотри́! У неё но́вое пла́тье.	Look! She has a new dress on. Her dress is new.
У меня́ в ко́мнате есть стул, стол, крова́ть.	I have a chair, table, and bed in my room (among other things).
У меня́ в ко́мнате стул, стол, крова́ть.	There is a chair, table and bed in my room (that's the complete inventory).

The partitive meaning 'some, any' emerges explicitly with -нибу́дь in Russian.

У вас есть что́-нибудь в карма́не?	Do you have anything in your pocket? (Name some things.)
Что у вас в карма́не?	What do you have in your pocket? (List them all.)
У вас кто́-нибудь есть?	Is anybody at your place?
Кто у вас?	Who is at your place?

Finally, notice that there are subtle cases of attributive sentences that contain no attributive word or phrase in addition to the noun, but in which the contrast between asking about the existence of something vs. its characterization (attribute) is clear:

У вас *есть* дочь?	Do you have a daughter (any daughters)?
У вас *дочь*?	Do you have a daughter? (I know you have a child; is it male or female?)

1.5 Situations where есть is not used

There are several groups of nouns with which есть is not used, for one reason or another. These groups are: parts of the body, details of appearance, moods, personality characteristics, diseases. Note that with parts of the body the existence of the thing is usually taken for granted, and all we are interested in is a characterization, an attribute; besides, it would be difficult to give a partitive interpretation to these nouns, e.g., one is not likely to say *Some of his eyes are blue.* In other cases, like moods, the noun itself

seems to be an attribute and cannot be interpreted partitively;
it is unusual to say *She has some depression*. The same is
true of diseases, unless you want to imply that someone has
other diseases as well, e.g. У него есть мáния величия
'He has megalomania (among other things).' Some nouns, like
вид 'look' sound ridiculous without an attribute; they
require an adjective of some sort. Thus, you can say *He has
a tired look* but not *He has a look*.

    The next subsection profusely illustrates the groups of
nouns we have just discussed. Use this subsection as a source
of lexical material only; you can skip it and go back to it after
you have studied the Analysis of this lesson, with no loss of
continuity.

1.6 (a) Чáсти тéла, подрóбности óблика, внéшности

    У Мáши приятная внéшность. У неё кáрие глазá,
вьющиеся рýсые вóлосы, тóнкие брóви, и ямочки на
пýхлых щекáх. У неё покáтые плéчи, высóкая пышная
грудь, ýзкая тáлия, длинные стрóйные нóги. У неё
высóкий подъём и ýзкие лодыжки. У неё красивая
похóдка, и всегдá немнóго задýмчивый вид.

    У Тóли мýжественная внéшность. У негó густые
каштáновые вóлосы, высóкий лоб, открытый, спокóйный
взгляд, красиво очéрченные гýбы, нос с горбинкой,
густые брóви, голубые глазá. У негó ширóкие плéчи,
и крéпкая плóтная фигýра. К сожалéнию, у негó кривые
нóги, но затó у негó всегдá весёлый здорóвый вид.

    У Алёши устáлый, измýченный, раздражённый,
сердитый вид.

    (b) Настроéния, харáктер

У меня	плохóе/хорóшее	настроéние.
У Пéти		грусть, тоскá, депрéссия, меланхóлия, упáдок сил.
У Димы	открытый, общительный благорóдные, вéжливые, деликáтные спокóйный, устóйчивый	харáктер, манéры, темперáмент.
У Лéны, напрóтив,	скрытный и зáмкнутый рéзкие, грýбые и невоспитанные	харáктер, манéры.

Зато́ у не́ё	мя́гкое, не́жное, рани́мое, дове́рчивое широ́кая, ла́сковая	се́рдце душа́.
О́ля	о́чень спосо́бная.	
У не́ё	о́стрый, проница́тельный большо́й ре́дкие музыка́льные замеча́тельное	ум, тала́нт к матема́тике, спосо́бности, уме́ние слу́шать и понима́ть другу́ю сто́рону в спо́ре.
У её бра́та	тупо́й и нера́звитый	ум.
Зато́ у него́		страсть к еде́ и питью́,
	ре́дкий	тала́нт знако́миться с де́вушками.

(c) Боле́зни

У Ма́ши грипп / ангина / о́спа / скарлати́на / корь / ка́шель / на́сморк.

У Ма́шиного отца́ ту́чная фигу́ра, и и́з-за э́того одышка, а́стма и больно́е се́рдце.

Серёжа мно́го пьёт, и и́з-за э́того у него́ я́зва желу́дка, больна́я пе́чень и ка́мни в по́чках.

2. The use of long vs. short form adjectives

The rule that textbooks usually give for the use of long vs. short forms is based on two syntactic constructions: the attributive construction (adjective plus noun) and the predicative construction (*be* plus adjective).

Attributive: John is *a tall fellow;* We saw *a tall fellow; The tall fellow* walked over to the desk, etc.

Predicative: This fellow *is tall.*

The rule is simple and accurate: the short form can be used *only* in the predicative construction.

Он у́мный (NOT: умён) челове́к.

Он умён (OR: у́мный).

What the rule fails to tell you is how to choose between long and short in the predicative construction. (The problem, of course, does not arise if the adjective has only the long form. Such adjectives are, in fact, quite numerous, for example all adjectives in -ский, the majority of those in -ний, and many miscellaneous items.)

Before approaching our problem we introduce two other syntactic constructions which must be understood in order to use these forms: *detached modifiers* and *adjectival complements*.

Detached modifiers are a kind of parenthetical expression in which there is an adjective or participle modifying a noun in the main part of the sentence, e.g., John, *tired of this endless discussion on grammar*, left the room.

Adjectival complements are nouns, prepositional phrases, or infinitives which stand in a construction with an adjective, e.g.,

Он достóин   *награ́ды*.
    adj   noun

Он похóж   *на отца́*.
    adj   prep. phrase

Я óчень рáда *познакóмиться* с вáми.
    adj   infinitive

We are now ready to state the rule for the use of long vs. short form adjectives. It is a usage rule, rather than a strictly grammatical rule, as it describes the *speech* of educated Russians of the second half of this century:

> *In their speech, Russians tend*
> *to use the long form unless they*
> *have a very good reason to use*
> *the short form.*

The main reasons for using the short form are:

1. Syntactic reasons: If the adjective requires a complement, use a short form, unless the adjective is a detached modifier, in which case you must use the long form.

Преподавáтель был *довóлен* (NOT: довóльный) своéй студéнткой.

Преподавáтель, *довóльный* (NOT: довóлен) своéй студéнткой, постáвил ей пятёрку.

2. Semantic reasons: If the short form has a different meaning from the long form, then the appropriate form must be used to convey the intended meaning.

Ди́ма был смешóн.   Dima was (being) ridiculous.

Ди́ма был смешнóй.   Dima was funny.

These reasons, plus some additional points, are discussed in subsections 2.1 (syntactic), 2.2 (semantic), and 2.3 (miscellaneous).

2.1 Syntactic reasons: Adjectival complements with short forms

Below is a list of some common adjectives that require complements and are thus used predicatively in their short form:

бессилен что сделать/перед кем

Я был (оказался) бессилен что-либо изменить.	I was (turned out to be) powerless to change anything.
Перед этим сочетанием обстоятельств даже я был бессилен.	Before that combination of circumstances even I was powerless.

беспомощен перед кем

Человек беспомощен перед законами природы.	Man is helpless before the laws of nature.

благодарен кому за что

Я благодарен Шуре за это замечание.	I'm grateful to Sharon for this observation.

близок кому/к кому, чему/с кем

Этот человек мне близок.	This man is dear to me.
Этот человек близок к правительственным кругам (к Ротшильдам).	This man is close to government circles (to the Rothschilds).
Этот человек был близок с графиней Н.Н.	This man was on intimate terms with Countess N.N.

Note that the long form plural близкие functions as a noun meaning 'one's closest friends'. It often appears in the phrase родные и близкие 'relatives and friends'.

богат чем

Эта руда богата железом.	This ore is rich in iron.
История нашего народа богата подвигами и преступлениями.	The history of our nation is rich in heroic deeds and crimes.

виноват в чём перед кем

Я виноват перед Олей.	I did Olya wrong (Lit., I'm guilty before Olya).
Я виноват в том, что Оля несчастна.	It's my fault that Olya is unhappy.

At this point you may already have noticed that the Russian preposition перед often expresses a fairly abstract relation which is only remotely related to its spatial and temporal meanings (cf. бессилен перед, беспомощен перед, etc.). In particular, the whole area of guilt and sin is covered by this preposition:

Я грешен перед Богом и людьми.	I'm a sinner before God and humanity.
Мне стыдно перед соседями, что у меня сын такой хулиган.	I feel guilty before my neighbors about my son being such a bum.

готов что делать/на что/к чему

Мы готовы сражаться и умереть за родину.	We are prepared to fight and die for our country.
Мы готовы ехать на вокзал.	We're ready to go to the station.
Он был готов на всё.	He was ready to do anything.
Он был готов ко всему.	He was prepared for any eventuality.
Он готов на любые трудности, чтобы только увидеть вас.	He'll do anything to see you.
Он готов к любым трудностям.	He's prepared for any difficulty.
Поезд готов был тронуться.	The train was ready to move.
Мальчик готов был заплакать.	The boy was on the verge of tears.

(не)доволен чем

Дима был доволен собой, но все вокруг были им недовольны.	Dima was satisfied with himself, but everyone else was dissatisfied with him.
Он был недоволен едой в вагоне-ресторане.	He was dissatisfied with the food in the dining car.

(не)достоин чего

Он достоин наказания, а не награды.	He deserves punishment, not a medal.
Он недостоин и минуты вашего времени.	He's not worth a minute of your time.
Он (не)достоин того, чтобы с ним вежливо разговаривали.	He's (un)worthy of being spoken to politely.

(не)знаком с кем/кому

Я с ним незнаком.	I'm not acquainted with him.
=Он мне незнаком. (устаревшее)	

Он хорошо знаком с литературой по данному вопросу,
  но последние работы Венской
  школы ему незнакомы.

He's very well acquainted
  with the literature on the
  subject, but he doesn't
  know the later work of
  the Viennese school.

намерен что делать

Я твёрдо намерен ехать в
  мягком вагоне.

I fully intend to go first
  class.

Вася, твёрдо намеренный
  ехать в мягком вагоне,
  позвонил знакомому...

(intent on)

Вася, намереваясь...

(intending)

(не)похож на кого/что

Все острова похожи друг на
  друга. (И. Бродский)

All islands are alike.

Это очень похоже на него,
  что он решил ехать в
  купейном вагоне.

That's very like him to
  decide to go first class.

предан кому

Весь советский народ без-
  заветно предан делу партии,
  делу коммунизма.

The whole Soviet people is
  wholeheartedly devoted
  to the party and to
  Communism.

NB: Do not confuse предан кому
кем, past participle of предать

'devoted to' with предан
'betray'.

равен чему

Сумма этих двух чисел равна
  их произведению.

The sum of these two num-
  bers is equal to their
  product.

Человек равен сумме своих
  достоинств.

A person is equal to the
  sum of his virtues.

(не)равнодушен к кому/чему

Я равнодушен к славе и
  почестям.

I am indifferent to praise
  and honor.

Граф Н.Н. был неравнодушен к
  баронессе Ф.

Count N.N. was not at all
  indifferent to Baroness F.

рад сделать что/что...чему/за кого

Я рад буду вам помочь.

I'll be happy to help you.

Я рад вас видеть.

I'm glad to see you.

Я рад, что вы пришли.
Я рад вам (вашему приходу).

I'm glad you came.

Я рад его успехам.	I'm pleased by his success.
Я рад за него.	I'm happy for him.

согласен с кем что.../с чем/на что/делать что

Я согласен с ним.	I agree with him.
Я согласен с Петей в этом вопросе.	I agree with Pete on this point.
Я согласен с Димой, что курить вредно.	I agree with Dima that smoking is harmful.
Я согласна с этим заявлением.	I agree with this statement.
Я согласна на ваши условия.	I agree to (accept) your conditions.
Они были согласны на всё.	They accepted all the conditions. (The implication here is that the conditions were not good.)
Я согласна была помочь.	I agreed to help.

Here also belong adjectives with modal meaning, which we discussed in Lessons 2, 3, and 4: должен, вынужден, обязан, способен. They are used with infinitival complements and, therefore, in their short form.

2.2 At this stage of your language studies you already know that a word can rarely be identified with a specific unchangeable meaning. Rather, a word typically has a range, or gamut, or conglomerate of meanings, loosely related and easily grading into one another. A change of context, a slight shift in emphasis, a syntactic restructuring of the sentence may bring out a different shade of meaning, which often corresponds to a different translation into another language.

Quite often a change in the word's morphology affects the complex structure of meaning associated with the word. Thus, a noun may have one range of meaning in the singular and another in the plural (e.g. выбор 'choice' - выборы 'election'); a verb may have different meanings in its Perfective and Imperfective aspect (сдать - сдавать экзамен), etc. The same is true about long and short forms of adjectives. Here several situations may arise.

(1) The adjective (in a given meaning) cannot be used predicatively. An English example of this would be the word *certain*, as in *Our project ran into certain difficulties*; if you were to put *certain* in predicative position, it would have a different meaning, i.e. *I'm certain* (=I'm sure). Thus, the word *certain* in the meaning 'unspecified' cannot be used

predicatively. The same is true of its Russian counterpart
изве́стный: it is never used in its short (predicative) form
in this meaning.

Наш прое́кт натолкну́лся на *изве́стные* тру́дности.	Our project ran into *certain* (unspecified) difficulties.
Тру́дности, кото́рые у нас бы́ли с на́шим прое́ктом, хорошо́ *изве́стны.*	The difficulties we had with our project are *well known.*

(2) The adjective (in a given meaning) can be used predicatively, but only in its long form. This happens quite often
when the meaning is figurative or secondary. For example,
ужа́сный 'horrible' (in the sense 'lousy' rather than 'inspir-
ing horror') can be used predicatively, but only in the long
form; the short form has only the original meaning "внуша́-
ющий у́жас". Thus the long form ужа́сный has a wider range
of meaning than the short form ужа́сен.

Пое́здка была́ соверше́нно ужа́сная.	The trip was just horrible.
Ива́н Петро́вич был ужа́сен.	Ivan Petrovich had a horrifying look on his face.

(3) The long form has a meaning which the short form does not
have, and vice versa, for example смешно́й - смешо́н:

Ди́ма был смешо́н.	Dima was (being) ridiculous.
Ди́ма был смешно́й.	Dima was funny.

In cases like this, existing dictionaries are particularly
unhelpful, because they typically suggest that both смешо́н
and смешно́й have both the meaning 'ridiculous' and the
meaning 'funny'. In other words, dictionaries state that
there is just one word смешно́й/смешо́н with one range of
meaning, while, in fact, there are two words with two different
ranges of meaning. Existing dictionaries being what they are,
we provide a short list of adjective pairs similar to the
example above. Consider it as a kind of supplement to your
dictionary.

SHORT	LONG
здоро́в - healthy, not ill	*здоро́вый - healthy, strong* *здоро́вый* па́рень- a bruiser
Вы здоро́вы, и бюллете́ня я вам не дам. You're healthy, and I will not give you a sick leave.	Пе́тя тако́й здоро́вый, что мо́жет подня́ть 200 фу́нтов. Pete is so strong, he can lift two hundred pounds.

намéрен - intend

Я не намéрен вам помогáть.
I have no intention of helping
  you.

неравнодýшен к - partial to

Пéтя был неравнодýшен к
  Мáше.
Pete was partial to Masha.

плох - weak, ill

Больнóй совсéм плох.
The patient is very bad.

прав - right, correct

Вы прáвы, утверждáя, что
  земля́— крýглая.
You're correct in insisting
  that the earth is round.

счáстлив - happy

Ди́ма был счáстлив.
Dima was happy.

намéренный - intentional

Оскорблéние бы́ло я́вно
  намéренным.
The insult was obviously intentional.

(*неравнодýшный* is not used
  except in detached modifiers.)

плохóй - bad

Э́тот учéбник— плохóй.
This textbook is bad.

(*прáвый* is very rarely used in
  the predicative position. If
  so used, it means 'right-wing,
  conservative'.)

счастли́вый - lucky

Какóй ты счастли́вый, что у
  тебя́ дéнег мнóго.
How lucky you are to have a lot
  of money.

There are a number of short forms which usually carry
the meaning 'too, excessively':

мал

Э́тот пиджáк мне мал. =
Э́тот пиджáк сли́шком
  мáленький для меня́.

велик

Э́тот пиджáк мне вели́к. =
Э́тот пиджáк сли́шком
  большóй для меня́.

дли́нен

Э́тот пиджáк мне дли́нен. =
Э́тот пиджáк сли́шком
  дли́нный для меня́.

корóток

Э́тот пиджáк мне корóток.

широ́к

Э́тот пиджáк мне широ́к.

мáленький

Э́тот пиджáк мáленький.
This jacket is small (as compared to other jackets, rather
  than in reference to a person).

большóй

Э́тот пиджáк большóй.

дли́нный

Э́тот пиджáк дли́нный.

корóткий

Э́тот пиджáк корóткий.

широ́кий

Э́тот пиджáк широ́кий.

ýзок

Э́тот пиджа́к мне ýзок.

мо́лод

Ты мо́лод ещё меня́ учи́ть.=
Ты ещё сли́шком мо́лод
   что́бы меня́ учи́ть.
You're too young to tell me
   what to do.

ýзкий

Э́тот пиджа́к ýзкий.

молодо́й

Ты ещё молодо́й.
You're still young.

These short forms are synonymous with the word сли́шком
plus long form: вели́к = сли́шком большо́й, широ́к =
сли́шком широ́кий, etc. The short forms are typically used
with a complement, indicating *(too big) for whom*, or *(too
young) for what.*

The word сли́шком, if used with the short form, feels
tautological and is better avoided. Note that all the adjectives above refer to spatial dimensions; they are most often
used in reference to clothes and footwear; they require a
complement in the Dative.

Adjectives denoting age exhibit a similar contrast
between their long and short forms, e.g. мо́лод = сли́шком
молодо́й (to do something). This time the word сли́шком
can be tautologically used with the short form. In colloquial
speech the infinitival complement is introduced without
что́бы; in fact, in colloquial speech you can find the long
form used in the meaning of the short form. We recommend using
the short form with or without сли́шком, and infinitive with
что́бы:

Ты ещё молодо́й меня́ учи́ть
   (colloquial usage)=

Ты ещё (сли́шком) мо́лод, что́бы
   меня́ учи́ть (recommended usage)

You're too young to tell
me what to do (how to
do things).

Similarly:

Ты уже́ ста́рый путеше́ствовать
   (colloquial)=

Ты уже́ (сли́шком) стар, что́бы
   путеше́ствовать (recommended)

You're too old to travel.

With regard to the word сли́шком 'too', and also
доста́точно 'enough', it should be mentioned that they can
be used with either long or short forms; in either case they
can be used with an infinitive complement introduced (we
recommend) by что́бы, or with a что́бы clause (see Lesson 10,
Analysis 2.1). The construction сли́шком/доста́точно + long
form adjective + infinitive complement/что́бы clause is thus
an exception to the rule that only short forms have complements:

Ната́ша сли́шком *богáта/ богáтая*, чтобы е́здить в жёстком ваго́не.	Natasha is too rich to travel fourth class.
Она́ доста́точно *богáта/ богáтая*, чтобы е́здить в мя́гком ваго́не.	She's rich enough to travel second class.

At this point we should point out that whenever in this section we say "a long form", we should have said, "a long form, except in detached modifiers". Long forms in detached modifiers are really short forms which got in a syntactic position where adjectival endings are required.

When the short form and the (predicatively used) long form differ in meaning, the long form in a detached modifier may have the meaning of either:

Э́тот челове́к, тако́й *смешно́й* и обая́тельный в семье́, ча́сто быва́ет груб с подчинёнными.	This man, so *funny* and charming in his family, was often rude to his subordinates.
Э́тот челове́к, *смешно́й* и жа́лкий в глаза́х све́та, был вели́ким поэ́том.	This man, *ridiculous* and pitiful in the eyes of the high society, was a great poet.

2.3 Miscellaneous

In timelessly true statements about unique or generic objects (such statements can only be made in the present tense), use the short form:

Простра́нство бесконе́чно. (NOT: бесконе́чное)	Cosmic space is infinite.
Челове́к сме́ртен. (NOT: сме́ртный)	Man is mortal.

There is a way of escaping the short vs. long form problem in predicative position: find a suitable noun and stick the adjective in front of it - this will give you an attributive construction, where the familiar "long form only" rule applies. In other words, instead of saying Она́ умна́ (sounds bookish) or Она́ у́мная (sounds a bit better), say Она́ у́мная же́нщина or Она́ у́мная де́вушка or Кака́я она́ у́мная, etc.

Further examples:

Пе́тя— краси́вый па́рень.	Pete's handsome.
Шу́ра замеча́тельная де́вушка.	Shura is wonderful.

Or use э́то + Adj. + Noun instead of Noun + Adj. Instead of Э́та пе́сня знако́мая, say:

Это о́чень знако́мая пе́сня.   That song is very familiar.

This escape mechanism will not make your Russian sound peculiar - Russians themselves often use this alternative expression.

2.4 Summary

1.   In the attributive position, use the long form.

2.   In the detached modifier position, use the long form (but remember that if the long and the short form have different meanings, the long form in a detached modifier may have the meaning of the short form).

3.   In the predicative position, use the short form if
   a) the adjective has complements, or
   b) the intended meaning can only be expressed by the short form.
   Otherwise, use the long form.

We would like to stress that this "otherwise" covers dozens upon dozens of adjectives: у́мный, краси́вый, кру́глый, гря́зный, etc. We would also like to repeat that this is a usage rule, rather than a grammar rule, and the usage is slightly different for speaking and for writing. We have formulated the rule for speaking; in writing, especially of the 19th century, the short form is used more often.

3.   Nominative vs. Instrumental in *be*-sentences

At first glance, *be*-sentences with two nouns seem utterly simple; the recipe for making them is: put two nouns side by side in the Nominative, and you have a sentence. Thus, Ва́ня до́ктор.

However, there are four problems associated with such sentences.

(1)   How do you know when to use the Nominative vs. the Instrumental case for one of the nouns (or adjective)?

Ва́ня до́ктор
vs. Ва́ня был до́ктором.

(2)   How do you know which of the two nouns to put in the Instrumental case when Instrumental is required?

Её пе́рвой реа́кцией бы́ло разочарова́ние.
(Why is реа́кция rather than разочарова́ние in the Instrumental?)

(3)   If both nouns are Nominative, how do you know which one is the subject? You need to know in order to make the verb agree with the subject.

Кабине́т (subject) *был* больша́я ко́мната.
vs. Кабине́т *была́* больша́я ко́мната (subject).

(4) How do you know which noun comes first in the sentence?
You already know the answer to this one: topic first, comment
last. However, we shall give further illustrations of this
topic/comment rule as it applies to sentences of this type.

3.1 Nominative vs. Instrumental with various tense forms

The problems enumerated above have to do mostly with the
past tense (and, to a lesser degree, the future). With the
other tense forms, the tense form itself mainly determines the
choice of Nominative vs. Instrumental.

Present tense → Nominative

If there is no verb in the sentence, then only Nominative
is used.

Пе́тя— по́вар.

Пе́тя— здоровя́к.

Пе́тя— до́брый.

Only a few nouns appear in the Instrumental in such sentences:
причи́на 'reason', вина́ 'blame, reason for something bad', and
some others. Do not imitate this usage; you can always use
явля́ться in the present tense.

За́суха— причи́ной тому́, что в го́роде нет кукуру́зы.	Drought is the reason there is no corn in the city.
Всему́ вино́й неуме́лое руково́дство животново́дством.	Incompetent animal husbandry is to blame.

The present tense forms of быть (есть and суть) can
be used in this construction, but they appear only in official
and scholarly texts. The Nominative case is used exclusively:

Оконча́ния роди́тельного падежа́ суть -*а* и -*и*.	The endings of the Genitive are -*a* and -*y*.
Коммуни́зм есть сове́тская власть плюс электрифика́ция всей страны́. (Ле́нин)	Communism is the Soviet government plus electrification of the entire country.

Other forms → Instrumental

After the infinitive, imperative, verbal adverbs or
participles, the Instrumental is used predominantly:

Если хо́чешь быть счастли́вым, будь им. (Козьма́ Прутко́в)	If you want to be happy, be it.
Если хо́чешь быть краси́вым, поступи́ в гуса́ры. (он же)	If you want to be handsome, join the hussars.

Бу́дучи наблюда́тельным человéком, Н. срáзу замéтил, что у Вáси тяжелó на душé.	Being an observant person, N. noticed immediately that Vasya's heart was heavy.
Н.Н., бы́вший тогдá у нас полковы́м командиром, приказáл наказáть Т.Т.	N.N., who was at the time our regiment commander, gave orders to punish T.T.

3.2 Which case, Nominative or Instrumental, is used in the past tense?

The general rule is to use the Instrumental in the past (and future) unless there is a special context that requires the Nominative. Instrumental is much more frequently used, especially in modern Russin (as against nineteenth century Russian).

The three most important contexts in which the Nominative is used are:

(1) with strong characterizations,

(2) after э́то, and

(3) with displaced tense.

3.2.1 The Nominative is used with strong characterizations, i.e. with nouns which have an evaluative meaning (like добря́к, негодя́й, etc.) or which in the given context are used with such a meaning (like *diplomat* 'a tactful person' rather than *diplomat* 'a member of the diplomatic corps'.)

Пéтя был настоя́щий дипломáт.

Compare:

Пéтя был дипломáтом во врéмя войны́.

Although these characterizations have noun *forms* after "be", they are rather adjectival or attributive in *meaning*, i.e. *Pete was a real diplomat* (noun) means something like *Pete was really diplomatic* (adj.).

Ди́ма был прирождённый экспериментáтор.	Dima was a born experimenter.
Ивáн Сергéевич был трус и негодя́й каки́х мáло.	Ivan Sergeevich was a coward and a scoundrel of the worst sort.

As the above examples show, nouns can be made to exhibit strong characterization by including an adjective like настоя́щий or прирождённый. Compare:

Он был хорóшим учи́телем.	He was a good teacher.
vs. Он был настоя́щий учи́тель!	He was a real teacher!

This use of the Nominative for strong characterizations, by the way, carries over to verbs which almost always take the Instrumental, e.g. стáть and оказáться.

Какóй ты стал (оказáлся)   What a scoundrel you've
   негодя́й!   become (turned out to be)!

OR: Каки́м ты стал
   (оказáлся) *негодя́ем*!

3.2.2 Э́то

Before we explain verb agreement in sentences which start with Э́то, it is necessary to say a few words about pronouns in general. Some pronouns, like *he, him, she, it,* are substitutes for specific words in a preceding sentence; others, like *that,* may refer back to whole situations or groups of words.

Compare:

(a) My boss just went to Europe. *He* ("boss") is going there on a business trip.

(b) Who's that guy standing by the window? -*That* (the "guy standing by the window") is my boss. *He* ("boss") is going to Europe tomorrow on a business trip.

Sometimes it doesn't make too much difference whether you use the generalized *that* or the specific *he*; it is possible to use *he* instead of *that* in sentence (b), but it sounds a bit strange. Usually, in response to a question, you start with the generalized *that* and continue with specific pronouns as in (b).

Russian is like English in this respect:

(a') Мой начáльник тóлько что поéхал в Еврóпу. *Он* поéхал тудá по делáм.

(b') Кто э́тот пáрень (, что) стóйт у окнá? — *Э́то* мой начáльник. *Он* зáвтра éдет по делáм в Еврóпу.

In another respect, however, Russian differs from English. The word *that* seems to be the subject of the English sentence in (b), but the generalized Э́ТО (uninflected!) is *not* the subject of the Russian sentence, as can be seen in the past tense version of (b'):

(c) Кто э́тот человéк, с котóрым мы встрéтились вчерá в гостя́х? — Э́то *был* мой начáльник.

If Э́ТО were the subject of this sentence, был would be neuter, but был agrees with начáльник, the real subject of the sentence.

Here is another example where, by the same reasoning, Э́ТО cannot be the subject:

(d) Какóй шум!

   — Э́то *пролетéл* самолёт.   That was an airplane flying
                                   by.

Similarly,

(e) Вошли́ два солдáта.   Two soldiers entered. These
     Э́то *бы́ли* не парижáне. weren't Parisians -
     Те вéселы и жизне-   they're gay and cheerful,
     рáдостны— а э́ти нé-   but these two were a touch
     сколько хму́ры.   sullen.

(f) Пéтя развернýл газéту. Pete opened the newspaper.
     Э́то *былá* Ленингрáдская It was the Leningrad
     Прáвда.   Pravda.

These last two examples show that Russian goes somewhat
further than English in using the generalized pronoun. In (e),
we could probably use *they* just as well as *these*, and in (f),
we would certainly say *it* rather than *that*.

What do all these Э́ТО sentences have in common? All of
them serve merely to *identify* something, not to say anything
about that thing. Sentences (b) and (c) identify the boss,
(d) the origin of the noise, (e) the city of origin of the
two soldiers, and (f) the name of the newspaper. All that
Э́ТО does in these sentences is to say "The topic of this
sentence is the situation we've just been talking about or
looking at," but it is *not* the grammatical subject of the
sentence. The grammatical subject is the thing you are naming -
the Nominative. (That's why the Nominative is called Nominative - it's for naming things. Cf. Latin *nomen* 'name'.)

We are now ready to state the rule for verb agreement in
such identificational sentences:

1. In identificational sentences, use the uninflected generalized Э́ТО, not a pronoun which substitutes for a specific
noun (not он, онá, э́тот, э́ти, etc.).

2. Make the verb agree with the following noun, not with Э́ТО.

Further examples:

С кем ты поздорóвался?   Who'd you say hello to?

— Э́то *былá* моя сосéдка.   -That was my neighbor.

На столé лежáла раскры́тая An open book was lying on
   кни́га.   the table.

— Э́то *был* учéбник фи́зики. -It was a physics text.

Кто приходи́л?   Who was that?

— Э́то *бы́ли* мои́ друзья́.   -Those were my friends.

Кто была́ э́та же́нщина, с   Who was that woman we met
   кото́рой мы познако́мились   last night?
   вчера́ ве́чером?

— Э́то *была́* моя́ жена́.   —That was my wife.

    You will sometimes see an Instrumental in быть sentences beginning with э́то, but the Nominative is always possible:

Кто́-то залеза́л на кры́шу?   Did somebody climb up on
                            the roof?

— Да, э́то *был* Серёжа. Э́то   —Yes, that was Seryozha.
   бы́ло ещё одни́м доказа́тель-   That was yet another proof
   ством (OR: ещё одно́ доказа́-   of his madness.
   тельство) его́ безу́мия.

Илья́ Ильи́ч лежа́л на дива́не.   Ilya Ilyich lay on the
Э́то *бы́ло* его́ постоя́нной   couch. That was his
привы́чкой (OR: Э́то *была́*   habitual state.
его́ постоянная привычка).

3.2.3 The Nominative is used with *displaced tense*, i.e., when the past tense verb form refers not to the noun itself, but to some situation outside the *be*-sentence.

    For example, take the illustration used above with э́то:

Кто была́ э́та же́нщина, с кото́рой мы познако́мились вчера́
   ве́чером? — Э́та же́нщина *была́ моя́ жена́.*

    In this sentence, the past tense refers to the context of meeting someone last night, not to whether the woman *is* or *was* my wife. Indeed, the sentence implies that she still *is* my wife (present), so that it is not surprising that the Nominative is used, the Nominative being obligatory with the present tense (Она́— моя́ жена́.) If the Instrumental were used in this context, it would have the implication that she no longer is my wife. (Э́та же́нщина была́ мое́й жено́й. 'That woman used to be my wife.') Thus, the Nominative is associated not only with the present tense *form* of the verb, but also with present *meaning*, no matter what the form of the verb.

    Here is another situation in which the past tense is displaced:

       Someone has asked you to find a paragraph in a book. After much searching, you find the paragraph, but it is in a footnote rather than in the main body of the book. Your friend asks: "Did you find the paragraph?" You answer, "Yeah. *It's* a footnote."

In this situation you could just as well answer, "Yeah. *It was* a footnote...," using a *past* tense verb form, despite the fact that the footnote still *is* a footnote. It was, is, and

ever shall be a footnote. In a sense, the pastness of *was*
refers not to the footnote, but to your having looked through
the book. The past tense is, so to speak, displaced. The
Russian version of this sentence therefore has a Nominative
form:

Э́то была́ *сно́ска,* а не абза́ц в те́ксте.

     Finally, in the following example the past tense refers
not to his being half Turkish (we presume that he hasn't
changed his parentage), but to the time when I studied with
him (тогда́шний); the tense is displaced, therefore the
Nominative is used.

Мой тогда́шний профе́ссор ру́сского языка́ был
   наполови́ну *ту́рок.*

Two more examples with displaced tense:

По́езд, на кото́ром прие́хал Ви́тя, был междунаро́дный *экспре́сс.*	The train on which Vitya arrived was an international express.
У нас под окно́м росло́ де́рево. Э́то де́рево бы́ло *клён.*	Under our window a tree grew. It was a maple.

     In all of these examples of был + Nominative, there
is an air of permanence - once a Turk, always a Turk; she
was and is my wife; a footnote is unchangingly a footnote;
he was, is, and always will be an incorrigible fool, etc.
These are the less usual contexts for past tense forms;
usually, you employ the past tense to mean that something
used to be the case, but is no longer (or you don't care
whether it is any more or not). That is why the Instrumental
is so closely associated with past tense and is so much more
frequent than the Nominative.

     Here are some examples of the Instrumental. As you
read them, note the implication of impermanence or change
that they carry. Though not all Russian speakers agree on
when to use the Instrumental, almost all would always use
it in sentences containing time expressions which specify
such a change in condition, as in the first few examples
given below.

Серёжа был тогда́ *врачо́м* в райо́нной поликли́нике.	At that time Seryozha was a doctor in a regional polyclinic.
В 19.. году́ Н.Н. была́ моло́денькой то́ненькой *де́вушкой* с больши́ми глаза́ми. Деся́тью года́ми по́зже она́ была́ уже́ ва́жной *матро́ной* с пы́шным бю́стом и необъя́тной та́лией.	In 19.., N.N. was a thin young girl with big radiant eyes. Ten years later she was already an imposing matron with an ample bust and huge waist.

До ремо́нта зал ожида́ния был небольши́м грязнова́тым *помеще́нием*.	Until the renovation, the waiting area was a small, dirtyish place.
Так называ́емый аэропо́рт был про́сто ма́леньким *до́миком* посреди́ широ́кой поля́ны, на кото́рой приземля́лись и с кото́рой взлета́ли самолёты.	The so-called airport was really a little building in the middle of a large clearing where the planes landed and took off.

3.3 Which of the two nouns is put in the Instrumental?

In order to answer this question, weigh the two nouns on a scale of contextual bonding. Whichever noun is more closely bound to the specific context or the time of the particular situation, should be put in the Instrumental. Modifiers will often help you make this decision. For example, in the sentence *Her first reaction was disappointment*, the modifiers *her* and *first* show that the noun *reaction* is more closely bound to the situation, while *disappointment* is a more abstract and general notion which is being connected to the verb by this specific, context-bound instance. Thus,

Её пе́рвой *реа́кцией* (NOT: реа́кция) бы́ло разочарова́ние.

In the sentence *Socrates was a philosopher*, the time of his being a *philosopher* is contextually bound to his maturity, while the proper name *Socrates* is the more permanent term - presumably Socrates was Socrates throughout his whole life. Thus,

Сокра́т был *фило́софом*.

In general, when one of the nouns is a proper name, it is the other noun that gets the Instrumental:

Мы зна́ли челове́ка, кото́рый мог реши́ть э́ту зада́чу. Э́тим *челове́ком* был профе́ссор Джо́унз.	We knew a person who could solve this problem. That person was Professor Jones.

3.4 With which of the two nouns does the verb agree?

If one of the two nouns is in the Instrumental, according to the rules given in 3.1, 3.2, and 3.3, then you have no problem: the other noun is in the Nominative, hence the subject, and hence the verb agrees with it.

Её пе́рвой реа́кцией *бы́ло разочарова́ние*.

If the sentence begins with the generalized э́то, the verb agrees with the following noun, not with э́то (see examples in 3.2).

If there are two nouns in the Nominative, you have a problem, one of the nastiest in Russian syntax. Grammarians

disagree on it. Native speakers' intuition breaks down on it.
We're uncertain about it. So let's drop the question. Anyway,
the problem doesn't arise very often, and when it does come up,
say either Это дéрево бы́ло клён or Это дéрево был
клён, and nobody will notice the difference.

3.5 Which of the two nouns comes first in the sentence?

No new rules, other than the familiar one: topic first,
comment last. The only important thing to remember is that
the Instrumental, which is clearly not the subject, may come
first:

Её пéрвой реáкцией бы́ло разочаровáние.

Мои́м люби́мым предмéтом былá математика.

Предáтелем был полкóвник.

УПРАЖНЕ́НИЯ К ТЕ́КСТУ

1. Conversation Exercise (Comment 5)

   А. (обраща́ясь к студе́нту Б) Како́е у тебя́
       кра́сное лицо́!

   В. (то́же обраща́ясь к Б) Действи́тельно, како́й-
       то ты сего́дня *краснова́тый.*

   Б. У меня́ в э́то вре́мя го́да всегда́ немно́го
       красне́ет лицо́.

кра́сное лицо́	red face
бле́дные щёки	pale cheeks
си́ний нос	blue nose
зелёный лоб	green forehead
жёлтые у́ши	yellow ears
голубы́е глаза́	blue eyes
ску́чное выраже́ние лица́	boring expression on your face

2. Conversation Exercise (Comment 6)

   Note that Хо́чешь вы́пить? means 'Do you want a drink?'
   while Хо́чешь пить? means 'Are you thirsty?' Choose
   your question depending on the drink you are about to
   offer: вы́пить if you are offering an alcoholic drink
   (model 1), or пить if you are offering a soft drink
   (model 2). Beer is treated as a soft drink.

   Model 1

   А. Хо́чешь вы́пить? У меня́ в *чемода́не* есть
       коньяк.

   Б. Спаси́бо, я не люби́тель *коньяка́.*

   Model 2

   А. Хо́чешь пить? У меня́ в *чемода́не* есть
       лимона́д.

   Б. Спаси́бо, я не люби́тель *лимона́да.*

чемода́н	коньяк	suitcase	brandy
су́мка	пи́во	bag	beer
портфе́ль	клубни́чный лимона́д	briefcase	strawberry soda
аво́ська	сли́вовый лимона́д	net bag	plum soda
се́тка	гру́шевый лимона́д	string bag	pear soda
полиэтиле́новый мешо́к	вино́	plastic bag	wine
чемода́н	ликёр	suitcase	liqueur

3. Conversation Exercise (Comment 6, 13)

Recall snacks from Lesson 3.

> А. Хо́чешь вы́пить? У меня́ в *чемода́не* есть
> буты́лка *коньяку́*.
>
> Б. Спаси́бо, я не люби́тель пить *коньяк* без
> заку́ски.
>
> А. У меня́ и заку́ски то́же есть. Хо́чешь
> *бутербро́д с колбасо́й?*

чемода́н suitcase	коньяк brandy	бутербро́д с колбасо́й bologna sandwich
су́мка bag	вино́ wine	бутербро́д с сы́ром cheese sandwich
портфе́ль briefcase	портве́йн port wine	пече́нье cookies
се́тка string bag	ликёр liqueur	конфе́ты candy
портфе́ль briefcase	вишнёвая нали́вка cherry brandy	хлеб с сарди́нами bread and sardines
чемода́н suitcase	кофе́йный ликёр coffee brandy	пиро́жное pastry
су́мка bag	хе́рес sherry	пече́нье cookies

4. Conversation Topic (Comment 4)

Describe the airport or bus terminal you know best. Use
words and expressions from the text and Comment 4.

5. Conversation Topic (Comment 2, 4)

If you have been to Europe and ridden on a train there,
describe the train and a typical railway station.

6. Conversation Topic

Every student pronounces a toast beginning with Вы́пьем
за то, что́бы... Prepare your toast at home. Be witty;
make your classmates roar with laughter.

УПРАЖНЕ́НИЯ К АНА́ЛИЗУ

7. Conversation Practice (Analysis 1.2)

Note the word пра́вда at the end of the question: a Russian way to evoke a response, equivalent to a tag question in English. A common mistake is to translate tag questions with не пра́вда ли, a bookish and rarely used expression.

The second line translates as: I didn't *even* know that... The conjunction и placed before не immediately preceding the verb translates as 'even'.

А. У нас *на вокза́ле хоро́ший буфе́т*, пра́вда?

Б. Я и не знал, что у нас *на вокза́ле* есть *буфе́т*.

Our railway station has a good snackbar, doesn't it?
Our airport has a good restaurant, doesn't it?
Our bus terminal has a convenient passenger waiting room, doesn't it?
Our train conductor has a beautiful moustache, doesn't he?
Our university has a good music department, doesn't it?
Our cafeteria has delicious cookies, doesn't it?
Our professor has big glasses, doesn't he?

8. Drill (Analysis 1.2)

Transform to present tense.

Model:

Дом у Пе́ти был краси́вый.   Дом у Пе́ти краси́вый.

У Пе́ти был дом.   У Пе́ти есть дом.

У Серёжи была́ маши́на.
В аэропорту́ был зал ожида́ния.
Зал ожида́ния в аэропорту́ был огро́мным.
У неё бы́ли и хоро́шие студе́нты и плохи́е.
У неё всегда́ бы́ли то́лько хоро́шие студе́нты.
У Ва́си был уста́лый вид.
У меня́ бы́ло плохо́е настрое́ние.
У неё был грипп.
Шу́ра была́ замеча́тельная де́вушка.

9. Conversation Exercise (Analysis 1.2)

The second speaker produces an adjective or adverb opposite
in meaning to the one used by the first speaker (an antonym).
This antonym may be just the original adjective prefixed by
не- (краси́вый— некраси́вый), or an altogether different
word (хоро́ший— плохо́й).   More about antonyms in Lesson
10.

A. У Ди́мы *краси́вый дом?*

Б. Нет, у Ди́мы *некраси́вый дом.*

B. Вы говори́те глу́пости, у Ди́мы нет никако́го
    до́ма.

В э́том аэропорту́ большо́й зал ожида́ния? (небольшо́й)
На э́том вокза́ле хоро́ший буфе́т?   (плохо́й)
В музе́е больша́я ка́мера хране́ния?   (небольша́я)
У вас ча́сто остана́вливаются ско́рые
   поезда́?   (не ча́сто)
Здесь ча́сто остана́вливаются
   курье́рские поезда́?   (не ча́сто)
У Ва́си биле́т в мя́гкий ваго́н?   (не в мя́гкий ваго́н)
У Ва́си биле́т в купе́йный
   ваго́н?   (не в купе́йный ваго́н)
На э́той авто́бусной ста́нции
   большо́й медпу́нкт?   (небольшо́й)
У вас надёжное спра́вочное бюро́?   (ненадёжное)

10. Preparatory Drill (Analysis 2.1)

Put the following words in a sentence beginning Она́
была́...

Model: благода́рен   Ди́ма   по́мощь
        Она́ была́ благода́рна Ди́ме за по́мощь.

бли́зок	Ива́н Васи́льевич
"	Ива́н Васи́льевич
винова́т	Петр Ива́нович
"	уби́йство
"	сестру́ арестова́ли
гото́в	пое́здка в Аме́рику
"	всё
недосто́ин	приз
"	получи́ть приз
дово́лен	себя́
"	сдать экза́мен
"	свои́ студе́нты
знако́м	предме́т
пре́дан	своя́ сестра́
"	Петр Ива́нович
рад	его́ прихо́д
"	его́ успе́хи

11. (Analysis 2.1)

Translate into Russian.

I'm powerless to get you a first-class ticket to the
Crimea.
Powerless to get a first-class ticket to the Crimea, he
went second-class.

I'm grateful to Dima for giving me a can of caviar.
Vasya, grateful to Dima for the caviar, got him a first-
class ticket to the Crimea on an express train.

I'm ashamed in front of my neighbors that I have to drink
so much in order to forget how ashamed I am in front of
my neifhbors...

Vasya firmly intended to go in a sleeping car.
Vasya, intent on going in a sleeping car, called his
friend in the ticket office.

I'm prepared for anything.
Dima, prepared for anything, packed his suitcase and left
on the next train.

He was pleased with himself.
Dima, pleased with himself, went to the airport snack bar
and ordered a glass of brandy and a caviar sandwich.

Dima was quite familiar with the subject.
Dima, quite familiar with the subject, opened his briefcase
and took out a bottle of cherry brandy.

It's very much like him that he proposed that toast.

The boy resembled his elder brother very much.

12. Preparatory Drill

Translate these words into Russian.

medicine	rain
mineral water	snowstorm
chocolate cookies	slush
candy	thunderstorm
strawberry preserves	heat
first-class ticket	so much snow
French champagne	frost
a sleeping car ticket to Rome	wind

13. Conversation Exercise (Analysis 2.1)

А. Дима! Вы же обещáли достáть мне *лекáрство*.

Б. Покá на ýлице *такóй дождь*, я бессúлен вам
помóчь. Пéред *такúм дождём* дáже я
беспóмощен.

14. Conversation Exercise (Analysis 2.1)

The first speaker uses the long form and the second speaker uses the short form of the same adjective.

А. Почему́ у тебя́ тако́й *винова́тый* вид?

Б. Я *винова́т пе́ред тобо́й*.

pleased	pleased with my work
displeased	displeased with that professor
indifferent	indifferent to what you are talking about
sickly	sick with asthma
proud	proud of my sister
happy	happy that I'm going to Moscow tomorrow

15. Preparatory Drill (Analysis 2.2)

Self-test: cover the Russian and translate.

Потоло́к ни́зкий.	The ceiling is low.
Во́дки ма́ло оста́лось.	There's not much vodka left.
Пешко́м туда́ далеко́.	It's too far to walk there.
Де́тям здесь глубоко́ купа́ться.	It's too deep for children to swim here.
Жиле́т мне широ́к.	The vest is too wide on me.
Тру́дно без опохме́лки.	It's tough without a drink in the morning when you have a hangover.
Э́та блу́зка мне велика́.	This blouse is too big on me.
Ку́ртка мне мала́.	The jacket is too small on me.
Он, по-мо́ему, про́сто глуп.	I think he's just stupid.

16. Conversation Exercise (Comment 5, Analysis 2.2)

А. *Ску́чно здесь.*

Б. Да, *скучнова́то.*

Use substitutions from Exercise 15.

17. Conversation Exercise   (Analysis 2.2)

Note that *to gain weight* can be rendered either as
растолстеть   (gain a lot of weight) or потолстеть
(= moderately растолстеть) . Instead of потолстеть,
a lot of people say поправиться (literally 'feel better,
recover') to avoid the root толст altogether. *To lose
weight* is похудеть.

А. Почему́ ты не но́сишь свой *костю́м в поло́ску?*

Б. Я так *растолсте́л(а)*, что он мне тепе́рь *мал.*

костю́м в поло́ску	мал	striped suit	too small
пла́тье в горо́шек	вели́к	polka-dotted dress	too big
руба́шка в кле́тку	широ́к	checkered shirt	too wide
джи́нсы	у́зок	jeans	too narrow
шёлковое пла́тье	дли́нен	silk dress	too long
си́няя руба́шка	вели́к	blue shirt	too big
шерстяно́й костю́м	мал	wool suit	too small
и́мпортный пиджа́к	широ́к	imported jacket	too wide
нейло́новая ю́бка	у́зок	nylon skirt	too narrow

18. (Analysis 3.2)

Translate into Russian.

1. What's the book you were reading yesterday? -It was a cookbook.
2. Who was this guy who travelled in the same compartment with you? He looked very much like Charlie Chaplin. -It was my friend from high school.
3. Our train conductor was a real gentleman.
4. What was that noise? -That was an express train passing by.
5. Did you see what newspaper she was reading? -Yes, it was Izvestia.
6. Who's that woman over there? -That's my sister. She's leaving for Paris tomorrow.
7. An open book was sitting on your desk. -That was my art history book.
8. The last car on the train was crowded and noisy.

УПРАЖНÉНИЯ НА МАТЕРИÁЛ ВСЕГÓ УРÓКА

19. Conversation Topic

    You are taking a train trip from Kiev to Moscow. Buy the
    tickets in advance. Find out what kinds of seats are avail-
    able in what kinds of trains, when your train leaves, and
    how much a round-trip ticket costs. Don't forget to pack
    food and drink for the train ride.

20. Conversation Topic

    Does the USSR have a "drinking problem"? Does it differ
    from the situation in the United States? Suggest ways of
    dealing with the problem. Should there be a drinking age?
    Is there too much alcohol on your campus? Does prohibition
    work?

УРОК 9

ТЕКСТ. НА ВЫСТАВКЕ

В то время, о котором идёт речь в нашем повествовании, в Москве проходила выставка "Сельское Хозяйство США". На выставке работала гидом некая Юля, которую Жанна хорошо знала по университету.[1] Юле удалось достать пригласительный билет, по которому, теоретически, Жанна и Коля имели право пройти на выставку без очереди. Практически оказалось, что с этим билетом было почти невозможно пробиться через толпу и потом убедить стоявших перед дверью милиционеров,[2] что обладателей билетов положено пропускать без очереди. Но Коле и Жанне повезло: Юля вышла на улицу покурить как раз в тот момент, когда наши герои ругались с милицией. Юлин авторитет преодолел, наконец, милицейское упрямство.

Внутри выставочного павильона было шумно и суматошно. В одном углу показывали документальный фильм из жизни фермера, в другом мелькали цветные слайды. Посредине выставки стоял трактор, рядом со смешной пузатой свиньёй, сшитой из разноцветных тряпок. Какой-то мальчик лет трёх-четырёх, пока его родители отвернулись, подбежал к свинье и начал тянуть её за хвост. По радио передавали ритмичное хрюканье настоящей свиньи.[3]

В глубине павильона, перед макетом силосной башни, был построен невысокий помост. На нём стоял американский гид и отвечал на вопросы посетителей.

Первый посетитель: Сколько этажей в самом высоком небоскрёбе?

Гид: По-моему, сто семь. В Америке два самых высоких небоскрёба, называются "башни-близнецы" или "башни Рокфеллера".

Второй п: А правда, что Рокфеллер— еврей?

Гид: Я не знаю. Какое это имеет значение?

Третий п: Сколько молока даёт в год средняя американская корова?

Г. В среднем по Соединённым Штатам— 5000 литров в год. Эта цифра включает и маленькие фермы где-нибудь в горах, и большие коммерческие фермы. Если же взять в среднем только по большим фермам, то 6000 литров в год.

Третий п: Ого! А сколько у вашей коровы сосков?

Г.   Четы́ре, как и у сове́тской коро́вы.

Тре́тий: У нас есть коро́вы с шестью́ соска́ми, они́
         даю́т бо́льше молока́.

Четвёртый: В го́роде где вы живёте есть миллионе́ры?

Г.   Есть, мно́го. Я живу́ в Нью-Йо́рке.

Четвёртый: Для них, наве́рное, в метро́ специа́льные
           ваго́ны есть.

Пя́тый: Не́грам то́же полага́ется выходно́й на Но́вый Год
        и́ли нет?

Г.   Коне́чно.

Шесто́й: В Аме́рике есть библиоте́ки?

Г.   Да, коне́чно. В Нью-Йо́рке есть больша́я
       центра́льная библиоте́ка, и в ка́ждом райо́не
       своя́ райо́нная.

Седьмо́й: Е́сли вы ска́жете что́-нибудь плохо́е про
          Аме́рику, вас пото́м ЦРУ[4] мо́жет арестова́ть?

Г.   Ду́маю, что нет. У нас по конститу́ции свобо́да
       сло́ва.

Седьмо́й (*я́вный провока́тор, гру́бо*): Э́то всё пропа-
         га́нда. Расскажи́те лу́чше, в каки́х трущо́бах
         живу́т ва́ши безрабо́тные.

Г.   Да, в Нью-Йо́рке есть ужа́сные райо́ны, где в
       дома́х нет водопрово́да, мно́го крыс, высо́кая
       престу́пность...

Не́сколько посети́телей задаю́т вопро́сы одновреме́нно:

Восьмо́й: Почему́ америка́нцы не хотя́т Сове́тскую
          вла́сть?

Девя́тый: Почему́ все ги́ды на вы́ставке таки́е ху́денькие?

Деся́тый: Пра́вда, что вам приказа́ли оде́ться поху́же и
          не по́льзоваться косме́тикой?

Оди́ннадцатый: По ва́шей конститу́ции ско́лько часо́в в
               день поло́жено рабо́тать?

Кри́тик: Э́то безобра́зие! Почему́ *сове́тские лю́ди
         пока́заны в э́том уче́бнике таки́ми идио́тами*?!
         Почему́ они́ у вас задаю́т то́лько дура́цкие
         вопро́сы?! Э́то клевета́ и анти-сове́тская
         пропага́нда![5] Вы всё э́то приду́мали.

А́вторы: Нет, мы совсе́м не хоте́ли показа́ть сове́тских
         люде́й идио́тами. И мы ничего́ не приду́мали. Все
         приведённые у нас вопро́сы, и мно́гие, мно́гие
         други́е, действи́тельно бы́ли за́даны на

американской сельскохозяйственной выставке в
Советском Союзе. Эти вопросы советских посетителей показали, что они плохо, а главное—
односторонне, знают американскую жизнь. Они
все знали, что в Америке есть безработица, но
не знали, что есть пособие по безработице и
социальное обеспечение. Они знали, что в
Америке платное и очень дорогое медицинское
обслуживание, но даже не подозревали о
существовании медицинского страхование по
ценам, доступным большинству населения. Они
знали, что в Америке надо платить за высшее
образование, но не знали, что плата во многих
университетах очень невелика, и что государство
предоставляет студентам займы на очень льготных
условиях. Для многих оказалось неожиданностью,
что частные университеты никому не приносят
прибыли, и что плата за обучение идёт не в
карманы жадных хозяев-капиталистов, которых на
самом деле нет, а просто в фонд университета.
Вообще, понятие *частной* организации, существу-
ющей не для *прибыли* и никому не *принадлежащей,*
было большинству посетителей незнакомо. Ввиду
всех этих (и многих других) недоразумений мы
и решили, несколько заостряя постановку
проблемы, привести несколько забавных и отчасти
наивных вопросов. Тем более, что[6] некоторые
из наших читателей вскоре поедут, быть может,
в Советский Союз, и нам хотелось их немного
подготовить.

Критик, не вполне удовлетворённый, хочет ещё
что-то возразить, но его перебивает громкий детский
плач. Мальчик, который тянул свинью за хвост, дёрнул
посильнее, и хвост оторвался. Мальчик гордо показал
оторванный хвост родителям, но те, слегка перепу-
ганные, отняли у мальчика хвост и даже шлёпнули его
пару раз по попке. Мальчик заплакал. Юля достала
из сумочки иголку с ниткой, забрала у родителей
хвост и принялась пришивать его обратно к свинье.
Всё успокоилось. К Юле подходит молодая женщина в
платье европейского покроя, но из яркой восточной
материи. Кажется, что она из Средней Азии, может
быть из Казахстана.

Женщина (*присев на корточки рядом с Юлей*): Сколько
тебе лет?

Юля (*слегка опешив*): Двадцать шесть.

Ж.   Ты замужем?

Ю.   Нет.

Ж.   (*неожиданно хлопает Юлю по плечу*):   Молодец!
У нас в Средней Азии раньше девушек отдавали
замуж в 12 лет. А теперь мы свободны. Можем
сами себя кормить. Можем учиться. Можем не
выходить замуж, пока не захотим. Мы тоже
свободны. Молодец!

Юля и молодая женщина улыбаясь смотрят друг на друга.

КОММЕНТАРИИ

1. Обратите внимание на это употребление предлога
   по. Аналогично: *товарищ по работе, знакомый по
   полку, подруга по школе, сосед по комнате.*

2. Вместо *стоявших перед дверью милиционеров* мы могли
   написать *милиционеров, стоявших перед дверью.*
   Прилагательные и причастия, вместе с зависящими
   от них словами, ставятся или позади, или впереди
   определяемого слова, в зависимости от общего ритма
   предложения. Если определяющая фраза очень
   короткая, ставьте её перед определяемым словом,
   напр:

   приведённые у нас   the questions cited here.
   вопросы

   Если определяющая фраза— длинная, ставьте её после
   определяющего слова:

   вопросы, приведённые на   the questions cited on the
   следующей странице   next page of our text
   нашего текста

   В промежуточных случаях полагайтесь на ваш слух
   и чувство ритма.

3. Ещё несколько звуков и кто/что их производит:
   (The corresponding noun is formed either by adding -ние -
   alternatively spelled as -нье - or by chopping off the
   verbal ending and restoring the stem (стучать— стук).
   When both nouns exist, the "pure stem" noun is more expressive.)

кошка мяукает	мяуканье	meow
корова мычит	мычание	moo
слон трубит	трубный звук	trumpet
лягушка квакает	кваканье	croak
змея шипит	шип, шипение	hiss
пчёлы жужжат	жужжание	buzz
ворона каркает	карканье	caw
воробей чирикает	чириканье	chirp
петух кукарекает	кукареканье	crow
утка крякает	кряканье	quack

лев ⎫ рычи́т	рык, рыча́ние	roar
тигр ⎭		
ло́шадь ржёт	ржа́ние	neigh
бара́н/овца́ бле́ет	бле́яние	bleat
осёл ревёт	рёв	bray
гудо́к ⎫ гуди́т	гуде́ние	honk, wail
сире́на ⎭		
гие́на во́ет	вой	laugh
ку́рица куда́хтает	куда́хтанье	cluck
ры́ба молчи́т	молча́ние	( )

(отсю́да выраже́ние *молча́ть как ры́ба*)

больно́й сто́нет	стон	moan, groan
живо́т урчи́т	урча́ние	rumble
ребёнок пла́чет/	плач	cry
кричи́т	крик	scream
дверь скрипи́т	скрип	creak

4. Произно́сится /tseeru/ и́ли /tseyeru/. Сокраще́ние от *Центра́льное Разве́дывательное Управле́ние* (Central Intelligence Agency и́ли CIA).

5. Ру́сское сло́во *пропага́нда* мо́жет име́ть отрица́тельные коннота́ции, но мо́жет их и не име́ть. Э́тим оно́ отлича́ется от англи́йского сло́ва propaganda. То́чно так же различа́ются слова́ *агита́ция* и agitation. Вот не́сколько приме́ров:

Пропага́нда и агита́ция ле́нинских иде́й—могу́чие сре́дства воспита́ния населе́ния.	Spreading Lenin's ideas is a powerful means of educating the populace.
Пропага́нда ми́ра и социали́зма—могу́чее ору́жие в борьбе́ с империали́змом и междунаро́дной реа́кцией.	The promotion of peace and socialism is a powerful weapon in the struggle against imperialism and the international forces of reaction.

6. All the more so, especially since. Ещё не́сколько приме́ров:

— *Ва́ся, пора́ обе́дать, выключа́й телеви́зор. Тем бо́лее, что переда́ча неинтере́сная.*

— *Я хочу́ досмотре́ть, всего́ две мину́ты оста́лось. Тем бо́лее, что Али́са ещё в убо́рной сиди́т.*

— *Али́са уже́ обе́дала. А ты лу́чше не спорь. Тем бо́лее, что па́па сего́дня серди́тый домо́й пришёл.*

ANALYSIS

1. Negation

In this lesson we deal with two problems.

(1) When does negation trigger the change from Nominative or Accusative to Genitive?

Nom. → Gen.

Ива́н здесь. → *Ива́на* здесь нет.

Здесь расту́т *грибы́*. → Здесь не растёт *грибо́в*.
But: Э́ти *грибы́* расту́т в лесу́. → Э́ти *грибы́* не расту́т
                                               в лесу́.

Acc. → Gen.

Я чита́ю *журна́лы*. → Я не чита́ю *журна́лов*.

Я люблю́ *грибы́*. → Я не люблю́ *грибо́в*.

But: Я люблю́ *Ната́шу*. → Я не люблю́ *Ната́шу*.

(2) What are the differences between English and Russian in the placement of the negative particle not/ не?

Я не всё зна́ю.
Not: Я не зна́ю всё.   I don't know everything.

Он спал недо́лго.
Not: Он не спал до́лго.   He didn't sleep long.

We also review the use of aspects in the imperative and infinitive.

The first problem is connected with the contrast between existence vs. non-existence (see Lesson 8, Analysis 1.3 on existential sentences). The Genitive switch takes place when the sentence can be paraphrased with the нет construction ("non-existence"); no switch takes place when the sentence cannot be thus paraphrased.
Compare:

(a) Здесь не растёт грибо́в.   Здесь *нет* грибо́в.

(b) Э́ти грибы́ не расту́т в   Грибы́ *есть*, но не
     лесу́.   расту́т в лесу́.

(a) Я не чита́ю журна́лов.   *Нет* таки́х журна́лов,
                                        кото́рые я чита́ю.

(b) Я не люблю́ Ната́шу.   *Есть* така́я де́вушка,
                                        кото́рую зову́т Ната́ша,
                                        но я её не люблю́.

In the (a) sentences, the mushrooms and newspapers don't exist, hence the Genitive switch. In the (b) sentences the mushrooms do exist, but they don't grow in forests; Natasha does exist, but what I'm saying is that I don't love her.

It is a reasonable question to ask why it is precisely the Genitive that replaces the Nominative and Accusative. The most obvious answer is that the negation of existence in Не растёт грибов and Не читаю журналов is parallel to the more familiar rule about using Genitive with нет: Грибов нет. But you can push the question back one step and ask why the Genitive is used with нет. It may be helpful in this connection to bear in mind that the Genitive case in many of its occurrences has something to do with *quantity*. For example, it is used after numerals, after quantity words like много, сколько, etc., and in the partitive meaning 'some', as in Дайте мне *чаю*. Negation sometimes has the effect of stating "zero quantity", and it is in such situations that the Genitive occurs. Здесь не растёт *грибов* means 'There are zero mushrooms growing here,' whereas Эти *грибы* здесь не растут does not. Я не читаю журналов means 'I read zero magazines,' whereas Я не люблю Наташу does not mean 'I love zero Natasha.'

The meaning of "quantification" of the Genitive case is so pervasive that it may override the general rule that subjects are Nominative and direct objects are Accusative, even when no negation is present. The partitive use mentioned above (Дайте мне чаю/молока...) is a familiar example of the direct object being Genitive. Examples of subjects in the Genitive in affirmative sentences are rather rare, but are worth noting:

...В рот попало *холодного воздуха*.	(He suddenly put his hand to his cheek – his bad tooth gave him a sharp pain.) *Some cold air* had gotten into his mouth.

Returning now to negation, in the next two sections we shall give examples of situations in which the Genitive switch may or may not take place. It may seem that there are an enormous number of somewhat fuzzy rules to follow, verbs to memorize, etc., but in fact, all of these situations can be viewed as specific manifestations of the general rule: when the sentence can be paraphrased with the нет construction, switch.

2. Negation of existential sentences: Nominative becomes Genitive

As you know (Lesson 8, Analysis 1.3), the negative counterpart of есть is нет, which has the meaning of non-existence, absence, "there is no X," where X is in the Genitive case.

У меня́ есть друзья́.

У меня́ *нет друзе́й* (*не́ было друзе́й, не бу́дет друзе́й*).

     In our previous discussions of existential sentences (Lesson 6, Analysis 6), we mentioned that there are many verbs which can be used as synonyms of есть, e.g. сиде́ть, стоя́ть, лежа́ть, висе́ть, etc.

В кабине́те *сиди́т* (=*есть*) секрета́рша.	There *is* a secretary (sitting) in the office.

This does not mean that these verbs are *always* used as synonyms of есть, but rather that they *may* sometimes be divested of their literal meaning - the only meaning left is that of есть, and in English the verb can be omitted entirely (*is=is sitting*).

In the following example, the verb расти is used first as an existential verb (synonymous with есть), then in its literal sense 'grow'.

Existential:

В э́том лесу́ *расту́т* грибы́.	*There are* mushrooms (growing) in these woods.
= В э́том лесу́ *есть* грибы́.	

Literal:

Э́ти грибы́ *расту́т* в лесу́.	These mushrooms grow in forests.

     When such existential verbs are negated, the resulting sentence is just like a нет sentence, i.e. the subject becomes Genitive and the verb may occur in only two forms, 3 Sg. (like не бу́дет) and neuter (like не́ было).

Existential:

В э́том лесу́ *грибо́в* не *растёт*.	*There are* no mushrooms (growing) in this forest.
= В э́том лесу́ не растёт грибо́в.	
= В э́том лесу́ нет грибо́в.	

Literal:

Э́ти *грибы́* не *расту́т* в лесу́.	These mushrooms *don't grow* in forests.

Existential:

В э́том лесу́ *грибо́в* не *росло́*.	*There weren't* any mushrooms in this forest.
= В э́том лесу́ не росло́ грибо́в.	
= В э́том лесу́ не́ было грибо́в.	

Literal:

Эти *грибы́* не *росли́* в лесу́.   These mushrooms *didn't used to grow* in forests.

Further examples of existential vs. literal meanings:

Existential:

Бы́ло тепло́. *Моро́за* не   It was warm. *There was no* frost.
чу́вствовалось.

= Моро́за не́ было.

Literal:

Все бы́ли тепло́ оде́ты и   Everybody was dressed
    моро́з не *чу́вствовался:*   warmly and *the* frost
                                    could not be felt. (There
Моро́з был, но не чу́вствовался.   was frost.)

Existential:

Никаки́х докуме́нтов у него́ не́   *No documents* were found on
    бы́ло на́йдено.   him.

Literal:

Поте́рянные докуме́нты так и не́   *The lost documents* were
    бы́ли на́йдены.   never found.

Further examples of negated existential sentences:

Раска́тов гро́ма не слы́шалось.   There were no claps of
                                    thunder (to be heard).

В графи́не не оста́лось воды́.   There was no water (left)
                                    in the pitcher.

Одна́ко никаки́х переме́н в   However, there were no
    апре́ле не произошло́.   changes in April.

Ни одного́ солда́та не́ было   Not a single soldier has
    ра́нено.   been wounded.

The occurrence of Genitive with negated existential sentences fits right in with the general meaning of the Genitive case: quantification; with нет and its synonyms we are simply dealing with zero quantity. It is this meaning, not the specific verb, that triggers the Genitive. Therefore, no list of verbs can be drawn up. However, there are many verbs and predicate adjectives that are frequently used in an existential sense and that may, when negated, take a Genitive subject. We will illustrate some common ones here:

Люде́й с зелёными волоса́ми   People with green hair
    не *существу́ет.*   don't exist.

У нас *не быва́ет* огурцо́в.   We don't have (sell)
                                    cucumbers.

В магазине *не оказалось* | There was no cabbage in
капусты. | the store.

Во всем доме *не нашлось* | There wasn't a single paper
ни одной газеты. | in the entire house.

В прошлом году интересных | Last year no interesting
работ на эту тему *не* | work on that subject came
появилось, | out.

На третий год первоначального | By the third year, the
энтузиазма уже *не ощущалось* | initial enthusiasm had
(*не чувствовалось*). | already waned.

Никаких архивов, к сожалению, | Unfortunately, no archives
не сохранилось. | were preserved.

В первый день ничего | On the first day nothing
интересного *не произошло*. | of interest happened.
Нам *не встретилось* ни | We didn't come across a
одной живой души, ни одной | single soul, a single
хижины, ни одного селения. | human dwelling, a single
 | village.

The expressions не видно and не слышно are parallel
to the verbs illustrated above:

Нажмите кнопку, а то вашего | Push the button, or else
голоса *не слышно*. | you can't be heard.

Деревни было уже *не видно*, | The village was no longer
она скрылась за поворотом. | visible; it disappeared
 | behind the turn in the
 | road.

The peculiar thing about видно and слышно is that
when not negated they take the Accusative:

Деревню было ещё видно.

Васин голос было ещё слышно.

This is an odd construction, because the words видно and
слышно can hardly be called transitive verbs. In the next
section we treat the more normal Acc. → Gen. switch that takes
place with Accusative direct objects of transitive verbs.

3. Negated transitive verbs: Accusative becomes Genitive

We will use the term *transitive verb* to denote a verb
which, if not negated, requires a complement in the Accusative
case, e.g., люблю Наташу, люблю кашу, люблю всякие
фрукты. When a transitive verb is negated, the object may
remain Accusative; or it may switch to Genitive; or either
one will do: не люблю Наташу (NOT: Наташи), не люблю
никаких фруктов (NOT: никакие фрукты), не люблю

кáшу (OR: кáши).   We would like to stress that in a considerable number of situations, statistical tendencies, rather than strict grammatical rules, govern the choice between Accusative and Genitive, but that the connection between Genitive and the notion of quantification provides a common theme throughout.

Before discussing negation, let us review the use of Accusative direct objects vs. the Genitive in *affirmative* sentences.   As you know, the Genitive renders the partitive meaning 'some', e.g.,

Дáйте мне чáю.   ...(some) tea.

vs. Дáйте мне чай.   ...the tea.

Clearly, it is impossible to give a well-defined list of verbs that allow the Genitive, but it is also clear that some verbs are more likely to do so than others.   Similarly, a noun like чай is likely to be quantifiable, but a singular noun like кни́га is not (you don't say "some book").   Listed below are several types of verbs which are likely to have Genitive complements.

(1) After verbs of giving, getting, asking, desiring

After verbs such as дать, взять, купи́ть, принести́, хотéть, проси́ть, трéбовать, etc., Genitive complements often appear.   Whenever morphologically possible, these complements have the ending -y.

Я *хочу́/трéбую/прошу́* чаю, молокá и сáхару.

Дай/Возьми́/Купи́ чаю, молокá и сáхару.

All these verbs can also be used with Accusative complements:

Я хочу́ *молокó,* а не *кефи́р.*

Дай, пожáлуйста, *соль/молокó/бана́ны.*

The difference is a familiar one: when you have in mind an uncertain quantity of something, you use the Genitive;   when you have in mind a specific object, you use the Accusative. Note several details:

—Some verbs (e.g. передáть 'pass over') are mostly used in situations involving a specific object and are therefore mostly used with Accusatives:

Передáй, пожáлуйста, *хлеб.*   Pass *the* bread, please.

—The Genitive is common when the object is a mass noun, denoting a formless substance. The Accusative of such a noun, on the other hand, implies a specific vessel containing the substance in question.

Дай мне молока.   Give me some milk.

But: Дай мне *молоко*, что   Give me the milk from the
     стоит на окне.   windowsill (the *bottle*
                                   of milk).

—With concrete, countable nouns, the Genitive is possible
only if the noun is in the plural:

Принеси мне *бананов/карандашей/книг*.

—You never use the Genitive if the complement denotes a
unique, fully specified object:

Принеси мне *эту книгу/роман "Цемент"*. (NOT: этой
книги)

(2) After verbs of waiting, expecting, fearing, avoiding

After ждать and ожидать, the Genitive is used to
denote an indefinite object, while the Accusative is used to
denote a specific object or person:

Я жду *Наташу* (NOT: Наташи)   I'm waiting for Natasha.

vs. Я жду *поезда* (*письма*   I'm waiting for a train (a
    из Москвы).   letter from Moscow).

BUT:

Я жду (ожидаю) *письмо* из   I'm expecting a letter
Москвы.   from Moscow.

With regard to the last two examples, note that when the con-
tent of the letter is more or less known (e.g. you're expecting
a contract you have already discussed in detail), then the
Accusative is likely to be used.

After бояться, избегать, слушаться, Accusative is
used rather rarely, especially after the two *sja*-verbs, which
are not supposed to be used with Accusative complements at all.
Still, with nouns denoting specific objects or persons, and
particularly with proper names, the Accusative is sometimes
used:

Я боюсь и избегаю *эту   I fear and avoid this
жёнщину* (*мою учительницу   woman (my physics teacher,
физики, Наташу*).   Natasha).

We can now proceed to the factors influencing the choice
between the Genitive and Accusative after *negated* transitive
verbs. We will see that many of these factors are the same as
or similar to the ones that play a role in affirmative sentences; they all have to do with whether things are likely to
be quantified (Gen.) in particular situations and whether
things are definite (Acc.) or indefinite (Gen.).

They are discussed in the following order:

(1)   the nature of the verb

(2)   the nature of the noun complement

(3)   the meaning and structure of the sentence

3.1 Genitive vs. Accusative after negation: the nature of the verb

The influence of the verb on case selection is two-fold:

(1)   Certain lexical items are more likely than others to be
      followed by the Genitive;

(2)   Some forms of the verb are more likely than other forms to
      be followed by the Genitive.

3.1.1 Among lexical items that are likely to be followed by
Genitive complements are the above-mentioned verbs of giving
and taking, desiring, waiting and expecting, fearing and
avoiding. When negated, these verbs almost always require the
Genitive:

Я не слу́шаюсь его́ распоря-   I don't obey his orders.
жёний.

Я не бою́сь моро́за.   I'm not afraid of cold.

Я не жду никаки́х переме́н.   I don't anticipate any
                                     changes.

        Don't forget that you don't have to make any choice at
all between Acc. and Gen. for animate nouns whose Acc. has
the same form as the Gen., e.g.,

Я жду Бори́са.

Я не жду Бори́са.

Я бою́сь Бори́са. (Gen.? Acc.?)

The choice for animates has to be made only for feminine
singular nouns. The practical rule is to use the Genitive
after the above-mentioned verbs except with feminine names
and with feminine singular nouns modified by э́та or possessive

Я не бою́сь Ната́шу.

    не слу́шаюсь э́ту же́нщину.

    не избега́ю мою́ учи́тельницу.

3.1.2 The verbs ви́деть, говори́ть, замеча́ть, понима́ть,
знать, when negated, are typically followed by the Genitive.
The practical rule is the same as above: use the Genitive
throughout except with feminine personal names, and feminine
singular nouns modified by эта or possessive pronouns.

Я никогда́ не *ви́дел/замеча́л/ по нима́л*	I never *saw/noticed/ understood*
его́ книг.	his books.
э́ту кни́гу.	this book.
его́ жену́.	his wife.

3.1.3 Genitive is exclusively used in certain stable combinations of verbs with abstract nouns. Note that the Genitive in these examples corresponds to the English quantifier *any*, which could be used in all of these translations. Note also that here, as elsewhere, Genitive is equivalent to non-existence: *not to inspire respect* means *there is no respect, there isn't any respect.*

не внуша́ть уваже́ния, дове́рия	not to inspire any respect, trust
не дава́ть поко́я	not to give any peace
не дава́ть возмо́жности	not to allow any possibility
не игра́ть ро́ли	to play no part
не обраща́ть внима́ния	to pay no attention
не подава́ть (пока́зывать) ви́да	to show no sign, to feign indifference
не пока́зывать ра́дости	to show no sign of happiness
не придава́ть значе́ния	to attach no significance
не принима́ть уча́стия	to take no part
не производи́ть впечатле́ния	to produce no impression
не теря́ть вре́мени, па́мяти, надёжды	not to lose time, consciousness, hope
не тра́тить (зря) вре́мени	not to waste time

All the expressions with име́ть from Lesson 6 have Genitives when negated, e.g.,

э́то не име́ет значе́ния	it doesn't matter, that's beside the point

3.1.4 Only Accusative is used after the verb счита́ть 'consider' in the construction счита́ть кого́/что, кем/чем/каки́м, e.g.,

Я не счита́ю де́ло (NOT: де́ла) про́игранным.	I don't consider *the* case lost.
Я не счита́ю статью́ о́чень плохо́й.	I don't consider *the* article too bad.

The same rule holds for other verbs governing two complements, one of which is in the Accusative:

называть кого/что как   name, call

Я не называл мою учительницу дурой.

назначать кого кем   appoint

Никто не назначал Васю председателем колхоза.

лишать кого/что кого/чего   deprive

Разве Славу ещё не лишили гражданства?

обеспечивать кого/что кем/чем   provide, supply

Вася жаловался, что его   Vasya complained that his
  молочную ферму не обеспечили dairy farm has not been
  удобрениями.   supplied with fertilizers.

      Again, note that the semantics of the construction is such that the complement noun is always definite, which accounts for the Accusative.

3.1.5 Negated Imperfective verbs are more likely to be followed by a Genitive complement than are Perfectives. The reason for this is that in generalized statements there is a close connection between Imperfective (general action) and plural (quantity).

Compare:

Больше не роняй *ваз* (OR: вазы)! Don't drop vases any more!

Осторожно, не урони *вазу.*   Watch out, don't drop *the*
                                    vase.

      The general rule is to use the Accusative whenever you have a specific and definite object in mind, but there are indeed cases where there is very little difference, if any, in meaning, e.g.,

Я не дописал письмо (OR: I didn't finish the letter.
  письма).

3.2 The nature of the noun complement

      The pertinent characteristics of the complement are:

Abstract	vs. Concrete:	*advice*	*vs.*	*refrigerator*
Mass	vs. Count :	*sour cream*	*vs.*	*refrigerator*
Plural	vs. Singular:	*refrigerators*	*vs.*	*refrigerator*
Common	vs. Proper :	*refrigerator*	*vs.*	*Mary*
Inanimate	vs. Animate :	*refrigerator*	*vs.*	*girl*
Indefinite	vs. Definite:	*a refrigerator*	*vs.*	*the refrigerator*

All the characteristics in the left column weigh in favor of the Genitive, while those in the right column weigh in favor of the Accusative. A combination of two or more factors from the same column may prove decisive. Thus, if the complement

is an Inanimate Common Indefinite noun in the Plural (left
column), you are very likely to use the Genitive, while if the
complement is an Animate Proper noun in the Singular (right
column), you are practically certain to use the Accusative (if
it is distinct from the Genitive, i.e., feminine):

Я не люблю Наташу (NOT: I don't like Natasha.
Наташи).

Я не люблю ночны́х телефо́нных   I don't like telephone calls
звонко́в (better than ночны́е   in the middle of the night.
телефо́нные звонки́).

    Abstract nouns, being always Common and Inanimate, are
almost always used with the Genitive. *Mass nouns* are often
employed to denote a specific quantity of some material, or
its specific sample, or a vessel containing it (cf. Section 3
Introduction). In such instances the Accusative can be used,
especially if the characteristics of the verb favor the Accusative:

Он не пода́ст тебе́ хоро́шего   He won't give you good
совета.   advice.

Я не ви́жу смета́ны.   I don't see any sour cream.

Я не ви́жу смета́ну.   I don't see the sour cream
                                (that I know you bought).

    At this point we would like to stop and review the
situation. You can see that there are many factors which,
to varying degrees, affect the case selection after a negated
transitive verb. When these factors work in the same direction,
you get a hard and fast rule, which applies to a narrow range
of situations, e.g. if the verb is Perfective and the complement is a proper name, use the Accusative (Я не уви́жу
Москву́) or if the verb favors the Genitive and the complement
is an abstract noun, use the Genitive (Я не ожида́ю успе́ха).

    Much more commonly, the relevant factors work in opposite
directions, the impulses get fuzzy and confused, and so does
the usage, although statistically the Genitive predominates.

3.3 The meaning and structure of the sentence

3.3.1 Negation of existence

    Let us review what was said about existence and negation
in the introduction to this lesson. Compare:

Я не ви́жу *смета́ны*.   I don't see (*any*) sour
                                cream.

Я не ви́жу *смета́ну*.   I don't see *the* sour cream.

    In the first sentence, the very existence of sour cream
is in question: you don't see it because there isn't any,

hence Genitive. In the second sentence, the existence of sour
cream is more or less taken for granted; what is negated is
your seeing it, hence Accusative. The situation is quite
parallel to negated existential sentences of the type нет
сметаны. Compare:

В аэропорту́ бы́ло пу́сто. Никто́ не встреча́л (*никаки́х*) *делега́ций*.	The airport was empty. Nobody was meeting (*any*) delegations. *There were* *no* delegations being met.
Никто́ не встреча́л *на́шу* *делега́цию* OR На́шу делега́цию никто́ не встреча́л.	Nobody met *our* delegation.

In the first sentence, delegations aren't met because
there are no delegations: the word is in the Genitive. In the
second sentence the delegation *does* exist, and the word is
therefore in the Accusative. In these two sentences, you will
find the expected correlation between, on the one hand, negated
existence, plural, indefinite, and Genitive (никаки́х деле-
га́ций) and on the other hand between existence, singular,
definite (possessive pronoun), and Accusative (на́шу деле-
га́цию).

Negation of existence is often accompanied and empha-
sized by such words as никако́й 'any', ни ра́зу 'not once',
ни одного́ 'not a single', etc. When negation is so empha-
sized, the Genitive is usual:

Я не ви́жу никако́й просто- ква́ши.	I don't see any sour milk.
Я ни ра́зу в жи́зни не ел голла́ндского сы́ра.	Not once in my life have I eaten Dutch cheese.
Я не нашёл в ва́шем сочине́нии ни одно́й оши́бки.	In your composition I didn't come across a single mistake.

These emphatic words with ни also occur frequently when the
subject of existential sentences is negated, as in Ни одного́
солда́та не́ было ра́нено. (See Section 2, above.)

3.3.2 Modifiers

If the complement of a negated transitive verb has some
modifiers to it (an adjective, a prepositional phrase, etc.),
then it is more likely to be in the Accusative. Note that
modifiers make the complement more specific, more individual-
ized, more definite:

Я не чита́ю *журна́лов*.	I don't read (*any*) maga- zines.

Я не читáю *журнáлы*, в котóрых I don't read (*the*) maga-
  печáтают такúе статьú.   zines that publish such
                                   articles.

3.3.3 Word order

If the complement precedes the verb, and especially if
it comes at the very beginning of the sentence, the Genitive
is more likely:

Такóго ромáна мне читáть не   I never got to read novels
  приходúлось.   like that.

Что с тобóй? Книг не   What's wrong with you? You
  читáешь, телевúзор (OR: don't read books or watch
  телевúзора) не смóтришь. television.
  (Note that the plural *books*
  is better in the Genitive,
  while singular *television* is
  better in the Accusative.)

3.3.4 Э́то

If the complement is the word э́то, it usually comes
before the verb. But no matter what its position, it is *always*
in the Genitive. The reason is that э́то is a generalized
pronoun and refers back to a whole situation rather than to a
specific noun; thus, this usage fits in with the Genitive-
triggering features listed in Section 3.2.1.

Я э́того (NOT: э́то) не дýмаю. I don't think so.

Я э́того (NOT: э́то) не знал. ⎫
                           ⎬ I didn't know that.
Я не знáл э́того (NOT: э́то). ⎭

Or you can avoid the choice by omitting э́то entirely
and just say Не дýмаю; Дýмаю, что нет; Я не знал.

3.3.5 Time expressions

There are instances where Accusative forms, even though
not direct objects, will switch to Genitive under negation.
For example, consider time expressions such as:

Он не спал ни минýты. (Gen.) He didn't sleep a minute
                             (there was no minute
                             during which he slept).

vs. Он спал цéлый час. (Acc.) He slept a whole hour.

3.3.6 Infinitive complements

Looking again at the first example in Section 3.3.3,

Такóго ромáна мне читáть не приходúлось.

we can see that the transitive verb here (читáть) is in the

infinitive; this infinitive is not negated directly, but
through another verb, which the infinitive complements. In
such situations the Accusative as well as the Genitive is, in
fact, likely to appear. Here is Pushkin's authoritative
opinion:

>   Стих:

>   Два ве́ка ссо́рить не хочу́

кри́тику показа́лся непра́вильным. Что гласи́т грамма́-
тика? Что действи́тельный глаго́л, управля́емый отри-
ца́тельною части́цею, тре́бует уже́ не вини́тельного, а
роди́тельного падежа́. Наприме́р: *Я не пишу́ стихо́в.*
Но в моём стихе́ глаго́л *ссо́рить* управля́ем не части́цею
не, а глаго́лом *хочу́.* Ergo пра́вило сюда́ нейдёт.
Возьмём, наприме́р, сле́дующее предложе́ние: Я *не* могу́
вам позво́лить нача́ть писа́ть... *стихи́,* а уж коне́чно
не *стихо́в.* Неу́жто электри́ческая си́ла отрица́тельной
части́цы должна́ пройти́ сквозь всю э́ту цепь глаго́лов
и отозва́ться в существи́тельном? Не ду́маю.

4.1 The position of не and то́лько

     In this section we deal with the difference between
sentences in which the main verb either is or is not within
the scope of negation, e.g.,

(1) Он спал *недо́лго.*   He didn't sleep long. (=He
                                  slept for a short time.)

              vs.

(2) Он до́лго *не спал.*   He didn't sleep for a long
                                  time. (=He was awake for
                                  a long time.)

     English is misleading because in both of these examples
-n't is attached to the verb, even though the verb is not in
the scope of negation in sentence (1). There are very severe
restrictions on the placement of the English negative: it is
very closely attached to the main verb, even when it logically
negates some other part of the sentence. Russian word order,
in this respect at least, reflects the meaning better than
English. The general rule for the student is: put не right
in front of what is *semantically* negated; don't follow the
English syntactic pattern of displaced negation.

Я *не все́* зна́ю.   I *don't know* everything.

Он *не вполне́* усво́ил уро́к.   He *hasn't* mastered the
                                  lesson completely. (Lit.,
                                  He has mastered the
                                  lesson, but *not com-
                                  pletely.*)

In many cases where a constituent other than the verb is in the scope of negation, there is an explicit or implied contrast, e.g.,

Ва́ня пое́хал не в Москву́ (а в Сара́тов).	Vanya didn't go to Moscow, he went to Saratov.
В Москву́ пое́хал не Ва́ня (а Ми́ша).	It was Misha who went to Moscow, not Vanya.
Ва́ня пое́дет не на бу́дущей неде́ле (а за́втра).	Vanya's going tomorrow, not next week.

English often distinguishes scope differences by sentence stress placement rather than by word order.

Compare:

Э́то тебя́ не каса́ется.	This doesn't concérn you. (None of your business!)
Э́то каса́ется *не тебя́.* OR: Э́то *не тебя́* каса́ется.	This doesn't concern yóu. (We're talking about somebody else, not about you.)

As you can see from the above sentences, sentence stress plays a role in both languages - it marks the comment. Thus, if the comment is a word separate from the verb, it will not only receive stress, but also the word he will occur immediately before it rather than before the verb. Note the short answers to the following questions (the stressed word is printed in italics):

Ты идёшь в *институ́т?* — Нет, не в институ́т.

Ты *идёшь* в институ́т? — Нет, не иду́.

Ты купи́л пальто́ *себе́?* — Нет, не себе́.

Ты *купи́л* себе́ пальто́? — Нет, не купи́л.

Literal translations of many of these sentences sound rather awkward or even ungrammatical: 'This concerns not you,' 'Not Vanya went to Moscow,' etc. The usual English locution would contain a clause like 'It's not you we're talking about' or 'It wasn't Vanya who went to Moscow.' Quite often an antonym would make a better translation than a negative, e.g.,

(а) Она́ не всегда́ прихо́дит во́время.	She doesn't always come *on time.*
(б) Она́ всегда́ прихо́дит не во́время.	She always comes *late (at the wrong time).*

(а) Она́ мне не о́чень
    понра́вилась.

I didn't *like* her very much.

(б) Она́ мне о́чень не
    понра́вилась.

I really *disliked* her.

(а) Он встре́тил нас не
    совсе́м любе́зно.

His welcome wasn't entirely *courteous.*

(б) Он встре́тил нас совсе́м
    не любе́зно.

His welcome was quite *rude.*

(а) Она́ отве́тила не совсе́м
    пра́вильно.

Her answer wasn't quite *right.*

(б) Она́ отве́тила совсе́м не
    пра́вильно.

Her answer was entirely *wrong.*

Here are some further examples illustrating the effects of the position of не in the sentence:

(а) Сего́дня они́ не бу́дут
    э́тим занима́ться.

(...maybe they'll never get around to it; who knows?)

(б) Они́ бу́дут э́тим занима́ться
    не сего́дня.

(Implication: they get around to it soon, so be prepared.)

(в) Сего́дня они́ бу́дут зани-
    ма́ться не э́тим.

(...they'll do something else instead.)

(г) Сего́дня не они́ бу́дут
    э́тим занима́ться.

(...someone else will.)

Он давно́ не приходи́л.

He hasn't been by for a long time.

Он приходи́л неда́вно.

He arrived recently.

Она́ не была́ приве́тлива,
как обы́чно.

She wasn't *affable*, as she usually is.

Она́ была́ неприве́тлива, как
обы́чно.

She was *ungracious*, as usual.

Она́ не была́ краси́ва.

She wasn't *beautiful.*

Она́ была́ некраси́ва.

She was *plain.*

The placement of *only* in English and то́лько in Russian exhibits the same contrast as the placement of *not* and не. This is not surprising, because *only* semantically contains negation: *Only John came* means 'John came and *nobody else did.*' In English, *only* typically comes before the verb; in Russian, то́лько comes before the word or phrase it modifies:

Я купи́л *то́лько* одну́ кни́гу.

I only bought one book (that's all I bought).

Я *то́лько* купи́л одну́ кни́гу.

I only bought one book (that's all I did).

Я *то́лько* почи́стил карто́шку, что́бы помо́чь жене́ (я не ходи́л в магази́н, не мыл посу́ду, и т.д.).

I only peeled potatoes to help my wife (that's all I did).

Я почи́стил *то́лько* карто́шку, что́бы помо́чь жене́ (я не чи́стил морко́вку, свёклу, и т.д.).

I only peeled the potatoes to help my wife (that's all I peeled).

Я почи́стил карто́шку *то́лько* что́бы помо́чь жене́ (я не о́чень люблю́ чи́стить карто́шку).

I only peeled potatoes to help my wife (that's the only reason I did it).

When the scope of negation consists of a clause, Russian again puts не or то́лько where they semantically belong, while English puts them before the main verb:

Я сде́лал э́то *не потому́, что* мне бы́ло стра́шно.

I didn't do it because I was scared (that's not why I did it).

Я э́того *не* сде́лал, *потому́ что* мне бы́ло стра́шно.

I didn't do it, because I was scared (The reason I didn't do it was...)

Он спал, *не потому́ что* уста́л (а потому́ что был пьян).

He didn't sleep because he was tired, but because he was drunk.

Compare:

Он *не* спал, *потому́ что* вы́пил сли́шком мно́го ко́фе.

He didn't (couldn't) sleep because he drank too much coffee.

Я ду́маю, он ещё *не* звони́л нача́льнику.

I don't think he's called his boss yet. (Cf. Lesson 3, Comment 4)

Я вы́пил *то́лько* одну́ рю́мку, что́бы жена́ меня́ не руга́ла.

I only had one drink, because I didn't want my wife to yell at me.

Я вы́пил одну́ рю́мку, *то́лько* что́бы жена́ меня́ не руга́ла.

I only had that one drink to keep my wife from yelling at me.

4.2 Verb + не + infinitive

        With some verbs, like those meaning 'advise, recommend',
and certain necessity words, it doesn't make much difference
in meaning (either in English or in Russian) whether you put
the negative particle with the verb or with the infinitive.

Я *не советую* тебе поступать в институт.	I *don't* advise you to enter college.
Я советую тебе *не поступать* в институт.	I advise you *not to enter* college.

Perhaps the second of these pairs expresses a more categorical
negation than the first, but the meaning is pretty much the
same. Further examples:

Он не намерен опубликовать свою статью.	He doesn't intend to publish his article.
OR: Он намерен не опубликовывать свою статью.	He intends not to publish his article.
Он не хочет работать.	He doesn't want to work.
OR: Он хочет не работать год.	He wants to not work for a year. (He wants to stay home for a year.)

        With other verbs the situation is quite otherwise - the
position of не may be a matter of life and death.

Врач *не разрешил* больному принимать это лекарство.	The doctor didn't permit (=he forbade) the patient to take this (lethal) medicine.
Врач разрешил больному *не принимать* это лекарство.	The doctor permitted the patient not to take this (innocuous but foul-tasting) medicine.
Он не просил меня предложить тост.	He didn't ask me to propose a toast.
Он попросил меня не предлагать тост.	He asked me not to propose a toast.

        A number of verbs, like стараться, бояться, просить,
etc., work like this, but since English has the same contrast,
the learner doesn't have too much of a problem - except for one
verb: мочь. In English the verb ·can can't have the negative
with the following verb; you can't say 'He can *not go*' with
the meaning 'He can go or not go, as he chooses.' In Russian
you can, e.g.,

Он может не ходить на занятия.	He doesn't have to go to class.

This problem has been discussed in greater detail in Lesson 3,
Analysis 1.7, along with negated necessity words, and we needn't
go into it further here. (See also Lesson 4, Analysis 2.3 on
aspect after мо́жет не and Lesson 4, Analysis 5 and 6 for
negative words of the type нельзя́, невозмо́жно, and навря́д
ли.) At this point we will simply give further illustrations
without discussion. As you read them, notice how the best-
sounding English translation usually avoids the negative +
infinitive. These examples cover all of the points made in
this section, not just мо́жет не.

Мы не мо́жем с ним об э́том говори́ть.	We can't talk to him about this.
Мы мо́жем не говори́ть с ним об э́том.	We don't have to talk to him about this.
Мы не хоти́м е́хать.	We don't want to go.
Мы хоти́м не е́хать.	We want to stay home (here).
Мне не хоте́лось бы обсужда́ть э́тот вопро́с.	I wouldn't like (=I don't want) to discuss this question.
Мне хоте́лось бы не обсужда́ть э́тот вопро́с.	I'd like to refrain from discussing this question.
Он не разреши́л мне сдава́ть экза́мен.	He didn't permit me to take the exam.
Он мне разреши́л не сдава́ть экза́мен.	He permitted me not to take the exam. (=He let me skip the exam.)
Он не мог не пить.	He couldn't abstain, i.e., he couldn't not drink; he wasn't able not to drink.
Он мог не рабо́тать.	He could skip work, i.e., he was able not to work.

If you are translating from English to Russian and want
to say *skip, avoid, refrain, abstain,* etc., it will be useful
to remember these negative constructions.

From all the examples above you might have noticed that
in the construction verb + не + infinitive, mostly Imperfectives were used. The next section elaborates on the aspectual
usage in this and other constructions.

4.3 The aspects of imperative and infinitive: a review

To understand the pattern of aspectual usage in the construction discussed in Section 4.2, it may be helpful to review the aspectual usage in the imperative. As you know, when you are talking about a single action or event, you typically use the Perfective imperative for positive commands, and the Imperfective imperative for prohibitions or requests not to do something:

Откро́й дверь.	Не открыва́й дверь.
Купи́ хле́ба. (Partitive Genitive)	Не покупа́й хле́ба. (Genitive after negation)
Слома́й сту́лья.	Не лома́й сту́льев.

Even when the verb denotes a state, rather than an action, it is usually perfectivized (to express a positive command) by means of an action-type prefix:

Посиди́ здесь.	Не сиди́ здесь.
Поспи́ ещё.	Не спи бо́льше.
Закури́, тебе́ бу́дет ле́гче. Have a cigarette, you'll feel better.	Не кури́, тебе́ бу́дет ле́гче. Don't smoke, you'll feel better.

Perfective negated imperative is only used to express warnings against doing something, when the speaker believes that the undesirable action is quite probable:

Не лома́й сту́льев.	Don't break chairs.
Осторо́жно, не слома́й стул.	Watch it, don't break the chair.
Бо́льше не опа́здывай.	Don't be late any more.
Смотри́ не опозда́й.	Make sure you're not late.

All these regularities of the aspectual usage in the imperative find parallels in the aspect of the infinitive. The parallels are particularly striking in the case of infinitives after such verbs as прика́зывать, рекомендова́ть, сове́товать; i.e., after verbs expressing the ideas which are also expressed by the imperative:

Прика́зываю тебе́   прошу́ тебя́, сове́тую тебе́

откры́ть дверь	-	не открыва́ть дверь
купи́ть хле́ба	-	не покупа́ть хле́ба
слома́ть сту́лья	-	не лома́ть сту́лья/сту́льев

Generally, when не directly precedes the infinitive, the infinitive is Imperfective. The only exception to this rule is the case of warning against (or fear of) inadvertently doing something:

Прошу́ тебя́ не слома́ть э́ту
вa̒зу.

Please be careful and don't
break this vase.

Бою́сь не зако́нчить статью́
в срок.

I'm afraid I won't finish
the article on time.

When не precedes the main verb, rather than the infinitive, the similarity with the imperative becomes a little
blurred, but mostly holds:

Сове́тую тебе́ купи́ть/Не сове́тую тебе́ покупа́ть э́ту
кни́гу.

Наме́рен снять OR снима́ть/Не наме́рен снима́ть э́тот
эпизо́д.

At this point you may recall what was said in Lessons 2
and 3 about the aspect of infinitives after necessity words,
and see that it fits the same general pattern:

На́до поста́вить ча́йник.   Не на́до ста́вить ча́йник.

Э́ту пье́су сто́ит прочита́ть. Э́ту пье́су не сто́ит чита́ть.

The same association of Imperfective infinitives with
the idea of dissuasion or prohibition shows up in a slightly
different construction, which involves adverbs like нехорошо́
'it's not nice' or вре́дно 'it's harmful, it's not healthy'.
These adverbs contain in their meaning the idea of dissuasion
or prohibition; not surprisingly, they are typically used with
Imperfective infinitives (see Lesson 12 Analysis for yet
another variation on the same theme):

Нехорошо́ перебива́ть ста́рших.

It's not nice to interrupt
your elders.

Во́дку по утра́м пить вре́дно.

It's not good for you to
drink vodka in the
morning.

С Ви́тей спо́рить ску́чно и
утоми́тельно.

It's boring and tiring to
argue with Vitya.

Наста́ивать да́льше бы́ло
бесполе́зно, да́же вре́дно.

Further insistence would
have been meaningless,
even counter-productive.

Жа́лко выбра́сывать пусту́ю
поллм́тру, её мо́жно сдать
в гастроно́м.

It's a shame to throw away
this empty half-liter
bottle; you can return
it to the store (and get
money for it).

We would like to repeat that the generalizations and
regularities we have discussed in this section are tendencies,
rather than hard and fast rules. The latter are very few,

namely:

> *Always use Imperfective imperatives after negation,*
> *except for warnings.*
>
> *Always use Imperfective infinitives after negated*
> *necessity words.*
>
> *Always use Imperfective infinitives directly after* не,
> *except for warnings.*

Otherwise, the correlation between the modality of the predicate (command, request, prohibition, dissuasion, etc.) and the aspect of the imperative and infinitive, is not absolute. Other factors interfere, and make the choice of aspect non-unique. Still, this correlation is very important in determining which aspect to choose; its understanding is essential to developing a feel for correct aspectual usage.

УПРАЖНÉНИЯ К ТÉКСТУ

1. Conversation Exercise (Comment 1)

   Use the preposition по and the words знакóмый, друг, прия́тель, сосéд in the second line.

   А. Откýда у тебя́ приглаcи́тельный билéт на вы́ставку *францýзского искýсства?*

   Б. Мне достáл мой *прия́тель по рабóте.*

French Art	my friend where I work
Alcoholic Drinks	my friend from high school
Woolen and Linen Fabrics	my friend from school (i.e., university)
Railroad Cars	my neighbor from the dorm
Oriental Fabrics	my friend from the arvy
Dining Cars	my friend from the hotel
Silos	my friend from high school
Skyscrapers	my friend from school (i.e., university)
Cow Tails	my friend from the army

2. Conversation Exercise (Comment 3)

   We do not expect you to remember all the animals, birds and sounds we list in Comment 3, but try and recall the most common ones for a dialogue like the following:

   А. Слýшай, кáжется *собáка лáет.*

   Б. Да, у нас здесь ря́дом вы́ставка *собáк.*

   dog, cat, cow, donkey, rooster, crow, lion, frog, bee, etc.

3.   Conversation Exercise   (Comment 3)

If you don't feellike imitáting animal sounds, just namé
the correspónding animal.

   А. *Хрю-хрю (свинья́).*

   Б. Не *хрю́кай.*   Мне надоéло твоё *хрю́канье.*

хрю-хрю	(pig)
мяу	(cat)
гав-гав	(dog)
бэээ	(sheep)
иа-иа	(donkey)
и-го-го	(horse)
кукареку́	(rooster)
карр, карр	(crow)
зззз	(bee)
шшшшшш	(snake)
( )	(fish)

4.   Conversation Exercise   (Comment 3)

Recall action-type prefixes from Lesson 5. Vary the threat
in the last line. Use substitutions from Exercise 3.

   А. По-мóему, éта *свинья́* собирáется

   Б. Онá ужé   *хрю́кала.*

   А. Не *хрю́кай,* мне надоéло твоé *хрю́канье.*

   Б. Пускáй *хрю́кает.*   *Похрю́кает* немнóго и пере-
       стáнет.

   А. Смотри́, *дохрю́каешься* до тогó, что *тебя́*
       зажáрят.

УПРАЖНЕ́НИЯ К АНА́ЛИЗУ

5. Conversation Exercise (Analysis 2)

In the last line, use никако́го, никаки́х or ни одного́, depending on context.

    А. *У Пе́ти краси́вый дом, пра́вда?*

    Б. Я и не знал, что *у Пе́ти есть дом.*

    В. Глу́пости! *У Пе́ти нет никако́го до́ма.*

У нас на вокза́ле большо́й зал ожида́ния.
В Сара́тове высо́кие небоскрёбы.
В колхо́зе "Заря́ коммуни́зма" высо́кие си́лосные
    ба́шни.
В совхо́зе "Улы́бка Ильича́" хоро́шие о́вцы.
У ми́стера Джо́унза хоро́шие жи́рные сви́ньи.
У нау́чного руководи́теля в кабине́те сиди́т
    энерги́чная секрета́рша.
Здесь расту́т вку́сные грибы́.
В э́том году́ появи́лся интере́сный журна́л.
У Пе́ти сохрани́лись интере́сные фотогра́фии.
Нам встре́тились стра́нные лю́ди в гора́х.

6. Conversation Exercise (Analysis 2)

    А. Принеси́ мне *книг из библиоте́ки.*

    Б. Я не могу́ принести́ тебе́ *книг из библиоте́ки.*
        Там уже́ не оста́лось *книг.*

books from the library	brandy from the liquor store
milk from the dairy store	cheese from the dairy store
sour cream from the dairy store	bread from the bakery
lemonade from the supermarket	beer from the ГАСТРОНОМ around the corner
meat from the butcher's	pastry from the bakery
wine from the liquor store	white bread from the bakery
a cake from the cake store on Nevsky	eggs from the supermarket

7. Conversation Exercise (Analysis 3)
    Use substitutions from Exercise 6.

    А. Принеси́ мне *книг из библиоте́ки.*

    Б. Я не могу́ принести́ тебе́ *книг из библиоте́ки.*
        Там уже́ не оста́лось *книг.*

    А. Где же мне взять *книг?* Я тре́бую *книг.* Я
        не могу́ без *книг.*

    Б. Не плачь. Я постара́юсь доста́ть тебе́ *книг.*

8. Conversation Exercise (Analysis 3)

   А. Вáся, пойдём кормúть мою *собáку.*

   Б. Не пойдý. Я боюсь и избегáю твою *собáку.*
       Онá всё врéмя *лáет.*

   А. Глýпо боя́ться *собáк.*

dog, cat, cow, sheep, donkey, horse, pig, rooster, lion,
goldfish (золотáя рыбка)

9. (Analysis 3.1.3)

   Translate into Russian.

   Farmer Jones doesn't inspire my respect...nor trust. He
   never leaves his cows in peace. He never gives them a
   chance to graze freely. His cows' peace of mind (покóй)
   plays no part in his calculations. He attaches no signi-
   ficance to their feelings. Their sufferings produce no
   impression on him. They show no sign of their discontent,
   but they don't lose hope. They don't lose time, either.
   Farmer Jones will one day feel sorry for paying no attention to his cows' inner world.

10. Conversation Exercise (Analysis 3.1.2)

   In the last line, use prefixed Imperfective verbs of
   motion (see Lesson 5, Analysis).

   А. Как тебé понрáвилась *нáша корóва?*

   Б. Какáя *корóва?* Я не вúдел *никакóй корóвы.*

   А. Я никáк не могý поня́ть *нáшу корóву.* Как
       тóлько ты прихóдишь, онá *убегáет в кусты́.*

our cow	runs away into the bushes
our sheep	swims away to the other side
our new typist	goes by bus to the exhibit
my favorite snake	crawls away into my study
our crow	flies away to our neighbor's
our new secretary	sails away in her yacht
our new horse	runs away into the field
our hen	flies away into the garden
the baby	crawls under the bed

11. Conversation Exercise (Analysis 3.2, 3.3.1)

Use есть (съесть, поесть) or пить (выпить, попить) depending on what you are talking about.

А. Как тебе понравилась *простокваша?*

Б. Какая *простокваша?* Я не *ел* никакой *простокваши!*

А. Кто же *съел простоквашу?*

В. Я *поел простокваши,* но когда я уходил, в холодильнике ещё оставалась *простокваша.*

Б. Не знаю, когда я пришёл, там уже не осталось *простокваши.*

caviar	spaghetti
grape soda	farmer's cheese (творог)
(white) bread	sausage
cake	kvas
plum soda	pie
chocolate	Swiss cheese
brown kasha	whipped cream
milk	Dutch cheese
kefir	carrots

12. (Analysis 4.1)

Translate into Russian, using the words listed at the right. Insert не in the appropriate position.

Model: We want to skip the trip.   хотеть, ехать
        Мы хотим не ехать.

You don't have to go, if you don't want to.	мочь, ходить, хотеть
He tried to keep out of sight.	стараться, быть, на виду
We don't have to talk to him about that.	мочь, говорить, он, это
I'm hoping to avoid meeting him.	надеяться, встретить, он
I hope to meet him.	надеяться, встретить, он
She allowed Seryozha to put off doing his homework tonight.	разрешить, Серёжа, сегодня вечером, заниматься
He made the exam optional for us.	разрешить, мы, сдавать, экзамен
This isn't the article I read.	читать, эта, статья
He didn't sleep long - it was too hot.	спать, долго, жарко
He couldn't stay awake.	мочь, спать

13.   Conversation Exercise (Analysis 4.1)

Note the position of не. The first question means 'How
come you weren't here?' or 'Why weren't you where you were
supposed to be?'

   А. Почему́ тебя́ не́ бы́ло?   Ты ходи́л *в магази́н?*

   Б. Нет, я ходи́л не *в магази́н,* я ходи́л *к
       дире́ктору.*

to the store	to the market
to the exhibit	to our director
to our director	to the lab
to the movies	to the theater
to the dairy store	to the bakery
to the library	to my uncle's house
to the stadium	to the park
to the museum	to the ballet
to the exhibit	to my friend's house

14.   Conversation Exercise

Note the position of то́лько.

   А. Ты уже́ накорми́л *коро́в?*

   Б. Нет ещё, я успе́л накорми́ть то́лько *ове́ц.*

cow	sheep
dog	cat
sheep	horse
horse	pig
pig	hen
hen	rooster
sheep	donkey
lion	golden fish
tiger	lion
donkey	fish

15.   Conversation Exercise.

Note the position of не. Recall the suffix -ну-
(meaning 'once') from Lesson 5, Analysis 10.

   А. Почему́ ты всё вре́мя *хрю́каешь?*

   Б. Непра́вда, я не всё вре́мя *хрю́каю.*   Я то́лько
       вчера́ оди́н раз *хрю́кнул.*

хрю́кать	oink
мя́укать	meow
ка́ркать	caw
ква́кать	croak
чири́кать	chirp
кря́кать	quack
крича́ть	yell

УПРАЖНÉНИЯ НА МАТЕРИÁЛ ВСЕГÓ УРÓКА

16. Conversation Topic

One of the students pretends he/she is a guide at an
exhibition. The rest ask him/her questions about medical
insurance, unemployment, paid education, skyscrapers,
slums, etc. Use the following words and expressions:

безрабóтица	небоскрёб
медицúнское страховáние	трущóба
страхóвка	плáта за обучéние
социáльное обеспечéние	студéнческий заём
посóбие по безрабóтице	престýпность
Я не знáю. Какóе э́то	
имéет значéние?	

17. Conversation Topic

Discuss the workings of the capitalist system, e.g., how
one could open a small business or start a farm. Use the
following words and expressions:

чáстная сóбственность	зарплáта
капитáл	профсою́з
труд	безрабóтица
прúбыль	забастóвка
заём	банк
оборýдование	нанять/нанимáть

УРОК 10

ТЕКСТ. ЖЕНСКАЯ ДОЛЯ

Снова в Ленинграде, и уже ранняя весна. Жанна провела день, блуждая по магазинам старой книги.[1] В последнем из них ей повезло: она нашла третий том из собрания сочинений Гоголя, которого ей нехватало до полного комплекта, и поваренную книгу, озаглавленную "О вкусной и здоровой пище". Перелистывая её, Жанна вдруг остро ощутила, что уже почти год ей не приходилось готовить. Её внимание привлекает рецепт сырников;[2] "сырники и хороший салат" думает она и обращается с вопросом к стоящей неподалёку продавщице:

Ж.   Простите, вы не скажете, где здесь по соседству хороший гастроном?

П.   За углом на Невском-Елисеевский.[3] Только сейчас час пик, народу будет много. А что вы хотите купить?

Ж.   Творогу со сметаной и чего-нибудь для салата: шпинат, помидоры.

П.   (*смотрит на Жанну с интересом*) Сходите лучше на рынок, тут недалеко Кузнечный.

Продавщица объясняет Жанне дорогу, и Жанна, следуя её указаниям, вскоре подходит к рынку. Это огромное серое здание, вокруг которого толпится народ. Смешавшись с толпой, Жанна попадает внутрь. Внутри[4] тесно, шумно и оживлённо, кричат продавцы, торгуются покупатели, пахнет цветами, свежей зеленью и квашеной капустой.[5] Спустя полчаса Жанна выбирается наружу: в руках у неё творог, баночка сметаны, два помидора и луковица. Запихнув всё это в портфель, Жанна поспешила к автобусной остановке. На остановке её ожидала огромная бесформенная очередь; два переполненных автобуса прошли мимо не останавливаясь; наконец, третий открыл дверь, и Жанна, вместе со всеми, рванулась вперёд. В тесноте она наступила какой-то женщине на ногу, та охнула и выронила сумку с продуктами, откуда высыпались и покатились груши и апельсины. Жанна, красная от смущения, бросилась их подбирать; собрав, наконец, всё что ещё можно было спасти, она подняла голову и узнала продавщицу из книжного магазина.

Ж.   Ах, это вы -- простите ради Бога -- надеюсь, вам не очень больно -- простите пожалуйста -- куда вам ехать! -- знаете что? Мы никогда не

попадём на этот автобус -- поедемте на такси, нам по
дороге -- не беспокойтесь, у меня есть деньги -- мне
очень, очень стыдно...

Несмотря на уверения Лоры (так звали продавщицу), что, такси в часы пик поймать невозможно, уже
через две минуты Жанне удалось первой подбежать к
только что освободившейся машине. В такси молодые
женщины мгновенно подружились, и Лора пригласила
Жанну к себе, "раз уж тебе так хочется готовить[6]",
— сказала Лора, "тем более, что мне до смерти надоело
приходить с работы и готовить на мою ораву". Оказалось, что у Лоры двое детей: мальчик Витя двенад-
цати лет, в пятом классе английской школы[7], и трёх-
летняя девочка Нина. В одной квартире с Лорой, её
мужем и детьми живёт и Лорина свекровь, Ольга Сер-
геевна. Она отводит Нину в детский сад по утрам и
вечером забирает её оттуда; она также следит, чтобы
Витя, приходя из школы, поел и приготовил уроки.
Однако, она уже слишком старенькая, чтобы ходить по
магазинам, так что Лоре приходится всё покупать
самой. "Да к тому же", — объяснила Лора, — "у нас
в Гавани[8] ничего и не купишь, в центре магазины
гораздо лучше. И у меня там знакомые есть, так что
достаю продукты, каких в магазине вообще не купить.
Вот в Елисеевском, например, мясник работает, очень
любит книжки читать. Он мне приносит мясо, а я ему
оставляю дефицитные книжки. За эти вот бифштексы он
у меня сегодня получил "Трёх мушкетёров". Потом из
рыбного[9] пришла девушка, предложила свежего карпа, а
он очень редко бывает, -- ну, я и не смогла отка-
заться. Тем более что дети у меня очень рыбу любят".

Когда Лора и Жанна вошли в Лорину квартиру,
Нина играла с бабушкой в гостиной, а Витя сидел у
себя в комнате и готовил уроки. Молодые женщины
пошли прямо на кухню готовить. Разговор у них вскоре
становится интимным.

Л.   Витька у меня, конечно, случайно родился. Я
     тогда только что институт закончила, хотела
     идти в аспирантуру. И вот вместо аспирантуры
     попалась, забеременела...

Ж.   А у вас разве нет противозачаточных средств?
     Таблетки, такие, например: принимаешь одну
     каждое утро, и всё.

Л.   Есть всякие средства, но очень ненадёжные, да
     и не всегда бывают, и врачи не хотят прописы-
     вать. Единственное надёжное средство— аборт,
     а когда женщина молодая и ещё не рожала, аборт
     делать опасно. Так у меня Витька и родился.

Я, коне́чно, могла́ его́ отда́ть в круглосу́точные
я́сли[10] и пойти́ учи́ться, но жа́лко ста́ло... Да к
тому́ же в э́тих ясля́х де́ти простужа́ются ча́сто,
боле́ют. Свекро́вь у меня́ тогда́ ещё рабо́тала,
то́лько по вечера́м приходи́ла пелёнки гла́дить.[11]
Пришло́сь мне об учёбе забы́ть, и сиде́ть с Ви́тей
три го́да, пока́ он в де́тский сад не пошёл.

Ж.   У нас в Аме́рике с де́тскими сада́ми совсе́м пло́хо.
В больши́х города́х начина́ют появля́ться, а в
ма́леньких— мо́жет и совсе́м не быть. Е́сли же́н-
щина хо́чет рабо́тать, то прихо́дится нанима́ть
ня́ньку, а на э́то чуть не пол-зарпла́ты мо́жет
уйти́.

Л.   А декре́тный о́тпуск[12] у вас даю́т?

Ж.   Зави́сит от того́, где рабо́таешь. Во мно́гих
места́х даю́т о́тпуск на год за свой счёт.[13] Ра́ньше
бы́ло совсе́м пло́хо: рабо́ту теря́ли, и стаж
пропада́л, и пе́нсии лиша́лись. Тепе́рь ста́ло
лу́чше, потому́ что же́нщины объедини́лись и ста́ли
боро́ться за свои́ права́.

Открыва́ется дверь и вхо́дит муж Ло́ры. Поздоро́-
вавшись с Жа́нной и поцелова́в жену́, он фальши́во
улыба́ется, потира́ет ру́ки и спра́шивает:

М.   А что, обе́д ещё не гото́в? Я тогда́ пойду́ пока́
почита́ю.

КОММЕНТА́РИИ

1. Магази́н ста́рой кни́ги и́ли букинисти́ческий магази́н—
   a second-hand bookstore. В Ленингра́де ча́ще говоря́т
   магази́н ста́рой кни́ги, а в Москве́ ча́ще говоря́т
   букинисти́ческий магази́н. В разгово́рной ре́чи ча́сто
   употребля́ется элли́псис:

   Пойдём в ста́рую кни́гу.

   *Мне повезло́, вчера́ в букини́сте (у букини́ста) купи́л
   трёхто́мник Пу́шкина.*

2. Приво́дим здесь реце́пт, привле́кший внима́ние на́шей
   герои́ни.

   Сы́рники с са́харом

   300 *г* творога́, 2 столо́вые ло́жки пшени́чной муки́,
   1 яйцо́, 1½ столо́вые ло́жки са́хара, 1 столо́вая ло́жка
   сли́вочного ма́сла, 50 *г* смета́ны, 1 столо́вая ло́жка
   са́харной пу́дры, ванили́н, соль по вку́су.

   В протёртый творо́г доба́вить сыро́е яйцо́,

са́харный песо́к и пшени́чную муку́ (полови́ну но́рмы).
Всё это хорошо́ перемеша́ть до получе́ния одноро́дной
ма́ссы. На посы́панном муко́й столе́ разде́лать
сы́рники в фо́рме кру́глых лепёшек, толщино́й в 1,5
см. Обжа́рить на ма́сле с обе́их сторо́н до образо-
ва́ния румя́ной ко́рочки, по́сле чего́ поста́вить в
духо́вку на 5-6 мину́т.

Гото́вые сы́рники положи́ть на подогре́тую таре́лку,
посы́пать са́харной пу́дрой. Смета́ну пода́ть отде́льно
в со́уснике.

*При изготовле́нии сы́рников часть муки́ мо́жно
замени́ть ма́нной крупо́й.*

*Творо́жную ма́ссу, приготовле́нную без са́хара,
мо́жно пода́ть с тми́ном (3 г тми́на на 1 кг творога́).*

Сле́дующие реце́пты позаи́мствованы на́ми из проспе́кта
вы́ставки "Се́льское Хозя́йство США".

Сала́т "Це́зарь"

2 небольши́е голо́вки сала́та лату́ка
Круто́ны (небольши́е ку́бики из бе́лого хле́ба)
4-6 ст. ло́жек расти́тельного ма́сла
1 ча́йная ло́жка ру́бленого чеснока́
2 яйца́
1/8 ча́йной ло́жки со́ли
1/8 ча́йной ло́жки свежемо́лотого чёрного пе́рца
½ стака́на прова́нского ма́сла
4 ст. ло́жки лимо́нного со́ка
1 стака́н свеженатёртого о́строго сы́ра
6-8 штук анчо́усов (по жела́нию)

Спо́соб приготовле́ния

Ли́стья све́жего сала́та очи́стить, промы́ть в
холо́дной воде́. Заверну́ть промы́тые ли́стья в сухо́е
кухо́нное полоте́нце. Положи́ть в холоди́льник.

Отре́зать 4 ломтя́ бе́лого хле́ба толщино́й в 2 см,
обре́зать ко́рку, поре́зать хлеб на круто́ны (ку́бики).
Хле́бные ку́бики обжа́рить до золоти́стого цве́та в 4
ст. ло́жках раскалённого расти́тельного ма́сла. В
проце́ссе обжа́ривания доба́вить ещё 2 ст. ло́жки
расти́тельного ма́сла. Сковоро́ду с круто́нами снять
с огня́, доба́вить ме́лко ру́бленый чесно́к, переме-
меша́ть. Сложи́ть круто́ны на таре́лку, покры́тую
бума́жной салфе́ткой. Дать осты́ть.

2 яйца́ опусти́ть в кипято́к на 10 секу́нд, вы́нуть
из кипятка́, отложи́ть в сто́рону. Разорва́ть ли́стья
сала́та на небольши́е куски́, сложи́ть в большо́й
сала́тник. Запра́вить сала́т со́лью, пе́рцем,

прованским маслом и перемешать с помощью двух
больших ложек. Разбить яйца на салат, добавить
лимонный сок, хорошо перемешать. Посыпать тёртым
сыром, добавить мелко нарезанные анчоусы, перемешать. Положить сверху крутоны и подавать,
4 порции.

Суп из арахиса "Джорджия"

115 *г* сливочного масла
1 небольшая головка репчатого лука
2 черешка свежего сельдерея
3 ст. ложки муки
1 чайная ложка соли
8 стаканов куриного бульона
2 стакана мелко молотого поджаренного арахиса
1/3 чайной ложки соли с молотыми семенами
     сельдерея
1 ст. ложка лимонного сока
Рубленый поджаренный арахис для приправы
Чуточку настоя из острого красного стручкового
     перца

Способ приготовления

     Лук, сельдерей очистить, промыть, мелко наре-
зать, положить в кастрюлю с толстым дном и
пассировать на масле на протяжении 5 минут.
Добавить муку, смешанную с 1 чайной ложки соли.
Хорошо перемешать. Постепенно добавить горячий
бульон. Дать супу покипеть 30 минут на слабом
огне. Снять с огня, процедить и сразу же добавить
в горячий процеженный суп молотый арахис, соль с
молотым сельдереем, настой из красного перца,
лимонный сок. Хорошо перемешать. Перед подачей
на стол просыпать рубленым арахисом. Подаётся
суп очень горячим.
10 порций.

3. На углу Невского и Малой Садовой улицы есть
   большой магазин, который до революции принадлежал
   купцу Елисееву и назывался Елисеевским. Название
   это сохранилось в речи ленинградцев, хотя магазин
   уже давно принадлежит государству и официально
   называется *Гастроном номер один*. Елисеевский
   магазин есть и в Москве, на улице Горького.

4. Внутрь   внутри   изнутри
   inside (direction) inside (location) from the inside

   Ещё несколько таких же соответствий:

наружу outside (direction)	(с) наружи outside (location)	снаружи from the outside
вперёд forward, up front	впереди спереди	спереди
назад back	позади сзади	сзади
вверх upward	вверху	сверху
наверх on top of, upstairs	наверху	сверху
вниз downward, downstairs	внизу	снизу
направо to the right	справа on the right	справа from the right
налево to the left	слева on the left	слева from the left

Направо и налево часто употребляются вместо
справа и слева чтобы обозначить положение (напр.
Направо от стола стояла лампа вместо Справа от
стола...)   В остальном все указанные различия
хорошо сохранились в языке.

    Слова наверх и вверх различаются тем, что вверх
просто указывает направление от поверхности земли,
тогда как наверх указывает направление к верху или
верхушке чего-то.   Таким образом, говорят идти
наверх 'go upstairs, climb on top' но лететь вверх
'fly upward'.   Различие между вверх и наверх
довольно тонкое, и мы приведём ещё несколько
примеров:

идти вверх по лестнице	be climbing (as opposed to descending) the stairs
идти наверх (по лестнице)	go upstairs
стоять ногами вверх (или кверху)	stand upside down

Не путайте наречие наверх с сочетанием слов на +
верх + Gen.:

Ворона взлетела на верх (или: верхушку) дерева.	The crow flew up to the top of the tree.

5. Два замечáния по пóводу э́того предложéния. Во-пéрвых, обратúте внимáние, что глагóл *пáхнуть* управля́ет творúтельным падежóм: *пáхнуть чем* smell of what. Во вторы́х, э́тот глагóл мóжет употребля́ться и лúчно, и безлúчно. Говоря́ о действúтельном *истóчнике* зáпаха, употребля́йте лúчную констру́кцию:

Цветы́ хорошó пáхнут.   Flowers smell nice.

Э́то растéние пáхнет мя́той. This plant smells of (like) mint.

Говоря́ о зáпахе в какóм-нибу́дь помещéнии úли прострáнстве, употребля́йте безлúчную констру́кцию:

В магазúне пáхло цветáми   The store smelled of flowers.

В лесу́ хорошó пáхло.   There was a nice smell in the forest.

6. Since you're so eager to cook, and especially since I'm sick and tired of coming home from work and cooking for my crowd.

Выражéние *дó смерти* произнóсится как однó слóво с ударéнием на предлóге. Онó знáчит "óчень", и употребля́ется чáще всегó со слéдующими глагóлами и прилагáтельными:

устáл дó смерти   tired (physically) to death

надоéло дó смерти   tired (of doing something) to death

ску́чно дó смерти   bored to death

7. В так называ́емых англúйских шкóлах, дéти начинáют занимáться языкóм с восьмú лет (в обы́чной шкóле— с двенáдцати). Спустя́ нéкоторое врéмя им начинáют преподавáть отдéльные предмéты по-англúйски. Пóсле девятú лет такúх заня́тий со вторóго по деся́тый класс шкóльники довóльно хорошó знáют язы́к. Существу́ют тáкже францу́зские, немéцкие, испáнские и другúе шкóлы, но их горáздо мéньше, чем англúйских.

8. Гáвань 'Haven' — райóн Ленингрáда в сéверо-зáпадной чáсти гóрода, на берегу́ Фúнского Залúва.

9. Подразумевáется *из ры́бного магазúна* (*úли из ры́бного отдéла*). Аналогúчно:

Я иду́ в мяснóй, потóм в овощнóй, а отту́да в молóчный.

10. Почтú с момéнта рождéния и до трёхлéтного вóзраста детéй мóжно отдавáть в так называ́емые я́сли; дéти от трёх до семú лет хóдят в дéтский сад. И в я́слях, и в дéтском саду́ существу́ют круглосу́точные

группы для детей, родители которых хотят их там
оставить ночевать. В круглосуточных яслях и
детском саду дети могут оставаться с утра поне-
дельника до пятницы вечером. Конечно, немногие
родители пользуются этой возможностью.

И в яслях, и в детском саду дети разбиты на
группы по возрасту. В течение дня за группой
смотрит воспитатель (обычно— воспитательница) и
нянечка. В детском саду группы состоят из
двадцати— двадцати пяти детей, в яслях— немного
меньше. Воспитательница осуществляет педагоги-
ческую и воспитательную работу: водит детей
гулять, учит их азбуке, читает им книжки,
рассказывает им про дедушку Ленина. Нянечки
следят за чистотой, накрывают на стол и убирают
со стола, выносят горшки, помогают детям одеться
и т.д.

11. Пелёнка—swaddling clothes. Пеленать—swaddle. В
Советском Союзе детей до сих пор пеленают. В
советских медицинских изданиях последнего времени
появляются заявления о том, что пеленание не
необходимо, и, может быть, даже вредно, но
большинство населения всё ещё считает, что если
ребёнка не запеленать, то он будет плохо спать,
поцарапается, может повредить себе глаза или
уши и т.д.

Пелёнка— это большой прямоугольный кусок материи
размером примерно полтора на два фута (one and a
half by two feet). Чтобы дезинфицировать пелёнки, их
полощут, кипятят в горячей воде с мылом, стирают,
и потом ещё гладят горячим утюгом. Многие гладят
пелёнки даже с двух сторон, чтобы убить всех
микробов. На всё это уходит очень много времени.

12. Декретный отпуск— это полностью оплачиваемый
отпуск по беременности, который начинается за два
месяца до ожидаемой даты рождения, и продолжается
два месяца после родов. Иногда вместо *декретный
отпуск* говорят просто *декрет*, например:

*Нинка опять в декрете! — А Оля только с декрета
вышла, и уже опять в положении.*

13. Отпуск за свой счёт— leave without pay.

Два дня за свой счёт   Two days off (without pay)

ANALYSIS

In this lesson we continue our discussion of negation
and related problems. Section 1 dwells on antonyms and illus-
trates two important kinds. Section 2 shows the relation between negation in the main clause and the use of бы in
subordinate clauses. Section 3 finally abandons negation to
discuss various mass nouns, mostly fruits and vegetables.

1. Negation and antonyms

In Section 4 of the preceding analysis we mentioned
that antonyms play a role in negation, and indeed there is a
close relationship between negation and antonymy. When you
have a pair of words that are opposites, one of them usually
contains a negative, either overtly (i.e., with a negative
prefix, as in женáтый— неженáтый 'married— unmarried')
or covertly (i.e., in its lexical meaning, as in женáтый—
холостóй 'married— bachelor').

First of all, let us list some antonym pairs in which
one member of the pair is formed by adding не, or some other
prefix, to the other member.

алкогóльный	*без*алкогóльный (напúток)	alcoholic	non-alcoholic, soft (drink)
очереднóй	*вне*очереднóй (съезд)	regular	extraordinary (Congress)
плáтный	*бес*плáтный (концéрт)	admission charged	free
рационáльный	*ир*рационáльный	rational	irrational
вúдимый	*не*вúдимый	visible	invisible
допустúмый	*не*допустúмый	admissible	inadmissible
женáтый	*не*женáтый	married	unmarried
зáмужем	*не*зáмужем	married	unmarried
одушевлённый	*не*одушевлённый	animate	inanimate
знакóмый	*не*знакóмый	familiar	unfamiliar
квалифицú- рованный	*не*квалифицúро- ванный (рабóчий)	skilled	unskilled (worker)
легáльный	*не*легáльный	legal	illegal
перехóдный	*не*перехóдный	transitive	intransitive
рáвенство	*не*рáвенство	equality	inequality
совершенно- лéтний	*не*совершенно- лéтний	of age, adult	minor

трудоспо- со́бный	*не*трудоспо- со́бный	able-bodied	disabled
уда́чный	*не*уда́чный	successful	unsuccessful
целесообра́з- ный	*не*целесообра́з- ный	advisable	inadvisable
чётный	*не*чётный	even	odd
эти́чный	*не*эти́чный	ethical	unethical
я́вный	*не*я́вный	obvious	not obvious

In some cases there are lexical pairs like живо́й—
мёртвый where a не- prefix on one is synonymous with the
other of the pair, e.g.,

жена́тый married	холосто́й bachelor	= нежена́тый unmarried
зря́чий sighted	слепо́й blind	= незря́чий sightless
обяза́тельный obligatory	факультати́вный optional	= необяза́тельный non-obligatory
прису́тствовать be present	отсу́тствовать be absent	= не прису́тствовать not be present
соблюда́ть observe	наруша́ть violate	= не соблюда́ть not observe

(With verbs, не is written as a separate word.)

Returning to the first list we gave, note that the
prefixes не-, без- and others can form antonyms. In a
few cases не- and без- can even be used with the same
stem, e.g., безуда́рный = неуда́рный 'unstressed'. However,
if an adjective expresses some value judgement, then не- and
без- do *not* necessarily mean the same thing. The adjective
with не- (if such an adjective indeed exists) is a straightforward antonym, while без- strengthens the value judgement.

безгра́мотный ignorant	негра́мотный illiterate	гра́мотный literate	(инжене́р) (engineer)
беззако́нный lawless	незако́нный illegal	зако́нный legal	(акт, аре́ст) (act, arrest)
бесче́стный dishonorable	нече́стный dishonest	че́стный honest	(челове́к) (person)
беста́ктный completely lacking in tact	нетакти́чный tactless	такти́чный tactful	(посту́пок) (action)

Some antonyms describe the opposite ends of a continuous
scale, e.g. big vs. small. In these cases не- is usually
used to describe an intermediate point on the scale, e.g.,

большо́й   небольшо́й   ма́ленький

←——→

Небольшо́й does not mean small, but 'small*ish*', 'relatively
small', i.e., located somewhere towards the small end of the
scale, but not at the very end. It is not as strong as
ма́ленький and expresses a rather *mild contrast* (*неострый*
контраст). Words of this sort are called *quasiantonyms*.
Here is a short list of them:

большо́й	небольшо́й	ма́ленький
big	smallish	small, little
ма́ло	нема́ло	мно́го
a little	a good deal	a lot
бли́зкий	небли́зкий	далёкий
near	kind of far	far
далеко́	недалеко́	бли́зко
far	fairly near	near
до́лгий	недо́лгий	кра́ткий
long	brief	short
высо́кий	невысо́кий	ни́зкий
high	pretty low	low
глубо́кий	неглубо́кий	ме́лкий
deep	sort of shallow	shallow
широ́кий	неширо́кий	у́зкий
wide	narrowish	narrow
я́ркий	нея́ркий	ту́склый
bright	dullish	dull
краси́вый	некраси́вый	уро́дливый
beautiful	plain	ugly
здоро́в	нездоро́в	бо́лен
healthy	unhealthy	sick, ill
здоро́вый	нездоро́вый	больно́й
(интере́с)	(интере́с)	(интере́с)
healthy	unhealthy	sick, morbid

лёгкий	нетру́дный	нелёгкий	тру́дный
easy	fairly easy	sort of hard	difficult
просто́й	несло́жный	непросто́й	сло́жный
simple	pretty simple	sort of complex	complicated
весёлый	невесёлый	гру́стный	
cheerful	sort of sad	sad	
у́мный	неглу́пый	неу́мный	глу́пый
smart	pretty smart	pretty stupid, dull	stupid

These quasiantonyms are extremely useful if you want to be polite or to moderate your speech: why refer to someone as глу́пый when you can call him неу́мный? Why belittle something by calling it ма́ленький when you can use небольшо́й? On the other hand, somebody may not be smart enough to be truly у́мный, in which case неглу́пый will do. Words of this kind make up for the comparative lack of moderating adverbials of the type "pretty, sorta, kinda" which are so useful in colloquial English. (Such adverbials do, of course, exist in Russian, e.g., дово́льно, ка́к-то, како́й-то, своего́ ро́да, the suffix -ова́тый, and others.)

The prefix не- in antonyms and quasiantonyms is written without a space before adjectives. Note the contrast with the negative particle не:

Ко́мната была́ небольша́я.	The room was rather small.
Ко́мната была́ не больша́я, а наоборо́т, о́чень те́сная.	The room wasn't big; quite the opposite, it was very cramped.

In speech, you can hear the difference in the intonation: the second example has high contrastive pitch on больша́я.

2. Negation and бы

Before discussing the relationship between negation and the particle бы, let us briefly review the syntax and semantics of бы.

2.1 Review of бы

The particle бы may occur (1) with the -л- form of the verb, (2) in the construction что́бы + infinitive, and (3) in a miscellany of fixed expressions and minor constructions.

(1) Е́сли *бы* он *пришёл,* я *бы* ему́ *сказа́л.*

Я хочу́, что́*бы* ты *пришёл.*

(2) Я поступи́л в институ́т, что́*бы* *учи́ться* матема́тике.

(3) Е́сли *бы* не он...

Ему́ *бы* стать офице́ром.

я́ко*бы,* ещё *бы*

Our review concerns only the construction illustrated in (1): бы plus -л-.

The meaning of бы is "unreal". It is used in a wide variety of situations where the action is contrary to fact (*Had he come...* = he didn't come), hypothetical (*Were he to come...*), or not yet realized (*I told him to go, that he should go* = he has not in fact gone yet). It often corresponds to the subjunctive in other languages (I insisted that he *go*) or to

modals (I told him that he *should* go. That problem isn't so
difficult that you *couldn't* solve it in five minutes).

The most familiar constructions in which it occurs are
(1) unreal conditional, and (2) reported commands (commands,
of course, are actions that are not yet realized - they'll be
realized if and when the listener obeys).

(1) Éсли *бы* он *пришёл,* я *бы* ему *далá обéдать.*

Conditionals of this sort need no further illustration, we
trust.

(2) Я ему скáзал, "Уйдú!"

Reported: Я ему сказáл, чтóбы он *ушёл.*

When reporting a command, you can use a variety of verbs
other than сказáть, e.g.,

Я приказáл
Я настáивал } чтóбы он *ушёл.*

In addition, commands (i.e. imperatives) can be paraphrased with хотéть:

Уйдú! ↔ Я хочý, чтобы ты ушёл.

Below are illustrations of verbs that are related to
commands, i.e., they introduce actions which are not yet realized, but should be. All contain чтóбы plus -л-. Compari-
sons are made with verbs that do *not* connote "unreal", e.g.,
to be certain, know, believe.

Я хочý (прошý, прикáзываю,
  настáиваю), *чтóбы* сéно
  бы́ло скóшено зáвтра/*чтóбы*
  ребёнка не *отдавáли* в
  круглосýточные я́сли.

I want (request, order,
  insist) that the hay *be
  cut* tomorrow/that the
  child not *be put* in a
  24-hour day nursery.

Versus:

Я дýмаю (знáю, вéрю, увéрен),
  что сéно *бýдет* скóшено
  зáвтра/что ребёнка не
  отдадýт в круглосýточные
  я́сли.

I think (know, believe, I'm
  certain) that the hay
  will be cut tomorrow/that
  they *won't put* the child
  in a 24-hour day nursery.

Скажúте (Передáйте, Позво-
  нúте) дирéктору, *чтóбы*
  Натáше *дáли* óтпуск за свой
  счёт.

Tell the director that
  Natasha *should be given*
  time off (leave without
  pay).

Versus:

Скажúте (Передáйте, Позво-
  нúте) дирéктору, *что* Натáше
  дáли óтпуск за свой счёт.

Tell the director that
  Natasha *was given* time
  off (leave without pay).

In the following examples of чтобы plus -л-, not all
the situations can be interpreted as reported or paraphrased
commands, but they all have in common the notion "unreal, not
yet realized". There is a kind of semantic progression from
an outright command to an expression of interest or aspiration:

> "Go!"
> I ordered him to go.
> I told him he should go.
> I wanted him to go.
> I tried to get him to go.
> I was interested in having him go.
> I aspired... etc.

Он стара́лся, чтобы все бы́ли дово́льны.	He did his best to keep everybody happy.
Я уже́ два го́да добива́юсь (того́), чтобы в апте́ках на́чали продава́ть противозача́точные сре́дства, и ника́к не могу́ доби́ться.	I've been trying for two years now to get pharmacies to sell contraceptives, but I can't seem to get anywhere.
Медсестра́ до́лго хлопота́ла (о том), чтобы Жа́нну положи́ли в отде́льную пала́ту, но у неё ничего́ не вы́шло.	The nurse went to a lot of trouble trying to have Zhanna put in a private room, but to no avail.
Ко́ля наста́ивал (на том), чтобы Жа́нне да́ли болеутоля́ющее.	Kolya insisted that Zhanna be given a pain-killer.

In the last three examples, the introductory phrases
with то (*того́*, чтобы/*о том*, чтобы/*на том*, чтобы) can
be omitted. With other verbs, such as the following, the
introductory phrase cannot be omitted.

Он претендова́л *на то*, чтобы его́ все уважа́ли и слу́шались.	He aspired to have everyone respect him and obey him.
Я заинтересо́ван *в том*, чтобы э́той де́вушке вы́писали все ну́жные лека́рства.	I have an interest in this girl being ordered all the necessary medicine.

This last example warrants a brief digression. The
expression быть заинтересо́ван (в чём/в ком/в том,
чтобы) does *not* mean the same thing as интересова́ться
(чем) 'be (selflessly) interested in something' or заинтересова́ться (чем) 'become (selflessly) interested in something'. The expression быть заинтересо́ван means 'have a
(possibly selfish) interest in something, somebody, or something being done', i.e., a *vested* interest.

Я интересу́юсь э́той игро́й.	This game is interesting for me. I'm interested in this game (it's fun).

Я заинтересóван в э́той игрé. | I have an interest in this game (e.g., I have money on it).

Further examples of чтобы plus -л-:

Позабóться (о том), что́бы смета́на и творóг *бы́ли* све́жие. | Take care that the sour cream and farmer's cheese are fresh.

О́чень *ва́жно*, кра́йне *жела́тельно* и абсолю́тно *необходи́мо*, чтобы на столé сегóдня *бы́ли* помидóры, све́жая реди́ска и морко́вь. | It's very important, extremely desirable, and absolutely imperative, that on the table today there be tomatoes, fresh radishes, and carrots.

Обяза́тельно *на́до*, что́бы когда́ гóсти приду́т, свёкла для борща́ *была́* уже́ почи́щена. | When the guests come, we absolutely must have the beets for the borscht already peeled.

Я *привы́к* (к тому́), что́бы меня́ *слу́шались* и *уважа́ли*. | I'm used to people obeying and respecting me (so you/they had better do so!).

Compare:

Я *привы́к* (к тому́), *что* никтó никогда́ меня́ не *слу́шается*. | I'm used to the fact that no one ever obeys me (self-pity).

De-verbal nouns with corresponding meanings also take чтобы clauses, just as English nouns may require the subjunctive (first example):

жела́ние - desire

хлóпоты - efforts

совéт - (a piece of) advice

прóсьба - request

трéбование - demand

etc.

Егó *жела́ние*, что́бы сéно *убра́ли* в сара́й, бы́ло удовлетворенó. | His desire that the hay *be* put in the barn was satisfied.

Её *хлóпоты*, что́бы сы́на *при́няли* в институ́т, не имéли успéха. | Her efforts to get her son into the institute were unsuccessful.

Требование, чтобы беременные женщины *получали* полностью оплачиваемый отпуск, кажется мне несправедливым.

The demand that pregnant women get a fully paid leave of absence, seems to me unfair.

А чтобы story:

Главный врач *распорядился* о том, *чтобы* Жанну *положили* в общую палату с пятнадцатью другими больными. Коле *не удалось убедить* дежурную медсестру, *чтобы* Жанне *дали* болеутоляющее, потому что главный врач *запретил, чтобы* больным *давали* болеутоляющее по средам. Какая-то женщина *умоляла, чтобы* ей *разрешили* остаться в больнице с ребёнком, но главный врач был неумолим.

The head physician *gave instructions* that Zhanna *be* put in a ward with fifteen other patients. Kolya *didn't succeed in convincing* (couldn't persuade) the nurse on duty that Zhanna *should be given* a pain killer, because the head physician *banned* the use of pain killers on Wednesdays. A woman *was pleading* to stay in the hospital with her child, but the head physician was implacable.

A word of caution: don't get the idea that certain verbs always require бы in the following clause. You have to keep the *situation* (unreal vs. real) in mind. Recall the examples of reported commands at the beginning (Скажите, чтобы дали... 'Tell them to give...' vs. Скажите, что дали... 'Tell (someone) that they gave...'). Similarly, the verb убедить/убеждать may take чтобы, as illustrated above, in the meaning 'persuade, convince somebody *to do* something', or it may take что in a factual situation, and have the meaning 'convince somebody *that* something is the case, e.g. Она убедила меня, что Жанне дали болеутоляющее 'She convinced me that Zhanna had been given a pain killer.'

Another note on this verb: although you can use the phrase убедить *в этом* 'convince somebody *of something*', don't use the phrase в том to introduce a clause meaning 'persuade *to do* something'.

A further example (note в этом):

Я весь вечер *убеждал* приятеля, *что* земля круглая, но так и не *убедил* его *в этом.*

All evening I tried to *convince* my friend *that* the earth was round, but I didn't succeed.

Finally, consider the expression терпеть не могу 'I can't stand (it)' (note the word order). When you can't stand somebody doing something, it's rather like giving a negative command, and чтобы plus -л- is the appropriate construction to use:

Пе́тя терпе́ть не мог, что́бы   Pete couldn't stand it when
  к нему́ приходи́ли без звонка́.   people came over without
                                                calling first.

     The что́бы clause in this example does not have an
overt subject, because the implied subject is vague and unknown:
cf. *people* in the English gloss. This is the most common use
of что́бы clauses after терпе́ть не могу́:

Ди́ма терпе́ть не мог что́бы   Dima couln't stand to be
  ему́ звони́ли поноча́м, с   called at night, to be
  ним обраща́лись как с   treated like a boy, to
  ма́льчиком, его́ корми́ли   be fed radishes, etc.
  реди́ской и т.д.

     When talking about somebody not being able to stand it
when somebody known, or definite, does something, you would
probably avoid using a что́бы clause. The sentence with
что́бы below is grammatical, but the sentence with когда́ is
better:

Ди́ма терпе́ть не мог,   → Ди́ма терпе́ть не мог,
  что́бы жена́ его́ корми́ла   когда́ жена́ его́ корми́ла
  реди́ской.   реди́ской.

     This ends our review and brings us to the use of бы
with negation.

2.2 Negation

     Semantically it makes a certain amount of sense that
negation is associated with "*un*reality" (бы). It is of
course just as difficult to state a grammatical rule for this
use of бы as it is to formulate one for the use of the subjunctive in English or in other Western European languages.
We will therefore proceed by example, rather than by rule, and
illustrate uses such as the following:

нет (non-existence)... бы + л

не тако́й, что́бы + л

не по́мню, что́бы + л

не мо́жет быть, что́бы + л

не ду́маю, что́бы + л

сомнева́юсь, что́бы + л

     Compare the following existential (есть) sentences
with their negative counterparts: the latter are followed by
clauses with бы + л; notice the modal verbs in the English.

У Пе́ти есть друзья́, кото́рые   Pete has friends who *help*
  помога́ют ему́ убира́ть урожа́й.   him with the harvest.

vs.

У Пе́ти нет друзе́й, кото́рые
помога́ли бы ему́ убира́ть
урожа́й.

Pete doesn't have any
friends who *would (could,
might) help* him harvest.

В кабине́те был стол, за
кото́рым удо́бно *бы́ло*
рабо́тать.

In the study there was a
desk that *was* convenient
to work at.

vs.

В кабине́те не́ было ни одного́
стола́, за кото́рым удо́бно
бы́ло бы рабо́тать.

In the study there was no
desk convenient to work at.

Бы also appears in sentences where the idea of non-
existence is expressed by a rhetorical question:

А́ли мо́жет быть тако́й грех,
что*бы превы́сил* Бо́жью
любо́вь? (Достое́вский)

Can there be such a sin
(= there is no such sin)
that would exceed God's
love?

... or is implied by the context:

Укажи́ мне таку́ю оби́тель,
Где *бы* ру́сский мужи́к не
страда́л. (Некра́сов)

Show me an abode (= there
is no such abode)
Where the Russian muzhik
isn't suffering.

In the preceding lesson we mentioned that non-existence
is also expressed by the Accusative → Genitive change in direct
objects. Here again, the relative clause has бы + л.

Она́ не ви́дела вокру́г себя́
ни одного́ челове́ка на
кото́рого она́ *могла́ бы*
положи́ться.

She didn't see a single
person (= there was no
one) around on whom she
could rely.

Я не встреча́л ещё челове́ка,
кото́рому доброде́тель
доставля́ла бы ме́ньше
удово́льствия.

I hadn't met anyone before
who derived less pleasure
from being virtuous.

The negative expressions не так..., не тако́й, and
не насто́лько... are invariably followed by что́бы + л
clauses, not by что. Their non-negated counterparts are given
here for comparison.

Э́та зада́ча не така́я тру́дная,
что́бы вы не смогли́ её
реши́ть.

This problem isn't so hard
that you couldn't solve
it.

vs.

Э́та зада́ча така́я тру́дная,
что вы не смо́жете её реши́ть.

This problem is so hard
that you can't solve it.

Он не настолько изменился, чтобы его нельзя было узнать.	He didn't change so much that he couldn't be recognized.

vs.

Он настолько изменился, что его нельзя было узнать.	He changed so much that it was impossible to recognize him.
Он не так плох, чтобы его надо было класть в больницу.	He's not so sick that he has to be put in the hospital.
Он так плох, что его надо положить в больницу.	He's so sick that he has to be put in the hospital.

The meaning "not yet realized" emerges clearly from the above examples (e.g. "You *will* solve the problem if you try - it's not that hard.") and it is present also in clauses after the expressions слишком and достаточно, which, though not negatives, also take чтобы clauses on occasion. Likewise недостаточно.

Он *слишком* растолстел, чтобы его стоило кормить бифштексами.	He's put on too much weight for it to be worth feeding him steak.
Он *достаточно/недостаточно* образован, чтобы с ним можно было обсуждать тонкости китайской кухни/ живописи.	He's (not) educated enough for one to be able to discuss with him the subleties of Chinese cuisine/painting.

It's more common, however, to use an infinitive after these expressions:

Он слишком устал, чтобы работать.

The negative expression не может быть, чтобы was discussed in Lesson 4, Analysis 6, e.g.,

Не может быть, чтобы Наташа опять *поджарила* кабачки на обед.	It's impossible that Natasha could have fried squash for dinner again.
Не может быть, чтобы она *выучила* все правила.	She couldn't have learnt all the rules. OR: She can't really learn all the rules. (She won't really be able to...)
Не может быть, чтобы это *была* она.	It couldn't have been she. OR: It can't be she.

Similar expressions are Нельзя сказать, чтобы..., Не могу сказать, чтобы..., and Не то чтобы...:

Нельзя́ сказа́ть, что́бы ро́ды
  бы́ли о́чень тяжёлые, но
  утоми́тельные.

You wouldn't call the birth
very difficult, but it was
tiring.

Я её не узна́л. *Не то,* что́бы
  она́ о́чень *вы́росла,* но вид
  у неё стал совсе́м взро́слый.

I didn't recognize her. Not
that she'd grown much, but
she looked very adult.

Не могу́ сказа́ть, что́бы мне
  понра́вился э́тот рестора́н:
  икра́ была́ несве́жая.

I can't say that I liked
the restaurant: the
caviar wasn't fresh.

In colloquial speech you may come across Не скажу́,
что́бы... instead of Не могу́ сказа́ть, что́бы... Do not
imitate this usage.

Many negated verbs can be followed by a clause introduced
by either что or что́бы, the difference in meaning being that
бы adds a note of heightened unreality, much like *ever* in the
second example below.

Я не по́мню, *что* он нам
  говори́л об э́том.

I don't remember *his having
spoken* to us about that.

vs. Я не по́мню, *что́бы* он
  нам говори́л об э́том.

I don't remember *that he
ever spoke* to us about
that.

(Do not confuse the unstressed что in the above example with
the stressed что meaning 'what', as in Я не по́мню, что́
(NOT: что́бы!) он говори́л. 'I don't remember *what* he was
saying.')

However, this verb, and не ви́дел, не вида́л, не
ви́дывал, не слы́шал, не слыха́л, не слы́хивал are almost
always followed by что́бы rather than by что.

Я *не по́мню,* что́бы мне когда́-
  нибу́дь приходи́лось име́ть
  де́ло с э́тим господи́ном.

I can't remember ever having
anything to do with this
gentleman.

Я никогда́ ра́ньше не *ви́дел*/не
  слы́шал, что́бы э́ти табле́тки
  продава́лись в апте́ке без
  реце́пта.

I've never before seen these
pills sold (heard of these
pills being sold) over the
counter.

The verbs вида́ть and слыха́ть are slightly more
colloquial than ви́деть and слы́шать; ви́дывать and
слы́хивать are stylistically marked as obsolete or low colloquial. Ви́дывать and слы́хивать are formed from вида́ть
and слыха́ть by means of the suffix -ива-. In contemporary standard language, this suffix is used only to form
Imperfective verbs from prefixed Perfective verbs. In older
Russian, -ива- was often used to derive new verbs from non-
prefixed Imperfective verbs like ви́деть. These -ива- verbs
are called frequentatives, because they denote a frequent

action, e.g., ха́живать куда́-нибу́дь = ча́сто ходи́ть куда́-нибу́дь; и́грывать на гита́ре = ча́сто/иногда́ игра́ть на гита́ре etc. These verbs, still fairly common in the 19th century, are used nowadays only for special or marked stylistic purposes.

There is a group of negative expressions which stands somewhat apart from the others, for reasons described below; they are expressions of disbelief or doubt, akin semantically to не мо́жет быть, что́бы ('It can't be that...' is akin to 'I don't believe that...')

не ду́мать - not think

не ве́рить - not believe

не ожида́ть - not expect

не представля́ть себе́ - not imagine

не предполага́ть - not expect, not suppose

не приходи́ть в го́лову - not to cross one's mind

сомнева́ться - doubt

сомни́тельно - doubtful

Не ду́маю (Не ве́рю), что́бы де́тям в круглосу́точном са́дике бы́ло хорошо́.	I don't think (believe) that children have a good time in a 24-hour day care center.
Я и не предполага́л Я и не представля́л себе́, Мне и в го́лову не приходи́ло, что́бы бли́нчики мо́жно бы́ло жа́рить на расти́тельном ма́сле.	I didn't even suppose (imagine, It never even crossed by mind) that blintzes can be fried in vegetable oil.

The verb сомнева́ться 'doubt' contains the idea of negation in its lexical meaning: it means 'I am *not* sure.' Not surprisingly, сомнева́ться can introduce a что́бы clause (the same is true of the adverb сомни́тельно 'doubtful'). Conversely, when the verb сомнева́ться is negated, it can only introduce a что clause ('I don't doubt' means 'I *am* sure.')

Акуше́рка *сомнева́лась* (в том), что́бы огурцы́ бы́ли с огоро́да, а не из парнико́в.	The obstetrical nurse doubted that the cucumbers were from the garden and not from a hot-house.
О́чень *сомни́тельно,* что́бы э́ти огурцы́ бы́ли с огоро́да, а не из парнико́в.	It's rather doubtful that the cucumbers are from the garden, and not from a hot-house.

BUT:

Врач-гинеко́лог *не сомнева́лся,*   The gynecologist had no
   что (NOT: что́бы) э́ти огурцы́   doubt that the cucumbers
   из парнико́в, но акуше́рка с   were from a hot-house,
   ним не согласи́лась.   but the midwife didn't
                                     agree with him.

        (As you can see from these examples, акуше́рка means
either 'midwife' or 'obstetrical nurse'.   Врач-акуше́р means
'an obstetrician'.   Most people disregard the difference between
an obstetrician and a gynecologist, and say   гинеко́лог   for
both.)

        Now for the reasons why this group stands apart from the
other expressions we have discussed. First, что́бы clauses
following these expressions are very likely to have the verb
мочь, or the word мо́жно in them. Second, this use of что́бы
clauses is on the decline: in 19th century literature, не
ве́рю, не ду́маю, etc., were almost imvariably followed by
что́бы, but in contemporary speech что + indicative is more
common. The reason is probably that the use of что́бы after
не ве́рю etc. arose under the influence of the French language,
in which the corresponding sentences employ the subjunctive.
The influence of French was at its peak in the late 18th -
early 19th century; it has been on the wane ever since, and
so has the use of что́бы after не ве́рю etc.

3. Mass and count nouns, mostly fruits and vegetables

        Count nouns are, roughly speaking, those which may
occur after numerals (две же́нщины), while mass nouns cannot (молоко́).   There is no direct one-to-one correspondence
between Russian and English as to which nouns fall into these
two classes. For example, карто́фель is a mass noun in
Russian, but *potatoes* is a count noun in English.

        Let us look at potatoes more closely. First, we should
mention that карто́фель is not a household word: it is used
in government statistics and in textbooks of agronomy, but at
home people say карто́шка.   Карто́шка is also better than
карто́фель because карто́шка can be used both as a mass noun
(Мы вчера́ посади́ли карто́шку 'planted potatoes') and as
a count noun (Доста́нь мне па́ру карто́шек из подва́ла
'Get me a couple of potatoes from the basement'). Some purists
will probably object to using карто́шка as a count noun,
insisting on карто́фелина or карто́шина instead. It is
true that count nouns are sometimes formed from mass nouns by
adding -ина, e.g. горо́х 'peas' - горо́шина 'a pea'.
However, the usage две карто́шки, пять карто́шек seems to
be firmly established.

        Thus, we can distinguish three groups of nouns: those
used only as count nouns (же́нщина), those used both as count

nouns and as mass nouns (картóшка), and those used only as
mass nouns (горóх). With the nouns of the last group, an
additional problem arises as to how to designate one piece or
unit of the mass designated by the mass noun (горóшина).
Note that the question of how to designate a mass of units
designated by a count noun usually does not arise, because the
plural does the job (e.g. жéнщины). In the table below we
first list nouns like картóшка (mass *and* count), then nouns
like горóх (mass *only*), and finally, nouns like фрукт/
фрýкты (Russian count nouns which correspond to English mass
nouns).

Note that Russian singular mass nouns from the first
two groups correspond to plural nouns in English:

Земляни́ка рассы́палась пó полу.	The (wild) strawberries spilled on the floor.
На обéд у нас была́ картóшка.	We had potatoes for supper – or, less likely – We had a potato for supper.

Since mass nouns like картóшка or моркóвка express
the idea of plurality (cf. potatoes, carrots), the corresponding plural nouns are not used very often. They typically
appear after numerals or words like несколько 'a few',
пара 'a couple', etc.

BOTH MASS AND COUNT

MASS NOUN		COUNT NOUN	
картóшка	potatoes	картóшка	a potato
моркóвка	carrots	моркóвка	a carrot
я́года	berries	я́года	a berry
рéпа	turnips	рéпа	a turnip
ры́ба	fish	ры́ба	a fish
реди́ска	radishes	реди́ска	a radish
рéдька	radishes	рéдька	a radish
свёкла	beets	свёкла	a beet
закýска	appetizers	закýска	an appetizer

(NB: Pl. закýски is often used to mean the same thing
as the Sg. mass noun закýска.)

MASS ONLY

MASS NOUN		THE CORRESPONDING UNIT NAME	
горóх	peas	горóшина	a pea
моркóвь	carrots	моркóвка	a carrot
фасóль	lima beans	фасóлина	a lima bean
(NB: боб	is a count noun.)		
кукурýза	corn	кукурýзный початок	an ear of corn
арáхис	peanuts	орéх	a nut

MASS NOUN		THE CORRESPONDING UNIT NAME	
лук	onions	лу́ковица	a bulb
капу́ста	cabbage	коча́н капу́сты	a head of cabbage
турне́пс	turnips	клу́бень турне́пса	a turnip
виногра́д	grapes	виногра́дина	a grape
изю́м	raisins	изю́мина	a raisin
клубни́ка	strawberries	я́года клубни́ки, клубни́чина	a strawberry
земляни́ка	wild straw-berries	я́года земляни́ки, земляни́чина	a wild strawberry
мали́на	raspberries	я́года мали́ны	a raspberry
черни́ка	blueberries	я́года черни́ки, черни́чина	a blueberry
крыжо́вник	gooseberries	я́года крыжо́вника	a gooseberry
жёмчуг	pearls	жемчу́жина	a pearl

RUSSIAN COUNT NOUNS CORRESPONDING TO
ENGLISH MASS NOUNS

SINGULAR		PLURAL	
фру́кт	a piece of fruit	фру́кты	fruit
кабачо́к	a squash	кабачки́	squash
бифште́кс	a steak	бифште́ксы	steak(s)
свинья́	a pig	сви́ньи	swine

УПРАЖНЕ́НИЯ К ТЕ́КСТУ

1. Conversation Topic   (Comment 2)

   Everyone prepares a presentation of a recipe for their
   favorite dish. Verbs in your presentation may be either
   in the infinitive (as in Comment 2), or in the imperative.
   The presentation may be either audible or edible.

2. Conversation Topic   (Comment 2)

   What's your idea of a good salad?   (Don't forget the
   dressing.) Use the following verbs: наре́зать 'cut up,
   shred', перемеша́ть 'mix, toss', доба́вить 'add'.
   Dressing - припра́ва.

3. (Comment 5)

   Translate into Russian.

   The room smells of flowers.
   The store smells of sauerkraut.
   The market smelled of greens.
   The second-hand bookstore smelled of old books.
   The "soft" sleeping car smelled of pears and oranges.
   The fish store smelled of fish.
   The day nursery smelled of wet swaddling clothes.
   The bakery smelled of fresh bread.
   The kindergarten smelled of Armenian brandy.
   The grocery smelled of rotten potatoes.
   There was a smell of rotting leaves in the forest.
   There was a smell of fertilizers in the field.
   It smelled of pigs on Farmer Jones' farm.

4. Conversation Topic

   Argue the feminist issue in this country and elsewhere. Do
   you think the feminist movement, struggling for equality
   before the law, destroys a number of important myths and
   rituals, which this civilization has spawned over the
   centuries of inequality?

5. (Comment 4)

   Translate into Russian:

   A. Let's go inside. It's more beautiful inside. There's
      a beautiful view from inside.

   B. No, let's go upstairs. The view from upstairs is
      better.

   C. No, let's go downstairs. The view from downstairs is
      better.

   outside, front, back, right, left

6. Conversation Topic

   Discuss (dispassionately) the issues of birth control and
   abortion.

УПРАЖНÉНИЯ К АНÁЛИЗУ

7. (Analysis 1)

   Translate into Russian.

Is this an alcoholic drink?	No, non-alcoholic.
Is this a regular congress?	No, extraordinary (special).
Is this a rational reaction?	No, irrational.
Is this an admissible reaction?	No, inadmissible.
Is he married?	No, unmarried.
Is she married?	No, unmarried.
Is this an animate noun?	No, inanimate.
Is this a familiar word?	No, unfamiliar.
Is this a skilled (qualified) worker?	No, unskilled.
Is it legal to take photographs here?	No, illegal.
Is this a transitive verb?	No, intransitive.
Are they equal before the law?	No, unequal.
Has he come of age yet?	No, he's still a minor.
Is she able-bodied?	No, disabled.
Do you think this is advisable? (Use Как вы думаете,...? Как по-твоему...?	No, it's inadvisable.
Is this an even number?	No, odd.
Is this an ethical action?	No, unethical.
Is this an obvious mistake?	No, not obvious.

8. Conversation Exercise (Analysis 1)

Students Б and В use adjectives or adverbs depending on the clue.

    А. До рынка ещё *неблизко*.

    Б. Да, *далековато*.

    В Прямо скажем, *далеко*.

Шпинату здесь немного.	There's not a lot of spinach here.
Рождаемость у нас невысокая.	Our birth rate isn't high.
Речка у нас неглубокая.	Our little river isn't deep.
Коридор у вас неширокий.	Your hallway isn't wide.
Какой-то Вася сегодня некрасивый.	Somehow Vasya doesn't look nice today.
Задача у нас нелёгкая.	Our task is not an easy one.
Вася, по-моему, неумён.	Vasya, I'd say, isn't especially bright.

9. (Analysis 2.2, 3)

Negate the following sentences. The verb in the relative clause changes to conditional, except in the last sentence, where the change is the opposite.

У Наташи были помидоры, редиска и шпинат, из которых она могла сделать салат.

У неё была сметана и творог, из которых она могла сделать сырники.

У неё была рыба, которую она могла поджарить на сковородке.

У неё было подсолнечное масло, на котором можно было поджарить рыбу.

У неё была свёкла, из которой она могла сварить борщ.

У неё были дефицитные книги, которые она могла обменять на спирт.

У неё были деньги, чтобы съездить на такси на рынок.

В городе был рынок, где можно было купить солёные огурцы и квашеную капусту.

Но у Наташи не было друзей, которые бы ей помогли.

10. Conversation Exercise (Analysis 2.1)

Use the verbs тре́бовать, проси́ть, жела́ть, хлопо-
та́ть, and the corresponding nouns. Note that the singular
of хло́поты is not used.

   А. Мы *тре́буем* того́, чтобы *же́нщинам дава́ли*
       опла́чиваемый о́тпуск по бере́менности.

   Б. Ва́ше *тре́бование, чтобы же́нщинам дава́ли*
       опла́чиваемый о́тпуск по бере́менности,
       нереалисти́чно, незако́нно и неэти́чно.

demand that women get a paid leave of absence because of
    pregnancy
request that all patients be given pain-killers
desire that in the salad we have radishes, beets and
    carrots
efforts that on the table we have potatoes and fruit
demand that all abortions be free of charge
request that the birth-rate be increased
demand that contraceptive devices be available to minors
request that men get a paternity leave (о́тпуск по
    бере́менности)
demand that the children eat more berries
desire that there be more day nurseries available for
    working mothers

11. Conversation Exercise (Analysis 2.2, 3)

Note that the verb быть appears in the second speaker's
sentences because they are existential (see Lesson 8,
Analysis 1.1, 1.2). Consult the table in the Analysis for
the proper form (Sg. or Pl.) of the fruit and vegetable
names.

   А. На ры́нке сего́дня *свёкла хоро́шая.*

   Б. Мне и в го́лову не приходи́ло, что на ры́нке
       есть *свёкла.* Никогда́ не ви́дел, чтобы в э́то
       вре́мя го́да на ры́нке была́ *свёкла.*

good beets   fresh lima beans
fresh squash   sweet strawberries
big (кру́пный) potatoes   fresh fruit
fresh carrots   green peas
good-tasting sauerkraut   big (кру́пный) lima beans
good pickles   sweet corn
green onions   good grapes.

12.   Conversation Exercise   (Analysis 2.2, 3)

Use substitutions from Exercise 11.

А.   На ры́нке сего́дня *свёкла хоро́шая*.

Б.   Мне и в го́лову не приходи́ло, что на ры́нке сейча́с есть *свёкла*.

В.   Чушь!   Я то́лько что был на ры́нке, и там нет никако́й *свёклы*.

13.   Conversation Exercise   (Analysis 2.2, 3)

Use substitutions from the preceding exercise. Note that the verb быть appears in the second and third lines because they are existential sentences, as opposed to the first line, which is an attributive sentence (see Lesson 8, Analysis 1.1, 1.2).

А.   На ры́нке сего́дня *свёкла хоро́шая*.

Б.   Мне и в го́лову не приходи́ло, что на ры́нке есть *свёкла*.

В.   Не мо́жет быть, что́бы на ры́нке была́ *свёкла*. Никогда́ не слы́шал, что́бы на ры́нке весно́й была́ *свёкла*.

А.   Я сам, ещё вчера́ не мог себе́ предста́вить, что́бы в э́то вре́мя го́да на ры́нке была́ *свёкла*.

УПРАЖНЕ́НИЯ НА МАТЕРИА́Л ВСЕГО́ УРО́КА

14.   Conversation Topic

Compare the position of women in this country and in the USSR, in particular the position of the working woman, and her role in the kitchen, and in the grocery store. Proceed to comparing grocery stores and supermarkets. If you want a good salad, what do you do? What does a Soviet woman do? How about syrniki, or other recipes you have been discussing?

15.   Conversation Topic

Some of you are selling produce at the farmers' market, and the rest are shoppers. Buy and sell all sorts of fruits and vegetable; bargain hard. The sellers aim at selling twice as much as buyers want; the buyers aim at bringing prices down.

16. Conversation Topic

    Compare child raising in this country and in the USSR.
    Discuss the uses of пелёнка.

17. Conversation Topic

    Do you think Zhanna was fair when she said that there are
    no nurseries in many American towns? Or did she yield to
    the temptation (perhaps typical of Americans of her back-
    ground and education) to show off her objectivity, and to
    say something nasty about her country? Discuss the nur-
    sery situation in America and how it has changed over the
    last ten years when nearly half of American women started
    working. Do you think the reason America did not have
    nurseries before is that there was no demand for them?

УРО́К 11

ТЕКСТ.   НА ЛЕ́КЦИИ ПО НАУ́ЧНОМУ АТЕИ́ЗМУ

Заня́тия у Жа́нны ко́нчились на час ра́ньше, чем у Ко́ли, и она́ реши́ла сходи́ть с ним на ле́кцию по нау́чному атеи́зму.[1] Те́ма ле́кции была́ "Христиа́нство".

Профе́ссор: Как вы зна́ете, христиа́нство— одна́ из мирову́х рели́гий, наряду́ с исла́мом и будди́змом. Оно́ возни́кло во второ́й полови́не 1 ве́ка но́вой э́ры в восто́чных прови́нциях Ри́мской импе́рии в усло́виях кри́зиса рабовладе́льского стро́я.[2] Мирова́я Ри́мская импе́рия нужда́лась в еди́ном бо́ге, но ку́льт импера́торов был отве́ргнут наро́дными ма́ссами. В усло́виях беспросве́тной нужды́ и тяжёлого кла́ссового угнете́ния, среди́ иуде́йской бедноты́ роди́лась мечта́ о по́сланном с не́ба спаси́теле и о лу́чшей жи́зни в загро́бном ми́ре. Так роди́лось христиа́нство, кото́рое мно́гое заи́мствовало из восто́чных рели́гий с их ми́фами о страда́ниях умира́ющего бо́га и его́ воскресе́нии. Христиа́нство та́кже вобра́ло в себя́ мно́гие вульгаризи́рованные иде́и анти́чной идеалисти́ческой филосо́фии, яви́вшись её своеобра́зным[3] ито́гом. Наконе́ц, из иудаи́зма христиа́нство заи́мствовало иде́ю монотеи́зма, приня́в кано́н иуде́йских свяще́нных книг— Ве́тхий Заве́т, назва́ние кото́рого возни́кло в ка́честве противопоставле́ния христиа́нскому "Но́вому Заве́ту". Заи́мствования из религио́зных ку́льтов того́ вре́мени неоспори́мо дока́зывают, что христиа́нство возни́кло не путём так называ́емого "открове́ния свы́ше", а вы́росло в конкре́тной истори́ческой обстано́вке, как и люба́я друга́я рели́гия.

Со вре́менем христиа́нство си́льно измени́лось, ста́ло рели́гией пра́вящих кла́ссов и бы́ло при́нято в ка́честве госуда́рственной рели́гии. Оно́ победи́ло потому́, что во-пе́рвых, оно́ дава́ло угнетённым ма́ссам наде́жду на сча́стье в загро́бной жи́зни; во-вторы́х, Ри́мская импе́рия нужда́лась в еди́ной рели́гии, кото́рая обраща́лась бы ко всем жи́телям импе́рии без разли́чия кла́ссов и национа́льностей; в тре́тьих, пра́вящие кла́ссы бы́ли заинтересо́ваны в христиа́нстве, потому́ что оно́ отвлека́ло ма́ссы от кла́ссовой борьбы́ и освяща́ло и́менем бо́га[4] существу́ющее угнете́ние.

В 395 году́ Ри́мская импе́рия раздели́лась на

две ча́сти, Восто́чную и За́падную, что[5] повлекло́
за собо́й и разделе́ние христиа́нской це́ркви.   На
восто́ке це́рковь находи́лась в зави́симости от
импера́торской вла́сти, а на за́паде произошло́
возвыше́ние ри́мских епи́скопов, кото́рые ста́ли
называ́ть себя́ па́пами. В 1054 году́ це́рковь
оконча́тельно раздели́лась на правосла́вную и
католи́ческую.   В настоя́щее вре́мя не существу́ет
еди́ного христиа́нства.   Выделя́ются три направ-
ле́ния: католици́зм, правосла́вие и протестанти́зм;
кро́ме того́ име́ется ма́сса разли́чных сект:
бапти́сты, адвенти́сты, иегови́сты и так да́лее.
Гла́вное в христиа́нстве— уче́ние о мифи́ческом
богочелове́ке Иису́се Христе́, сы́не бо́жьем,
кото́рый я́кобы[6] сошёл с не́ба на зе́млю, при́нял
страда́ние, смерть и зате́м воскре́с.   С ликвида́-
цией эксплута́торского стро́я уничтожа́ются
социа́льные осно́вы христиа́нства, и оно́ сохраня́-
ется лишь как пережи́ток про́шлого, исчеза́ющий
в проце́ссе постро́ения коммунисти́ческого
о́бщества.

Жа́нна, не вы́держав, пи́шет Ко́ле запи́ску:

> *Это невероя́тно! Неуже́ли тебе́ придётся всё это*
> *отвеча́ть на экза́мене?*

Ко́ля (пи́шет в отве́т): *Коне́чно.   Пойдём ко мне по́сле*
> *заня́тий, ла́дно?*

Жа́нна (пи́шет): *А про иуда́йзм вам то́же расска́зывали?*
> *Покажи́ мне твой конспе́кты.*

Ко́ля (пи́шет): *Каки́е конспе́кты? Во-пе́рвых, я на той*
> *ле́кции не был, мы в Москву́ е́здили; а во-вторы́х,*
> *он всё равно́ уче́бник переска́зывает, заче́м его́*
> *конспекти́ровать? Могу́ уче́бник показа́ть.*

Жа́нна листа́ет уче́бник в по́исках разде́ла "Иуда́йзм".
Ле́кция, ме́жду тем, продолжа́ется.

Профе́ссор: ...Наконе́ц, причаще́ние и́ли евхари́стия
заключа́ется в поеда́нии хле́ба и вина́, кото́рые
я́кобы стано́вятся— по́сле соверше́ния свяще́нником
над ни́ми осо́бых маги́ческих моли́тв— те́лом и
кро́вью Христа́. Вкуша́я э́тот хлеб и э́то вино́,
ве́рующие бу́дто бы[6] получа́ют часть христо́вой
свя́тости и освобожда́ются от грехо́в. В право-
сла́вной це́ркви хле́бом и вино́м причаща́ются все
ве́рующие, а в католи́ческой— то́лько духове́нство,
что подчёркивает его́ привилеги́рованное поло-
же́ние. Остальны́м даётся лишь ма́ленькая хле́бная
обла́тка...

Жа́нна, наконе́ц, нашла́, что иска́ла, и тепе́рь бе́гло
просма́тривает не́сколько страни́ц:

Уче́бник: ...рели́гия евре́ев, гла́вными черта́ми кото́рой
           явля́ются иде́и "богоизбра́нности" евре́йского
           наро́да, культ еди́ного бо́га Яхве́ и заве́ты,
           кото́рые бог я́кобы заключи́л с людьми́... включа́ет
           в себя́ мно́гие черты́ тотеми́зма и ма́гии... культ
           иудаи́зма весьма́ сло́жен и обремени́телен для
           ве́рующего. Наприме́р, суббо́та обста́влена
           вся́кого ро́да запреще́ниями: нельзя́ рабо́тать...
           По́сле образова́ния госуда́рства Изра́иль иудаи́зм
           стал в нём госуда́рственной рели́гией, и испо́ль-
           зуется евре́йской буржуази́ей для духо́вного
           порабоще́ния евре́йских трудя́щихся масс... Идео́-
           логи иудаи́зма пыта́ются приспосо́биться к но́вым
           усло́виям жи́зни, к разви́тию нау́ки и те́хники:
           они́ "рационалисти́чески" истолко́вывают би́блию;
           реформи́руют синаго́гу и культ и т.д. Но и
           тако́й "реформи́рованный" иудаи́зм остаётся по
           существу́ реакцио́нным, и́бо он пропове́дует
           сиони́стские иде́и о богоизбра́нности евре́йского
           наро́да, неспосо́бности люде́й что́-либо измени́ть
           на земле́, по́лной зави́симости су́деб люде́й и
           госуда́рств от бо́га Яхве́ и т.п.

Ко́ля (ше́пчет): Ты мне так и не отве́тила.

Профе́ссор: ...В го́ды револю́ции руководи́тели мно́гих
           христиа́нских сект боро́лись про́тив Сове́тской
           вла́сти. Потерпе́в пораже́ние и бежа́в за грани́цу,
           они́ отту́да продолжа́ли антисове́тскую де́ятель-
           ность. В тридца́тых года́х, на террито́рии
           За́падной Украи́ны, кото́рая тогда́ была́ ча́стью
           По́льши, произошло́ объедине́ние таки́х сект в
           о́бщую организа́цию "Объедине́ние[7] ева́нгельских
           христиа́н-бапти́стов". Руково́дство э́той органи-
           за́цией осуществля́лось из США, А́нглии, фаши́ст-
           ской Герма́нии и буржуа́зной По́льши; пропове́д-
           ники из э́той организа́ции ежего́дно посыла́лись
           на ку́рсы в США. Впосле́дствии э́та организа́ция
           была́ распу́щена, а чле́нам её пришло́сь встать на
           пози́ции лоя́льного отноше́ния к Сове́тской вла́сти.
           Вме́сто неё, на всей террито́рии Сове́тского
           Сою́за, включа́я За́падную Украи́ну, возни́кла но́вая
           организа́ция ева́нгельских христиа́н-бапти́стов.
           Э́та организа́ция до сих пор не признаётся
           отде́льными гру́ппами; среди́ руково́дства таки́х
           групп мно́го лиц, ра́нее суди́вшихся за уголо́вные
           и антисове́тские преступле́ния.

               В буржуа́зных стра́нах бапти́зм откры́то
           защища́ет интере́сы капитали́стов, а те, в свою́

о́чередь, подде́рживают бапти́зм огро́мными
де́нежными поже́ртвованиями. Испо́льзуя подде́ржку
америка́нских миллиарде́ров и прави́тельства США,
бапти́сты прони́кли во все колониа́льные стра́ны,
ста́ли опо́рой америка́нского капитали́зма в его́
борьбе́ за мирово́е госпо́дство, в проведе́нии
"психологи́ческой войны́" про́тив социалисти́-
ческих стран. По свои́м полити́ческим пози́циям
и идеа́лам бапти́зм ниче́м не отлича́ется от таки́х
религио́зных организа́ций, как, наприме́р, католи́-
ческая це́рковь. Осо́бенно я́рко э́то проявля́ется
в США, где бапти́стская организа́ция срасла́сь с
госуда́рственным аппара́том, осуществля́я фу́нкции
духо́вного воспита́ния, госпо́дствующей госу-
да́рственной рели́гии. Бапти́зм в США поста́влен
на слу́жбу америка́нскому империали́зму как в
подавле́нии рабо́чего движе́ния внутри́ страны́,
так и в осуществле́нии захва́тнических це́лей
америка́нской буржуази́и в други́х стра́нах. Мно́го
бапти́стов вхо́дят в погро́мную организа́цию
Ку-Клукс-Кла́н, тогда́ как като́лики составля́ют
большинство́ в антикоммунисти́ческом расистско-
фаши́стском "О́бществе Джо́на Бёрча".[8]

На э́том сего́дняшняя ле́кция зако́нчена. На
сле́дующей неде́ле мы с ва́ми разберём реакци-
о́нную су́щность исла́ма.

Профе́ссор ухо́дит; студе́нты с шу́мом встаю́т, запи́хивая
в портфе́ли тетра́ди и кни́ги. Ко́ля обраща́ется к Жа́нне:

К.   Ты мне так и не отве́тила. Почему́ ты со мной
     так холодна́ сего́дня?

Ж.   Мне что́-то гру́стно, Ко́ля. Нас всё-таки так
     мно́го разделя́ет— и мне ско́ро уезжа́ть... Мо́жет
     быть, нам не на́до бо́льше встреча́ться?

К.   Неуже́ли ты так расстро́илась из-за э́той ле́кции?
     Брось, забу́дь— пойдём лу́чше пешко́м че́рез мост,
     и ку́пим моро́женого по доро́ге. Пошли́.

Ж.   Я, ка́жется, ско́ро научу́сь, как ты, прослу́шать
     ле́кцию, и сра́зу забы́ть, пойти́ есть моро́женое,
     и не вспомина́ть до экза́мена, пока́ не спро́сят—
     тогда́ вспо́мнить, отве́тить, и сно́ва забы́ть.
     То́лько я, наве́рное, уе́ду ра́ньше, чем научу́сь.
     Пошли́ есть моро́женое.

КОММЕНТА́РИИ

1. Все студе́нты всех сове́тских ВУ́Зов тра́тят от 15 до 20 проце́нтов своего́ уче́бного вре́мени на предме́ты так называ́емого социа́льно-экономи́ческого ци́кла, а и́менно: "Исто́рия Коммунисти́ческой Па́ртии Сове́тского Сою́за", "Полити́ческая эконо́мия капитали́зма и социали́зма", "Маркси́стско-ле́нинская филосо́фия", Нау́чный атеи́зм" и т.д. Все э́ти ку́рсы обяза́тельны, в конце́ ка́ждого— у́стный экза́мен.

2. Рабовладе́льческий строй— оди́н из те́рминов маркси́стской филосо́фии исто́рии. По Ма́рксу-Э́нгельсу, челове́чество прохо́дит че́рей не́сколько обще́ственно-экономи́ческих форма́ций, кото́рые включа́ют рабовладе́льческий строй, феода́льный строй, капитали́зм, коммуни́зм.

3. ...being, in a sense, its result and descendant. Слова́ *ито́г* и *своеобра́зный* дово́льно тру́дно перевести́. *Ито́г* зна́чит что́-то вро́де 'a result of a long process which also puts an end to what has led to it'. (Кро́ме того́, *ито́г* име́ет и бо́лее просты́е значе́ния 'sum', 'total', 'result' и т.д.)

   Сло́во *своеобра́зный* 'distinct, peculiar' ча́сто употребля́ется по-ру́сски чтобы избежа́ть категори́чного утвержде́ния (и отве́тственности за него́). В тако́м употребле́нии сло́во *своеобра́зный* зна́чит что́-то вро́де *в не́котором смы́сле* 'in a sense', *с не́которой то́чки зре́ния* 'from a certain point of view', *не́которого ро́да* 'of a certain kind', и т.д. Таки́е выраже́ния характе́рны для нау́чного сти́ля, в кото́ром избега́ются категори́чные утвержде́ния (см. Ана́лиз).

4. Во всех сове́тских изда́ниях сло́во *Бог* пи́шется с ма́ленькой бу́квы. Мы сле́дуем орфографи́ческим при́нципам на́ших исто́чников (см. Коммента́рий 8).

5. The empire divided into two parts, which led to a division in the church, too. Заме́тьте, что местоиме́ние which во второ́й ча́сти э́того предложе́нии отно́сится не к како́му-то одному́ сло́ву в пе́рвой ча́сти, а ко всему́ её содержа́нию. Сравни́те:

   The empire divided into two parts, which had their capitals in Rome and Constantinople.

   В э́том предложе́нии местоиме́ние which отно́сится к сло́ву parts.

   В ру́сском языке́ относи́тельные предложе́ния (relative clauses), кото́рые отно́сятся ко всему́ гла́вному предложе́нию, а не к одному́ определённому сло́ву, употребля́ются дово́льно ре́дко. Таки́е

относи́тельные предложе́ния вво́дятся то́лько сою́зом
что (а НЕ *кото́рый*). Сравни́те:

Ди́ма ча́сто покупа́ет кни́ги, что раздража́ет Ната́шу.	Dima often buys books, which annoys Natasha.
Ди́ма ча́сто покупа́ет кни́ги, кото́рые раздража́ют Ната́шу.	Dima often buys books which/that annoy Natasha.
Они́ венча́лись в це́ркви, что не противоре́чит сове́тским зако́нам.	They were married in church, which does not contradict Soviet laws.
Они́ венча́лись в це́ркви, кото́рая стоя́ла на углу́ Купе́ческой и Дворя́нской.	They were married in the church which was on the corner of Merchant Street and Nobility Street.

Как вы зна́ете, в э́том после́днем предложе́нии то́же
мо́жет употребля́ться сою́з *что*.

Они́ венча́лись в це́ркви, что стоя́ла на углу́...

Тем бо́лее ва́жно не пу́тать "настоя́щие" относи́тель-
ные предложе́ния с таки́ми, кото́рые не отно́сятся к
одному́ определённому сло́ву.

6. Сло́во *я́кобы* (= allegedly, supposedly) передаёт скепти́-
ческое отноше́ние профе́ссора к излага́емым им
взгля́дам. Бо́лее разгово́рный эквивале́нт *я́кобы—
бу́дто бы*. Когда́ чужа́я речь вво́дится таки́ми
выраже́ниями как *Он сказа́л что...* йли *Они́ ве́рят,
что...*, то появля́ется ещё одна́ возмо́жность
вы́разить своё сомне́ние в чужи́х слова́х йли
взгля́дах. А и́менно, вме́сто сою́за *что* мо́жно
употребля́ть сою́з *бу́дто*:

Он сказа́л, бу́дто у него́ есть два велосипе́да.	He said he had two bikes (but I don't believe him).
Они́ ве́рят, бу́дто земля́ ве́ртится.	They believe that the earth goes round and round (but I don't).

7. ...the unification of all such sects into one organization,
"The Union of Evangelical Christian Baptists".

Обрати́те внима́ние, что сло́во *объедине́ние* мо́жет
зна́чить и 'unification' (проце́сс) и 'union' (результа́т
э́того проце́сса). Многозна́чные существи́тельные
тако́го ро́да обсужда́ются в Ана́лизе.

8. Э́то после́днее утвержде́ние— из кни́ги М.С. Бути́новой
и Н.П. Кра́сникова "Музе́й исто́рии рели́гии и
атеи́зма", Москва́-Ленингра́д, "Нау́ка", 1965, стр.
129. В остально́м, ле́кция профе́ссора целико́м

составлена из предложений и абзацев напечатанных в
"Словаре атеиста", Москва, Издательство Полити-
ческой Литературы, 1964, статьй "Баптизм",
"Иудаизм", "Причащение", "Украинское объединение
евангельских Христиан-баптистов", "Христианство".
Наша компиляция не нарушает конвенции об авторских
правах, потому что Советский Союз присоединился к
этой конвенции только в 1973 году.

ANALYSIS

1. General

You have probably noticed that the vocabulary and syntax
of the professor's lecture are very different from the vocabulary and syntax of everyday conversations and plain literary
texts. The professor speaks (or, rather, reads from a prepared
text) in long, heavy sentences, full of scholarly vocabulary
and bureaucratic turns of phrase. His speech resembles that
of the Secretary and Павел Яковлевич in Lesson 2. This
resemblance goes beyond just a general impression: there are
specific features which Text A of Lesson 2 and the text of this
lesson share. These specific features are the subject of this
Analysis.

We will refer to the style of language in this lesson
as bureaucratic, although some of its features also appear in
scholarly writing. (It should be mentioned that the last six
or seven decades have witnessed a massive penetration of
bureaucratisms into Russian scholarship.) Bureaucratic style
is maximally removed from the informal colloquial style discussed in Lesson 7. Between these two extremes is the average
literary style common to stylistically unmarked writing and
educated conversation in a public setting. Further subdivi-
sions and specifications are certainly possible, but the
basic divisions are into the three styles we have mentioned:
colloquial, average literary, bureaucratic. Here are some
illustrations of how the three styles differ:

Colloquial:
Дима домой пришёл, я уже
　　встала.

Dima came home, I was
　　already up.

Average:
Когда Дима пришёл домой,
　　я уже встала.

When Dima came home, I was
　　already awake.

Bureaucratic:
В момент Диминого прибытия
　　на место моего жительства
　　я уже была в состоянии
　　бодрствования.

At the time of Dima's
　　arrival on my premises I
　　was already in a wakened
　　state.

Colloquial:

Ди́мы сейча́с нет, его́ вдру́г   Dima isn't here, he got
    на рабо́ту вы́звали.   called to work suddenly.

Average:

Ди́мы сейча́с здесь нет, потому́ Dima isn't here now because
    что его́ неожи́данно вы́звали   he was unexpectedly called
    на рабо́ту.   in to work.

Bureaucratic:

В настоя́щее вре́мя Ди́ма   At the present time Dima is
    отсу́тствует по причи́не   absent as a result of an
    его́ неожи́данного вы́зова   unexpected call to work
    на рабо́ту (по той причи́не,   (as a result of the fact
    что он был неожи́данно   that he was unexpectedly
    вы́зван на ме́сто рабо́ты).   summoned to his place of
                                   work).

Colloquial:

Ди́ма, хоть и пло́хо себя́   Dima, even though he didn't
    чу́вствовал, реши́л то́же   feel so well, decided to
    пойти́ с на́ми.   go with us.

Average:

Хотя́ Ди́ма пло́хо себя́ чу́вст-   Although Dima felt ill, he
    вовал, он реши́л то́же пойти́   decided to go with us.
    с на́ми.

Bureaucratic:

Несмотря́ на то, что   (OR: In spite of the fact that
    Несмотря́ на тот фа́кт, что)   Dima felt ill, he made
    Ди́ма пло́хо себя́ чу́вствовал,   the decision to accompany
    он при́нял реше́ние присоеди-   us.
    ни́ться к нам.

You can see that the three styles differ both in their
vocabulary and in their grammar. The lexical aspect of style
is taken care of by dictionaries (which use such labels as
bookish, formal, etc.). In our analysis we concentrate more
on syntactic constructions and word-formational models. In
Section 2, we discuss verb-noun collocations of a certain kind,
characteristic of newspaper and scholarly styles. Section 3
deals with the use of the passive in these styles; it also
reviews the substitutes for the passive which more colloquial
styles use. Section 4 discusses de-verbal nouns like
объедине́ние 'unification; union'. Section 5 contrasts conjunctions and prepositions typical of bureaucratic style with
those used in other styles. Finally, Section 6 lists various
hedges (*in a sense,* etc.) and fillers (*it should be mentioned
that*... etc.) which constitute, perhaps, the most noticeable
characteristics of the styles we discuss in this lesson.

2. Verb + noun collocations

In Lesson 6, Analyses 3 and 4, there was a discussion of semi-auxiliary verbs. The point was made that when you learn a noun, it is often necessary to learn along with it the verb that typically goes with it to make a phrase. For example, when you learn the noun заказ 'order', you must learn how to 'place an order' делать заказ and how to 'take an order' брать or принимать заказ.

Since dictionaries are inconsistent in providing this information, we list below a few phrases consisting of semi-auxiliary verb plus noun (some of them appeared in Lesson 2, Text A). All of these verbs describe what you do to the noun in question (you being the subject). If there exists a single verb which is roughly synonymous with the phrase, it is given in the rightmost column.

The stylistic effect of using a verb + noun phrase rather than a simple verb is usually to make the sentence sound more official, i.e., it is, generally speaking, more characteristic of written rather than spoken language. (The same is true of English: *to render aid* is less colloquial than *to help*.)

делать заказ	place an order	заказывать
делать вывод	draw a conclusion	выводить
вести разговор	carry on a conversation	разговаривать
вести расследование проводить расследование	carry on an investigation	расследовать
оказывать помощь	render aid	помогать
оказывать поддержку	lend support	поддерживать
оказывать влияние	exert influence	влиять
наносить удар	strike, deal, deliver a blow	ударять
наносить рану	inflict a wound	ранить
наносить оскорбление	hurl an insult	оскорблять
делать операцию	perform an operation	оперировать
делать шаг	take a step	шагать
принимать меры	take measures	
принимать участие	take part	участвовать
совершать преступление	commit a crime	

вести борьбу́	carry on a struggle	боро́ться
проходи́ть обуче́ние	receive instruction	обуча́ться
проводи́ть инструкта́ж	brief, give a briefing	инструкти́ровать
проводи́ть бесе́ду	have a conversation	бесе́довать
ста́вить в изве́стность	let know	извеща́ть
обраща́ть внима́ние	pay attention	
де́лать оши́бку	make an error	ошиба́ться
выступа́ть с ре́чью	deliver a speech	
выступа́ть с ре́чью пе́ред	deliver a speech before...	
обраща́ться с ре́чью к	give a speech to...	

3. Passive

In English there is a standard method of forming the passive: object becomes subject, subject becomes a *by* phrase, and the verb becomes *to be* plus participle:

Pete opened the door.   The door *was* opened by Pete.

Luxembourg provoked the war.   The war *was* provoked by Luxembourg.

Pete opens the door every   The door *is* opened by Pete
morning.   every morning.

Carpenters build houses.   Houses *are* built by carpenters.

Zhanna is peeling the potatoes. The potatoes *are being* peeled
                                                by Zhanna.

Almost any English verb that has a complement can be passivized.

In Russian there is no standard way of forming the passive. In the first place, a distinction must be made between Perfective and Imperfective verbs. (The examples in parentheses will be discussed further below.)

Perfective verbs (but not all of them!) form passives similarly to English verbs: *be* plus participle.

Пе́тя откры́л дверь.   (Дверь была́ откры́та Пе́тей.)

Люксембу́рг спровоци́ровал   Война́ была́ спровоци́рована
войну́.   Люксембу́ргом.

Imperfective verbs (but not all of them!) form passives with -ся.

Пе́тя открыва́ет дверь   (Дверь открыва́ется Пе́тей
    ка́ждое у́тро.   ка́ждое у́тро.)

Профе́ссор Семёнов ведёт   Заня́тие ведётся профе́ссором
    заня́тие.   Семёновым.

In the second place, Russian differs from English in that many of these passive sentences, though grammatically correct, sound bad (whence the parentheses), especially when the Instrumental form is present. They sound more normal when the original subject (Pete, the carpenter, etc.) is left unmentioned, as in the following variants:

Э́тот дом был постро́ен в 1850 г.

Таки́е дома́ стро́ятся о́чень бы́стро.

In the third place, Russian has a number of mechanisms to perform the function of the passive without using the passive form. For example, one reason for changing *Pete opened the door* to the passive *The door was opened by Pete* is to highlight Pete's role by putting him at the end of the sentence. In Russian, unlike English, you can do this without resorting to the passive construction - all you have to do is change the word order, thus putting *Pete* in the comment position:

Пе́тя откры́л дверь.   →   Дверь откры́л *Пе́тя*.
Pete opened the door.   The door was opened *by Pete*.
                              It was Pete who opened the door.

In the following examples, notice the correlation between Russian word order and English passive.

Войну́ спровоци́ровал   The war was provoked by
    Люксембу́рг.   Luxembourg.

Карто́шку чи́стила Жа́нна.   The potatoes were being
                                      peeled by Zhanna.

Another function of the passive is to conceal the identity of the original subject; for example, you can avoid getting into trouble with your Luxembourgian friends by saying, "It is believed in some quarters that *the war was provoked*," and leave Luxembourg unmentioned. Similarly, you can convert *The boss fired Pete* into *Pete was fired* without badmouthing the boss and getting fired yourself. Or, you simply may not know who was responsible for the action. The Russian mechanism for this function is not primarily the passive form, but rather the plural verb construction without subject:

Пе́тю уво́лили.   Pete was fired.

Меня́ исключи́ли из институ́та.   I was expelled from school.

The passive construction (participle or -ся) is more characteristic of scholarly and bureaucratic writings and speeches, while the plural verb construction is more characteristic of spoken style. Thus, in the Professor's lecture you find the sentences on the left corresponding to the spoken style on the right.

Остальны́м *даётся* лишь ма́ленькая *обла́тка*.	Остальны́м *даю́т* лишь ма́ленькую *обла́тку*.
Пропове́дники из э́той организа́ции ежего́дно *посыла́лись* на ку́рсы в США.	*Пропове́дников* из э́той организа́ции ежего́дно *посыла́ли* на ку́рсы в США.

The plural verb construction (Джо́на уво́лили) cannot be freely substituted for the passive in certain contexts, because it implies some human agency. Thus, if you want to say *The peasant's house was destroyed (by the wind)*, you would use the impersonal construction Acc. + neuter verb (+ Instr.):

Избу́шку *разру́шило* (ве́тром).   The house was destroyed (by the wind).

Compare:

Избу́шку разру́шили.   The house was destroyed (implication: by human agency).

Here is an example of this contrast used to fine advantage by Dostoevsky in Бра́тья Карама́зовы to describe how Liza somehow got over the wall into the garden:

Как она́ в её положе́нии перелезла че́рез высо́кий и кре́пкий забо́р са́да, оста́лось не́которого ро́да зага́дкой. Одни́ уверя́ли, что её "перенесли́", други́е, что её "перенесло́".

Further examples of Acc. + neuter verb (+ Instr.):

Дуб разру́шило (грозо́й).   The oak was destroyed by the storm.

Берёзу слома́ло (ве́тром).   The wind broke the birch tree.

Although the passive construction is more common in English than in Russian, there is a group of Russian passive expressions that correspond to English active ones. These expressions are illustrated below:

The letter (report) says that...   В письме́ (В докла́де) гово-ри́тся, что...

The first line reads: "..."   В пе́рвой строке́ говори́тся: "..."

The last paragraph is about...	В после́днем абза́це говори́тся о...
The inscription on the wall read...	На стене́ бы́ло напи́сано...
The article reports a new discovery...	В статье́ сообща́ется о но́вом откры́тии...

The passive is not obligatory in these Russian expressions - you can also use the active: Статья́ сообща́ет о но́вом откры́тии. However, it is contrary to the spirit of Russian to use inanimate subjects with verbs like говори́ть, сообща́ть, etc., and the passive construction is preferable. (Recall that inanimate subjects are to be avoided with institutions: На заво́де Пе́те да́ли но́вую кварти́ру is preferable to Заво́д дал....)

In summary, English uses the passive form much more than Russian does; passive is stylistically marked in Russian; many Russian verbs don't have passive forms. Therefore, in your speech and in your writing, make use of the alternatives to the passive construction, i.e., the plural verb construction, impersonal sentences, and word order.

One last word about a pitfall in Russian passives: there are many -ся forms that may seem to have a passive interpretation, but they don't. These are sentences without an Instrumental form, such as:

В то вре́мя в Росси́и реша́лись важне́йшие вопро́сы её исто́рии.	At that time Russia was dealing with the most important problems of her history.
Сейча́с рабо́чие на заво́де увольня́ются.	Workers are quitting (NOT: Workers are being fired).
Соль растворя́ется в воде́.	Salt dissolves in water (NOT: Salt is being dissolved...).

Similarly, the following sentence is probably best considered not to be a passive (just as in English its translation *opens* is better than *is opened*):

| Магази́н обы́чно открыва́ется в 8 часо́в, а за́втра откро́ется то́лько в 9. | The store usually opens at 8, but tomorrow it won't open until 9. |

Note the Perfective -ся verb, which can't be passive - only *Imperfective* -ся verbs can have a passive interpretation. Similarly,

| Дверь откры́лась. | The door opened. |

4. Nominalizations

Scholarly and journalistic style often uses nouns
derived from verbs and adjectives, in order to compress information and have one clause or sentence instead of two. Thus,
instead of saying *In 1927 all the workers united into one
organization. This displeased the factory owners*, a scholar
is more likely to write *The factory owners were displeased
with the unification of all workers into one organization,
which took place in 1927.*

The most common way to form a noun from a verb or an
adjective is by means of suffixation. With verbs, by far the
most numerous formations are neuter nouns in -ние, -тие.
They are discussed and illustrated in subsections 4.1 through
4.3. Section 4.4 deals with other kinds of de-verbal and de-
adjectival nouns.

4.1 De-verbal nouns in -ние, -тие: formation

Verbal nouns in -ние, -тие are formed from a great
number of verbs, so great, in fact, that many dictionaries do
not even care to list those nouns, just as they do not care to
list, say, the past tense forms of the verb. There is an
important difference, however, between the formation of the
past tense of a verb, and a verbal noun: given a verb unfami-
liar to you, you may be sure that there exists a past tense
form of it, but you can never by sure about the existence of
the verbal noun. Therefore, you are advised to use only the
verbal nouns which you know for a fact exist.

You probably already know that the formation of nouns
from verbs follows one simple rule:

past passive participle -т- → -тие

past passive participle -н- → -ние

The rule is incomplete in that it does not cover verbs that
have no past passive participle (like прибы́ть → прибы́тие).
Nor does it predict exceptions, like изби́ть → изби́т but
избие́ние 'beating up, slaughter' (Избие́ние младе́нцев
'The Slaughter of the Innocent.').

The following illustrations of the rule are grouped
according to the classes of past passive participles (ppp),
with which you are familiar:

A. ppp -т- Mostly resonant monosyllables of the type пить,
крыть, мять, etc. (вы́пит, откры́т, размя́т)

B. ppp -ён- Polysyllabic verbs in -ить of the type пред-
ста́вить, вообрази́ть. Consonant alternation
(предста́влен, воображён)

C. ppp -н- Other suffixed verbs of the type заимствовать,
            предвидеть, написать. No consonant alterna-
            tion (предвиден)

D. ppp -ён- Other non-suffixed verbs of the type внести/
             внесут, ввести/введут, испечь/испекут. No
             consonant alternation except for к г (внесён,
             введён, испечён)

E. Verbal nouns *not* derived from ppp.

Group A

Infinitive	Verbal Noun	Translation
развить	развитие	development, developing
принять	принятие	making (a decision)
		taking (medicine)
распять	распятие	crucifixion
зачать	зачатие	conception (of a baby)
		Непорочное Зачатие
		Immaculate Conception

Not covered by the above rule are verbal nouns formed
from verbs which do not have past passive participles, but the
formation is what you would expect for this verb class.

занятие	occupation, a class	*from*	заняться	take up doing something
прибытие	arrival	*from*	прибыть	arrive
рукопожатие	a handshake	*from*	пожать руку	shake someone's hand

As you can see from the last example, verbal nouns can
sometimes be formed from a phrase.

Two small groups of nouns should be distinguished from
-тие verbal nouns. The first group consists of nouns in
-тие, with the stress on the last syllable (verbal nouns in
-тие have their stress on the same syllable as the verb's
infinitive). These nouns in -тие are unassimilated loans from
Old Church Slavic:

бытие - being, existence (in philosophical literature used
          as the translation of the German *das Sein*).

          Бытие определяет сознание. (Маркс)
          The way you live determines the way you think.

житие - life (i.e. biography) of a saint.

          Житие Святого Антония - Life of St. Anthony

питие - poetic, obs. for питьё 'drink, mixture'.

          Питьё illustrates the other group of nouns not to be

confused with -тие verbal nouns. It includes:

житьё	life (low colloquial as in Как житьё? or even Как житьё-бытьё? 'How's doin'?'
мытьё	washing

Group B

простить	forgive	прощéние	forgiveness, pardon
вообразить	imagine (something untrue or non-existent)	воображéние	imagination
предстáвить	represent	представлéние	representation
предстáвить себé	imagine, create a mental picture of		idea, notion
преобразить	transform	преображéние Преображéние Госпóдне	transformation Transfiguration
изменить	change	изменéние	a change, changing
разделить	divide	разделéние	division
сократить	abbreviate, reduce	сокращéние	abbreviation, reduction
произносить	pronounce, utter	произношéние	pronunciation
офóрмить	put into shape, register	оформлéние	formulation, registration

Group C

заимствовать	borrow	заимствовáние	borrowing, a loan (word)
сéять	sow	сéяние	sowing
сиять	shine	сияние	shining
тáять	melt	тáяние	melting

Group D

спасти	спасýт	save	спасéние	salvation
угнести	угнетýт	oppress (very rarely used)	угнетéние	oppression
расти	растýт	grow	растéние	a plant
печь	пекýт	bake	печéние	baking
жечь	жгут	burn	жжéние	(a) burning (sensation)

сечь	секут	cut	сечение	section (in geometry)
течь	текут	flow	течение	current

в течение + Gen. - during
(вниз) по течению - downstream

Group E (de-verbals which are *not* derived from the participle)

воскреснуть	rise from dead	воскресение	resurrection
достигнуть	achieve	достижение	achievement

  Very few verbs whose infinitives end in -нуть form verbal nouns. Some add -овение. The most common are illustrated below:

прикоснуться	touch	прикосновение	touch
столкнуться	collide	столкновение	collision
возникнуть	emerge	возникновение	origin
исчезнуть	disappear	исчезновение	disappearance

Note also двинуть 'move (transitive)' - движение 'movement'.

  Apart from nouns formed from now existing verbs, there are quite a few verbal nouns - some of them very common - which correlate with obsolete and thoroughly forgotten verbs. Here are a few examples:

наблюдение	'observation', from obs. наблюсти 'observe' cf. наблюдать 'watch, observe (visually)'
уважение	'respect', from obs. уважить 'pay due respect' cf. уважать 'respect'

  Verbal nouns in -ние are sometimes spelled with -ье rather than -ие. Poets often make use of this possibility to adjust the number of syllables, although even the spelling -ие is pronounced as one syllable in fast speech. Usually there is no difference in meaning between the two spellings, but воскресенье 'Sunday' is consistently spelled differently from воскресение 'resurrection'. Similarly печение 'baking' vs. печенье 'pastry'.

4.2 Verbal nouns: process and result; lexical meaning

  Verbal nouns can be formed from both Perfective and Imperfective verbs. Sometimes, both Perfective and Imperfective forms of the same verb give rise to verbal nouns. In such cases, the verbal noun derived from the Imperfective verb denotes a process, while the noun derived from the Perfective verb denotes its result:

приобрести́	acquire (Pf)	приобрете́ние	acquisition
приобрета́ть	acquire (Impf)	приобрета́ние	repeated acquisition, acquiring
предсказа́ть	forecast, fore- tell	предсказа́ние	a forecast
предска́зывать	forecast (Impf)	предска́зывание	forecasting
па́дать	fall (in different senses)	паде́ние	fall (in different senses)
		па́дание	repeatedly falling down

Two such nouns are contrasted in the following quotation from Dostoevsky: "Де́ло в жи́зни...в открыва́нии ее, непреры́вном и ве́чном, а совсе́м не в *откры́тии*."

However, such contrasts are rather infrequent. Much more commonly, there is just one verbal noun corresponding to a given verbal stem, and this noun may denote either process or result, depending on context. One such noun was commented upon in the text:

объедине́ние   unification (process); union (result)

исправле́ние   correcting; a correction

реше́ние   deciding; a decision, a solution

The context usually tells you whether the process or its result is implied.

На реше́ние пробле́мы ушло́ мно́го вре́мени.	A lot of time was spent solving the problem.
В СССР осуществля́ется по́длинно маркси́стское реше́ние национа́льного вопро́са.	In the USSR a genuinely Marxist solution to the nationality question is in use.
В де́ле исправле́ния чужи́х оши́бок Шу́ра дости́гла высо́т мастерства́.	In the business of correct- ing other people's mis- takes Shura has reached the heights of crafts- manship.
Её исправле́ния (ИЛИ: попра́вки) нра́вятся чита́ющей пу́блике и не обижа́ют а́второв.	Her corrections please the reading public and do not offend the authors.

Addressing the question of how the meaning of the verbal noun is related to the meaning of the verb from which it is derived, we can simply repeat the rule, *Use the nouns*

*with which you are already familiar, and when in doubt, consult
the dictionary.* In reading, it is important to remember that
the meaning of the verbal noun may correspond to only one of
the meanings of the deriving verb, possibly to the one with
which you are not familiar. Thus, открь́ть has the following
meanings (among others):

(1) открь́ть окно́, дверь, etc.   open (in the physical sense)

(2) открь́ть вь́ставку, заво́д,   open (mark the beginning
     etc.   of functioning

(3) открь́ть зако́н фи́зики,   discover
     но́вый о́стров, etc.

        The noun открь́тие has meanings corresponding to (2)
and (3) but not (1):

открь́тие вь́ставки   opening of an exhibition

открь́тия Ньюто́на   Newton's discoveries

4.3 Verbal nouns: syntax

        The subject of the verb often corresponds to a noun in
the Genitive modifying the verbal noun:

   снег та́ет   - та́яние сне́га

   со́лнце сия́ет   - сия́ние со́лнца

   ма́льчик роди́лся   - рожде́ние ма́льчика

        The direct object of a transitive verb also corresponds
to a noun in the Genitive, modifying the verbal noun:

   импе́рию раздели́ли - разделе́ние импе́рии

   де́вочку спасли́   - спасе́ние де́вочки

   наро́д угнета́ют   - угнете́ние наро́да

        Sometimes such a noun in the Genitive modifying a verbal
noun is ambiguous:

приглаше́ние свяще́нника   - свяще́нник пригласи́л
                              И́ЛИ: свяще́нника пригласи́ли

угнете́ние капитали́стов   - капитали́сты угнета́ют
                              И́ЛИ: капитали́стов угнета́ют

        The ambiguity does not usually arise when a verbal noun
is modified by a possessive adjective or pronoun, but you
can't always predict whether the adjective refers to the verb's
subject or to the verb's direct object, as the first two examples illustrate:

  Пе́тино приглаше́ние   - *Пе́тя* пригласи́л
  Пе́тино спасе́ние   - *Пе́тю* спасли́

  Мои́ воспомина́ния   - Я вспомина́ю

It may happen that you want to express both the subject *and* the direct object when you change a verb to a de-verbal noun; if so, you can't use two Genitives, just as you can't say *the priest's Pete's invitation* as a de-verbal of *the priest invited Pete*. Instead, you must say *Pete's invitation <u>by</u> the priest*, using the Instrumental case in Russian:

verb: Свящéнник пригласи́л Пéтю в монасты́рь.

de-verbal: приглашéние *свящéнником* Пéти в монасты́рь

Summing up, if the situation is Пáпа посети́л Пóльшу 'The Pope visited Poland', we can talk about

посещéние пáпы	the Pope's visit
OR: посещéние Пóльши	visit to Poland
OR: посещéние Пóльши пáпой	the Pope's visit to Poland

If a verb governs an oblique case or a prepositional phrase (rather than the Accusative), the verbal noun has the same government:

Пéтя влия́ет *на Вáсю* - Пéтино влия́ние *на Вáсю*
OR: влия́ние Пéти *на Вáсю*

Similarly:

обладáть секрéтом	обладáние секрéтом keeping a secret
подражáть катóликам	подражáние катóликам imitation of Catholics
пренебрегáть вéрой	пренебрежéние вéрой neglect of faith
сопротивля́ться соблáзну	сопротивлéние соблáзну resisting temptation
увлекáться богослóвием	увлечéние богослóвием fascination of theology
владéть собóй	владéние собóй self-control
восхищáться спектáклем	восхищéние спектáклем enjoyment of the performance
злоупотребля́ть алкогóлем	злоупотреблéние алкогóлем abuse of alcohol
стреми́ться к побéде	стремлéние к побéде striving for victory
втóргнуться в Ирáн	вторжéние в Ирáн invasion of (into) Iran

Summary of de-verbal syntax:

VERB	DE-VERBAL NOUN
Subj. (Nom.)	Gen.
Dir. Object (Acc.)	Gen.
Both (Nom. and Acc.)	Instr. + Gen.
Other cases or prepositions	no change

4.4 Other kinds of de-verbal nouns; de-adjectival nouns

Everything we have said about the syntax of verbal nouns in -ние, -тие is true for the most part of all kinds of de-verbal and de-adjectival nouns. The switch of Nom. or Acc. to Gen., however, does not *always* take place. For example, when you change from verb

Люксембу́рг победи́л Майо́рку.   Luxembourg defeated Majorca.

to noun

побе́да Люксембу́рга *над*   Luxembourg's victory over
Майо́ркой   (conquest of) Majorca

you use над instead of Genitive.

Below we give examples of noun phrases corresponding to sentences with complements; examples are grouped according to the suffixes of de-verbal and de-adjectival nouns.

(a) *de-verbal nouns in -ба*

Сове́тский Сою́з бо́рется   - борьба́ Сове́тского Сою́за
за мир   за мир

Сове́тский Сою́з дру́жит с   - дру́жба Сове́тского Сою́за
Вьетна́мом   с Вьетна́мом

про́сит о том, что́бы...   - про́сьба о том, что́бы...

(b) *de-verbal nouns in -ство*

вмеша́ться во вну́тренние   - вмеша́тельство во вну́-
дела́ Ира́на   тренние дела́ Ира́на

доказа́ть существова́ние   - доказа́тельство существо-
эфи́ра   ва́ния эфи́ра

руководи́ть це́рковью   - руково́дство це́рковью

це́рковь сотру́дничила с   - сотру́дничество це́ркви с
импера́тором   импера́тором

(c) *de-verbal nouns in -ка*

Ви́тя подгото́вился к
    экза́мену
	- Ви́тина подгото́вка к
	    экза́мену
	OR: подгото́вка Ви́ти к
	    экза́мену

Ви́тя попыта́лся переплы́ть
    о́зеро
	- Ви́тина попы́тка переплы́ть
	    о́зеро

снима́ть фильм	- съёмка OR съёмки фи́льма

(d) *de-verbal nouns without a suffix (or, put differently, with
a zero suffix):*

соблазни́ть	tempt	собла́зн	temptation
поджéчь	set fire to	поджо́г	arson
входи́ть	enter	вход	entrance
выходи́ть	go out	вы́ход	exit, way out

переходи́ть	change into;
	    cross
		перехо́д	change into;
			    crossing

обыска́ть	search	о́быск	search

    It sometimes happens that the same verb gives rise to
several de-verbal nouns. Sometimes they divide up the verb's
meaning; sometimes they are partially synonymous.

измени́ть < change —— измене́ние - a change, changing
          betray —— изме́на - betrayal

подписа́ть — sign (e.g. a letter) — по́дпись - signature
                                      (result)
                        подписа́ние - signature
                                      (process)

    give someone a subscription —— подпи́ска -
                                      subscription

входи́ть —— enter   вход   - entrance (place or action)
                        вхожде́ние - entrance (action)

Вход (Вхожде́ние) архиепи́скопа в це́рковь

У вхо́да в синаго́гу стоя́ли равви́н и ка́нтор.

    Nouns in -ние, -тие, when contrasted with other
derivatives of the same verb, often have the more abstract
meaning of a process:

конспекти́ровать - take copious notes, make a detailed out-
    line (while reading or listening to a lecture)

конспекти́рование - taking notes (process)

конспе́кт - notes (result)

(e) *de-adjectival nouns in -ость*

De-adjectival nouns in -ость, like verbal nouns in
-тие, -ние, number in the thousands. We give just a few
examples based on the vocabulary of this lesson:

святóй	holy	святость	holiness
антúчный	classical	антúчность	antiquity
лоя́льный	loyal	лоя́льность	loyalty
духóвный	spiritual	духóвность	spirituality
непогрешúмый	infallible	непогрешúмость	infallibility

(f) *other de-adjectival nouns*

Other suffixes deriving abstract nouns from adjectives
are not very productive, or completely unproductive. However,
some quite common nouns are formed with them.

-та

дóбрый	good, kind	доброта́	goodness, kindness
слепóй	blind	слепота́	blindness
глухóй	deaf	глухота́	deafness
красúвый	beautiful	красота́	beauty (NB: красúвость - prettiness, with an implication of super- ficiality and poor taste)

-ство

богáтый	rich	богáтство	richness, wealth
урóдливый	ugly	урóдство	ugliness

5. Prepositions, conjunctions, connectives

Prepositions and conjunctions can be divided into simple
(в, на, до, и, что, etc.) and derived (в течéние,
вслéдствие, несмотря́ на, etc.). Simple prepositions and
conjunctions are mostly monosyllabic words which have been
prepositions and conjunctions for a long time in the history
of the language. Derived prepositions and conjunctions have
joined the group more or less recently, coming from adverbs
(including verbal adverbs) and phrases. While a simple preposition or conjunction typically has a variety of meanings and
uses (spatial, temporal, etc.), a derived one is typically
unifunctional.

Among derived prepositions we can distinguish two
groups, one older, with mostly spatial meanings, mostly
homonymous with adverbs, the other more recent, with mostly
abstract meanings, (cause, means, etc.), mostly homonymous
with prepositional phrases. It should be mentioned that,

etymologically, the older group also contains a number of
prepositional phrases, but they have already fossilized into
unchangeable adverbs, e.g.,

вблизи́ (etymologically в + Loc. of близь) near (preposition)
                                            nearby (adverb)

Вблизи́ был же́нский монасты́рь. There was a convent nearby.

Вблизи́ дере́вни был же́нский   Near the village was a
    монасты́рь.   convent.

Similarly:

сза́ди in the back (adverb); in the back of (preposition)

сбо́ку nearby (adverb); next to (preposition)

посреди́ in the middle (adverb); in the midst of (preposition)

All these prepositions take Genitive. It has become
common to modify some of such prepositions with от, so that
it is more normal nowadays to say вблизи́ от до́ма, сбо́ку
от до́ма, сза́ди от до́ма, rather than вблизи́ до́ма, сбо́ку
до́ма, сза́ди до́ма.

It is derived prepositions of more abstract meanings
and more recent origins that are characteristic of bureaucratic
style. We list and illustrate the most common below.

в связи́ с + Instr.	in connection with
в отноше́нии + Gen.	with respect to
согла́сно + Dat.	according to
в соотве́тствии с + Instr.	according to
поми́мо + Gen.	besides, in addition to
в си́лу + Gen.	because of
по причи́не + Gen.	because of
посре́дством + Gen.	by means of
путём + Gen.	by means of
за исключе́нием + Gen.	with the exception of
несмотря́ на + Acc.	in spite of
всле́дствие + Gen.	as a result of

В отноше́нии неда́вних реше́ний *в связи́ с* плохо́й пого́дой
председа́тель сказа́л, что *согла́сно* неда́вним реше́ниям
и *в соотве́тствии с* неда́вними реше́ниями, а та́кже *в
си́лу* неда́вних реше́ний и *по причи́не* неда́вних реше́ний,
все пробле́мы, *за исключе́нием* пробле́мы рожда́емости,
бу́дут решены́ *посре́дством* всео́бщего уча́стия и *путём*
повыше́ния энтузиа́зма, *несмотря́ на* плоху́ю пого́ду.

   With respect to conjunctions (В отношéнии сою́зов),
it should be mentioned (слéдует отмéтить), that practically
all of the above prepositions can be converted into conjunctions
by adding то (in the appropriate case) and что, e.g.

Несмотря́ на то, что...	In spite of the fact that...
В си́лу того́, что...	Because of the fact that...
В связи́ с тем, что...	In connection with the fact that...
Помимо того́, что...	In addition to the fact that...
В отношéнии того́, что...	With respect to the fact that...

Do not confuse these constructions with the ones with stressed
что meaning 'what'. Compare:

В отношéнии того́, *что* сказáл председáтель, мы бесси́льны.	With respect to *what* the chairman said, we're powerless.
В отношéнии того́, что погóда стáла хýже, мы бесси́льны.	With respect to the weather's having taken a turn for the worse, we are powerless.

   Other derived conjunctions include:

Не тóлько...но и...	Not only...but also...
Как...так и...	Both...and...
...соотвéтственно	...respectively
тогдá как	while
в то врéмя как	while

Не тóлько Ди́ма, но и Вáся пришёл в кафé, где их ужé
ожидáли как Мáша, так и Натáша. Ди́ма и Вáся танце-
вáли с Мáшей и Натáшей, соотвéтственно. Инáче говоря́,
Ди́ма танцевáл с Мáшей, тогдá как Вáся танцевáл с
Натáшей.

   Prepositions and conjunctions join phrases within a
clauses and clauses within a sentence. There is another class
of words (sometimes called connectives) which join sentences
into paragraphs, and paragraphs into a smoothly running exposi-
tion. Bureaucratic style is very fond of connectives, and
often overuses them, but, when properly used, they are an
indispensible feature of good style. We list them below
grouped according to their meaning.

We also provide the following labels for stylistic
levels:

разг.   - colloquial

(not labeled) - normal

книжн.   - bookish

(a) connectives relating various parts of the text to each
    other

во-пе́рвых, во-вторы́х, в тре́тьих...	first, second, third...
с одно́й стороны́...с друго́й стороны́... (книжн.)	on the one hand...on the other hand
наконе́ц (книжн.)	finally
в коне́чном ито́ге (книжн.)	in the final analysis
одни́м сло́вом (разг.)	in a word
ина́че говоря́ (книжн.)	in other words
как ука́зывалось (бы́ло ука́зано) вы́ше (книжн.)	as mentioned above
как дока́зывается (бу́дет дока́зано) ни́же (книжн.)	as shown below
бо́лее того́ (книжн.)	moreover
Ита́к... (книжн.)	Thus... (summing up)

(b) connectives indicating a deviation from the main line of
    exposition

Так...	Thus... (for example)
ме́жду тем	meanwhile
кста́ти	by the way
что каса́ется + Gen..., сле́дует отме́тить, что... (книжн.)	with respect to..., it should be noted that
При э́том...	At the same time... (often best left untranslated)

(c) connectives indicating the source of information

по-мо́ему, по-тво́ему и т.д.	in my/your opinion; I/you think
как изве́стно	as is well-known
как говори́тся (ука́зывается) в докуме́нте (книжн.)	as stated (pointed out) in the document
по слова́м (по сообще́нию) свиде́теля (книжн.)	according to the words (the report) of the witness

(d) logical connectives

однако	however
следовательно	therefore
таки́м о́бразом	thus
(и) в са́мом де́ле	(and), in fact (indeed) (according to a promise or expectation)
(но) на са́мом де́ле	(but), in fact (contrary to a promise or expectation)

NB: This is the usage we recommend. You may encounter на
са́мом де́ле used in the meaning of в са́мом де́ле and vice
versa; the context will always suggest the correct interpretation to you.

(e) connectives expressing the speaker's attitude toward the
message

наско́лько я зна́ю	as far as I know
по пра́вде говоря́ (разг.)	to tell the truth
че́стно говоря́ (разг.)	to tell the truth
гру́бо говоря́ (разг.)	roughly speaking, approxi- mately; bluntly
мя́гко выража́ясь	gently put, to put it mildly
е́сли мо́жно так вы́разиться	if one may say so
говоря́ по́просту	frankly (speaking)
к сча́стью	fortunately
к сожале́нию	unfortunately

УПРАЖНЕ́НИЯ К ТЕ́КСТУ

1. Conversation Topic   (Comment 1)

   What is the position of religion and church in the Soviet
   Union?

2. Conversation Topic   (Comment 2)

   Summarize the Marxist philosophy of history. Use the
   following words and expressions:

обще́ственно-экономи́ческая формáция	socio-economic structure
социа́льно-экономи́ческий строй о́бщества	social-economic structure of society
кла́ссовая борьба́/борьба́ кла́ссов	class struggle
угнетённые/угнетáемые	oppressed
угнетáтели	oppressor
рабовладе́льческий	slave-owning
феода́льный	feudal
капиталисти́ческий	capitalist
социалисти́ческий	socialist
коммунисти́ческий	communist
бáзис, надстро́йка	base, superstructure

УПРАЖНЕ́НИЯ К АНА́ЛИЗУ

3. Preparatory Drill   (Analysis 2)

   Given a verb, produce the corresponding noun and then the
   semi-auxiliary verb + noun collocation:

   Given: реши́ть   Answer: реше́ние;   приня́ть реше́ние

   зака́зывать, выводи́ть, рассле́довать, помогáть,
   подде́рживать, влия́ть, ударя́ть, оскорбля́ть,
   опери́ровать, учáствовать, боро́ться, инструкти́ро-
   вать, бесе́довать, извещáть, ошибáться

4. Fill in the blank with the required verb, in any appropriate tense form.

   1. Во время войны США (   ) Советскому Союзу помощь оружием и продуктами питания.

   2. Полиция (   ) расследование этого дела.

   3. Они никакого вывода из этого не (   ),

   4. Граф Н. вчера мне (   ) публичное оскорбление. Я вызываю его на дуэль.

   5. Он давно уже хотел жениться на ней и наконец (   ) ей предложение.

   6. Доктор Смирнов занят. Он сейчас (   ) операцию.

   7. Американские женщины (   ) борьбу за равноправие.

   8. Конгресс (   ) решение о продаже зерна Советскому Союзу.

   9. Все рабочие (   ) участие в забастовке.

  10. Профсоюз (   ) поддержку забастовщиками.

  11. Они (   ) неторопливую беседу.

  12. Общество должно (   ) меры против роста преступности.

  13. Офицер (   ) приказ стрелять в воздух.

5. (Analysis 2)

Paraphrase, using verb + noun collocations:

Из этих фактов Маркс *вывел,* что на смену капитализму придёт коммунизм, то есть общественная собственность на средства производства.

Вчера с нами *беседовал* лектор из парткома.

Полиция *расследует* недавнее преступление.

Подсудимый *ударил* жертву ножом три раза.

На решение архиепископа несомненно *повлияло* и то, что крестьяне в его епархии сильно обеднели после засухи.

Соединённые Штаты недостаточно *помогают* слаборазвитым странам.

Советский Союз *поддерживает* террористов во всём мире.

Действия нашего правительства *оскорбляют* большинство населения страны.

Русская Православная церковь согласилась *участвовать* в экуменической конференции.

Верующие нашего прихода *борются* за то, чтобы им разрешили отремонтировать церковь.

Наше правительство *известило* Организацию Объединённых Наций (ООН) о своём выходе из ЮНЕСКО.

Верующие нашего прихода *ошиблись,* поверив обещаниям властей.

6. (Analysis 3)

a. Translate into Russian. Recall that in sentences describing disasters caused by natural elements, the construction Acc. + Instr. (e.g. Берёзу сломало ветром) is most appropriate.

The harvest was ruined by the storm.
The house was destroyed by a cyclone.
The wind broke the biggest birch tree.
The storm destroyed the old oak tree.
The forest was devastated by strong winds.
The basement was flooded by rain.

b. Use a modal + infinitive construction.

She should be fired.
These apples out to be eaten before they go bad.
The window should be opened to let some fresh air in.
This room needs vacuuming.
The law should be changed.
The dishes need washing, and so do you.

c. Use the third person plural form of the verb.

She was fired.
The chair was broken unintentionally.
The letter was probably lost.
Somebody tore his jacket in the fight.
They stole her purse.

d. Use -ся verbs.

The chair got broken.
The letter got lost.
His jacket got torn around the elbows.
The sky got covered by black clouds.

7. Transform from passive to 3 Plural construction.

Model: Пётя был уволен. → Пётю уволили.

Культ императоров был отвергнут.
Многое было заимствовано из восточных религий.
Христианство было принято в качестве
   государственной религии.
Остальным даётся лишь маленькая хлебная облатка.
Проповедники ежегодно посылались в США.
Впоследствии эта организация была распущена.
Наташа была исключена из института.

8. Conversation Exercise (Analysis 4)

   А. Не *пой*, у меня́ от твоего́ *пе́ния* голова́ боли́т.

   Б. Я не могу́ не *петь*. Я *певе́ц*.

sing	singer
cry	small child
play violin	violinist
moo	cow
bark	dog
meow	cat
play basketball	basketball player
neigh	horse
play drums	drummer
hiss	snake
play flute	flutist
bray	donkey

9. Conversation Exercise (Analysis 4)

   Note that an adverb modifying a verb becomes an adjective
   modifying the de-verbal noun. After the first two or three
   substitutions, switch to the alternative model.

   А. *Кита́й бы́стро развива́ется.*

   Б. *Бы́строе разви́тие Кита́я* меня́ ра́дует/огорча́ет.
   (variant: О *разви́тии Кита́я* мне изве́стно.)

   Кита́й бы́стро *развива́ется.*
   Кита́й бы́стро *развива́ет* своё се́льское хозя́йство.
   Па́па *приби́л* в Ватика́н ра́но.
   Ри́мляне *распя́ли* восста́вших рабо́в.
   Правосла́вная иера́рхия *реши́ла* измени́ть свою́
      поли́тику в отноше́нии католи́ческой це́ркви.
   Ватика́н *при́нял* реше́ние смягчи́ть догма́т о
      непогреши́мости па́пы.
   Угнета́тели жесто́ко *угнета́ют* угнетённых.
   Протеста́нтские свяще́нники та́йно *уча́ствовали* в
      церемо́нии.

10. (Analysis 4.4)

Given two adjectives, produce two sentences with de-adjectival nouns like the ones in the model.

Given: глу́пый, организо́ванный

Из-за Пе́тиной *глу́пости* мы чуть не опозда́ли.   Но
благодаря́ Ва́синой *организо́ванности* мы всё-таки
успе́ли.

Recall that из-за introduces the reason for something
bad, while благодаря́ introduces the reason for something good.   Благодаря́ is steadily encroaching on the
из-за domain, and it can replace из-за in the first
sentence, but из-за instead of благодаря́ in the second
sentence is totally inappropriate.

глу́пый	организо́ванный	stupid	organized
бе́дный	бога́тый	poor	rich
до́брый	жесто́кий	kind	cruel
занято́й	непогреши́мый	busy	infallible
трусли́вый	сме́лый	cowardly	bold
глухо́й	реши́тельный	deaf	determined
слепо́й	изве́стный	blind	famous

УПРАЖНЕ́НИЯ НА МАТЕРИА́Л ВСЕГО́ УРО́КА

11. Write a polite letter to the scientific atheism professor,
in which you disagree with several of the points he made
in his lecture. Write in the formal style that the
situation requires. A formal letter begins with
Уважа́емый Дми́трий Па́влович! and ends with С
и́скреним уваже́нием.   Remember that Вы is capitalized
in all cases in a formal letter.

12. Conversation Topic

Discuss (dispassionately) the differences between Cathol-
icism and the various branches of Protestantism. Concentrate on the differences in doctrine and liturgical prac-
tices, rather than on historical disputes and animosities.

13. Conversation Topic

What do you know about the differences between the Greek
Orthodox and the Roman Catholic Churches? Recapitulate
both the history of their relations and the differences
in doctrine and liturgy.

14. Conversation Topic

Discuss (dispassionately) the relationship between
Christianity and Judaism. Recapitulate the history of
relations between Jews and Christians.

УРОК 12

ТЕКСТ. ПОСЛЕДНЕЕ ВОСКРЕСЕНЬЕ

У Колиных родителей была небольшая дача на Карельском перешейке,[1] километрах в сорока[2] от Ленинграда. Хотя по закону иностранцам разрешается отъезжать от города не больше чем на 25 километров, в одно майское утро Коля и Жанна собрались и поехали. Ехать надо было сначала на электричке с Финляндского вокзала, а потом от станции ещё автобусом пятнадцать километров по пыльной грунтовой дороге.[3] Коля и Жанна, конечно, проспали, опоздали на восьмичасовую электричку и пропустили первый автобус; следующий шёл только через полтора часа. Они вышли на дорогу, проголосовали,[4] и их подобрал грузовик, вёзший продукты в посёлок дачников.[5] Шофёр оказался лихач, гнал машину по ухабам и выбоинам как по асфальтированному шоссе, и брал повороты не сбрасывая газ и не переключая скорость. Подъехав к перекрёстку, где Коле и Жанне надо было выходить, он затормозил так, что его пассажиры чуть не стукнулись лбами о стекло. Коля предложил ему трёшку, но он гордо отказался, резко рванул с места и исчез в клубах пыли. Сразу стало очень тихо. Коля и Жанна разулись и пошли босиком по тропинке между двумя участками к Колиной даче, стоявшей в стороне от дороги.

На даче (одноэтажный трехкомнатный сарайчик)[6] Коля ловко растопил плиту, потом принёс два ведра воды из колодца, и вскипятил чай. Поев, молодые люди занялись огородом. Они вскопали четыре грядки, разровняли их граблями и посеяли два ряда редиски, салат и горох. Потом Коля занялся клубникой, которую его родители посадили[7] годом раньше, а Жанна тем временем полила свежие грядки. Если бы она знала, что их ожидало вечером, она бы не стала тратить время.

Ребята кончили работать уже далеко за полдень. Облившись водой у колодца, Коля приготовил поесть: бутерброды с колбасой, бобы в томатном соусе из консервной банки, чай. Пока ели, убирали со стола, тушили плиту, за окном стемнело, и послышался первый гром. Всё же Коля и Жанна пошли погулять на озеро. Туда вела тропинка через сухой сосновый лес, в котором деревья стояли редко и просторно; спрятаться от дождя там было негде. К счастью гроза началась на обратном пути, когда ребята уже подходили к дому. До последнего автобуса на станцию оставалось меньше получаса.

Автобус пришёл со станции пустой. В него мгновенно набилась ожидавшая его толпа; внутри стало тесно и шумно, пахло землёй и мокрой одеждой. Снаружи лил дождь. Шофёр долго не мог закрыть дверь, что-то ворчал себе под нос [8] о шинах и рессорах. Наконец дверь закрылась, и автобус тронулся с места. На первом же подъёме он забуксовал на мокрой глине. Человек десять пассажиров выскочили из автобуса, чтобы его подтолкнуть. На следующем подъёме повторилась та же история. Дождь между тем перестал, стало светлее. В третий раз автобус забуксовал у самой вершины высокого холма, с которого открывался вид на озеро и посёлок. В светлых сумерках белой ночи можно было даже разглядеть крышу и трубу Колиной дачи. Мотор автобуса натужно ревёл, пахло выхлопными газами и палёной резиной. Пассажиры с остервенением толкали и раскачивали автобус, но тот никак не мог вскарабкаться оставшиеся десять метров. Наконец шофёр заглушил мотор и пошёл в лес нарубить сучьев, чтобы их подложить под колёса. Все вдруг замолчали, глядя на светлое небо и мокрый хвойный лес, свежо пахнущий после дождя. "Слушай, а тебе обязательно завтра с утра быть в городе?" спросил тихонько Коля. "Да нет", [9] — сказала Жанна— "у меня все дела уже кончились". "Тогда пойдём обратно, а завтра уедем с первым автобусом, ладно?" "Ладно"— согласилась Жанна. Коля взвалил на плечи рюкзак и взял Жанну за руку. Так закончилось их последнее воскресенье вместе. Три дня спустя Жанна улетела в Америку.

КОММЕНТАРИИ

1. Карельский перешеек (The Karelian Isthmus) тянется к северу от Ленинграда, между Финским заливом и Ладожским озером. С 1918 по 1940 год был частью Финляндии; аннексирован Советским Союзом после Советско-Финской войны 1940 года. Любимое место отдыха ленинградцев.

2. About 40 kilometers (25 miles) from Leningrad. Ср. *рублей на пять шоколаду* (Урок 7 Комментарий 5).

3. Дороги и автомобили в Советском Союзе сильно отличаются от дорог и автомобилей в Америке и Западной Европе. Подавляющее большинство дорог в Советском Союзе ещё не покрыты асфальтом. Любая асфальтированная дорога уже считается дорогой первой (т.е. лучшей) категории. Дорог с двумя рядами машин в каждую сторону— то, что в Америке называется a highway — в Советском Союзе практически нет. Неудивительно, что в русском

языке́ нет слов, обознача́ющих соотве́тствующие
поня́тия. Ра́зница ме́жду слова́ми *шоссе́* и *доро́га*
совсе́м не така́я, как ме́жду слова́ми highway и local
road, потому́ что, в русскоязы́чном созна́нии практически люба́я асфальти́рованная доро́га называ́ется
шоссе́. Так что па́ра *шоссе́— доро́га* скоре́е похо́жа
на road - dirt road, а перево́да сло́ва highway в
ру́сском языке́ нет, так же как нет перево́дов для
highway entrance, exit, four-lane highway, divided highway
и т.д.

    В любо́м разгово́ре о маши́нах возника́ют таки́е
же тру́дности. На сове́тских маши́нах— и в ру́сском
языке́— нет эквивале́нтов для automatic transmission,
power steering, power brakes. Существу́ющие словари́
предлага́ют дово́льно неуклю́жие описа́тельные пере-
во́ды э́тих выраже́ний. Мы приво́дим э́ти перево́ды
(иногда́ с небольши́ми измене́ниями), прекра́сно
сознава́я, что перево́ды не о́чень хоро́ши, и что не
все носи́тели ру́сского языка́ с ни́ми соглася́тся.

highway	*шоссе́*
highway entrance	*вье́зд на шоссе́*
highway exit	*съе́зд с шоссе́*
four-lane highway	*четырёхря́дное шоссе́*
change lanes	*перейти́ в друго́й ряд*
dirt road	*доро́га, грунтова́я доро́га*

4. Hitched (буква́льно *voted*). В Сове́тском Сою́зе
   поднима́ют не большо́й па́лец, а всю ру́ку, как при
   откры́том голосова́нии.

5. Да́чник— это челове́к, кото́рый зи́му живёт в го́роде,
   а ле́том выезжа́ет на да́чу. Да́чник в ко́рне отли-
   ча́ется от ме́стного жи́теля, потому́ что у да́чника
   есть городска́я пропи́ска, жильё в го́роде с водо-
   прово́дом и убо́рной и городска́я рабо́та, за кото́рую
   ему́ пла́тят зарпла́ту. Ме́стный жи́тель живёт на да́че
   кру́глый год, и потому́ она́ для него́ не да́ча, а
   про́сто деревя́нный дом, обы́чно без водопрово́да и
   ча́сто без убо́рной. Ме́стный жи́тель рабо́тает в
   колхо́зе и́ли на како́м-нибу́дь ма́леньком ме́стном
   предприя́тии, и зараба́тывает обы́чно ме́ньше, чем
   да́чник. Зато́ ме́стный жи́тель мо́жет сдать да́чнику
   на ле́то ко́мнату, кварти́ру и́ли да́же полдо́ма, е́сли,
   коне́чно, у да́чника нет свое́й да́чи.

    Свои́ да́чи быва́ют са́мые ра́зные, от кирпи́чного
двухэта́жного до́ма с телефо́ном и ва́нной до сара́й-
чика из до́сок, в кото́ром мо́жно жить то́лько ле́том.
Ли́чные (персона́льные) да́чи мо́гут стоя́ть в обы́чном

посёлке и́ли дере́вне, среди́ домо́в ме́стных жи́телей,
а мо́гут составля́ть отде́льный посёлок. Э́то слу-
ча́ется, наприме́р, когда́ большо́е предприя́тие,
получи́в у госуда́рства кусо́к земли́, де́лит его́ на
да́чные уча́стки для свои́х сотру́дников.

6. Сара́йчик = сара́й (shed, barn) + чик (diminutive suffix).

7. Се́ять— sow, сажа́ть—plant. Се́ют семена́, а сажа́ют—
са́женцы и́ли клу́бни. Пшени́цу, овёс, кукуру́зу—
се́ют, а карто́шку, лук, помидо́ры— сажа́ют.

8. Ворча́ть, напева́ть, бормота́ть себе́ под нос— grumble,
hum, mutter to oneself.

9. Да нет (разгово́рное) = Нет.

ANALYSIS

1. Word study: *win/lose*

Our textbook is approaching its end, and it may be
appropriate to try to chart out your Russian studies beyond it.
At this stage you already know almost all there is to know
about Russian morphology and basic syntax. There probably
remain isolated pockets of ignorance here and there, but they
do not form any pattern, and can be overcome only in a piece-
meal fashion, as you come across them in your studies or
reading. However, your major problem from now on is developing
your vocabulary. This involves not only learning new words,
but also - and primarily - deepening your knowledge of the
words you can recognize and may even think you know. At this
point it is not enough for you to know that, for example,
победи́ть means 'to win, conquer, defeat'. In order to be
able to use the word idiomatically, you should learn many
other facts about it, as we will try to show.

The first problem with expressing the idea of winning
has to do with synonyms. In English *to conquer* someone is
roughly synonymous with *to beat* someone, but there is a difference in style and in the situations to which they apply. The
former is more literary; also, it is more applicable to a
military contest than to a card game; it sounds strange to
say *Pete conquered Sam at poker* and a bit undignified to say
Wellington beat Napoleon at Waterloo. The difference between
победи́ть and вы́играть is comparable to *conquer/beat*, though
not precisely the same. It doesn't sound right to say Ви́тя
победи́л Ната́шу в ша́хматы, nor Веллингто́н вы́играл у
Наполео́на (though Веллингто́н вы́играл *би́тву* при
Ватерло́о is all right); in the war situation, победи́ть is
preferable to вы́играть:

| Веллингто́н *победи́л* Наполео́на при Ватерло́о. | Wellington defeated Napoleon at Waterloo. |
| В Оте́чественной Войне́ 1812 го́да победи́ли ру́сские. | The Russians won the War of 1812. |

And in the game situation, вы́играть is preferable:

| Ви́тя вы́играл у Ната́ши в ша́хматы. | Vitya beat Natasha at chess. |
| Ви́тя вы́играл у Ва́си 100 р. в по́кер. | Vitya won 100 rubles from Vasya in a poker game. |

Team games form an intermediate category, so you can say either

| Кома́нда "Спарта́к" *победи́ла* кома́нду "Дина́мо" со счётом 2:1 (два:оди́н). | Spartak defeated Dynamo with a score of two to one. |

OR:

| Кома́нда "Спарта́к" *вы́играла* у кома́нды "Дина́мо" со счётом 2:1. | Spartak beat Dynamo by a score of two to one. |

Sometimes it is inappropriate to speak of victory or defeat, even when English may use the verb *win*, e.g. in the context of the renowned Nobel Prize:

| В 1933 году́ ру́сский писа́тель Ива́н Андре́евич Бу́нин *получи́л* Но́белевскую Пре́мию по литерату́ре. | In 1933, the Russian writer I.A. Bunin *won* the Nobel Prize for literature. |

Otherwise in contests for a prize or award, use вы́играть:

| Столо́вая но́мер 5 вы́играла приз за лу́чшее обслу́живание посети́телей. | Cafeteria No. 5 won the prize for the best service. |

In sum, we can say that there are two situation-contexts, a war situation (победи́ть *win, conquer, defeat*), and a game situation (вы́играть *win, beat*), even though the distinction is by no means clear-cut. Bear this distinction in mind throughout the following discussion of the syntax of the two verbs победи́ть and вы́играть.

The most important syntactic difference between победи́ть and the English verb *win* shows up in sentences where the enemy is not mentioned - only the contest or prize is mentioned (e.g. *They won the war*). Where English has a direct object (*the war*), Russian has a prepositional phrase (Они́ победи́ли *в войне́*).

| В Оте́чественной Войне́ 1812 го́да победи́ли ру́сские. | The Russians won the War of 1812. |

В состязáнии за закáзы Пентагóна победи́ла компáния Бóинг.	Boeing won the Pentagon contract.

Other examples of победи́ть:

Кто победи́л? —Наполеóн победи́л.	Who won? -Napoleon won.
Наполеóн победи́л австри́йскую áрмию при Аустерли́це.	Napoleon defeated the Austrian army at Austerlitz.

The most important syntactic difference between
вы́играть and the English verb *win, beat* shows up in sentences
where the opponent is mentioned (Pete beat Sam). Where English
has a direct object (*Sam*), Russian has a prepositional phrase
(Пéтя вы́играл *у Вáси* 'Pete beat Vasya'). English may also
use a prepositional phrase, but that causes no problem for you
in translation:

Пéтя вы́играл *у Вáси* 100 рублéй в пóкер.	Pete won 100 rubles *from Vasya* in a poker game.

Further examples of вы́играть:

Кто вы́играл? — Пéтя вы́играл!	Who won? -Pete won!
Пéтя вы́играл у Вáси.	Pete beat Vasya.
Пéтя вы́играл две пáртии в шáхматы.	Pete won two chess matches.
Пéтя вы́играл у Вáси две пáртии в шáхматы.	Pete beat Vasya in two chess matches. OR: Pete won two chess matches from Vasya.

Returning to победи́ть, we should next consider its
most important derivatives like побéда or победи́тель. You
want to know them in order to express in Russian an idea like
I'm sure I'll win, which you cannot express using победи́ть.
(Победи́ть belongs to a small class of Russian verbs with no
1st person Sg. non-past form; others are убеди́ть 'persuade',
чуди́ть 'behave strangely', очути́ться 'find yourself',
ощути́ть 'sense, experience', гудéть 'buzz, honk', дудéть
'play the pipe, fife', шелестéть 'rustle', дерзи́ть 'to
behave naughtily or provocatively', and a few more.) You must
resort to a semi-auxiliary verb:

Я увéрен, что *одержу́* побéду.   I'm sure I'll win.
OR: Я увéрен, что *вы́йду*
    (*окажу́сь*) победи́телем.

You can also use вы́играть, but this will imply that
you are talking about a game.

Observe that in order to be able to use the words

побе́да and победи́тель you need additional information of
two kinds. First, you want to know the semi-auxiliary verbs
that go with these nouns (cf. Lesson 11, Analysis, 2):

победи́ть = *одержа́ть* побе́ду = *вы́йти* (*оказа́ться*)
                                     победи́телем

Second, you want to know the cases and prepositions (if
any) to be used with these nouns. Although de-verbal nouns
typically keep the oblique case complement and prepositions of
the verb (cf. Lesson 11, Analysis, 4.3, 4.4), with побе́да and
победи́тель this is not true - you must use the preposition
над:

В э́том состяза́нии Ди́ма одержа́л побе́ду (вы́шел победи́-
телем) *над* мно́гими знамени́тыми учёными.

We can now formulate in general terms what it means to
know a word. It means

(a)   to know *how* to use it, i.e., how it organizes its immedi-
       ate context, what complements it takes, what verb(s) it
       requires, what its typical modifiers are, etc.;

(b)   to know *when* to use it, i.e. the range of situations it
       can cover;

(c)   to know when *not* to use it, i.e. when another word of
       similar meaning gives a better description of the situa-
       tion you have in mind.

It is this last requirement that is particularly difficult. It implies that to really know the word победи́ть you
ought to be able to orient yourself easily in the situation of
victory, to become sensitive to its ramifications and subdivi-
sions (which are not the same in English and in Russian), and
to be able to describe it from various angles and points of
view.

One way to change the point of view is to use passive:
Ди́ма победи́л Ва́сю— Ва́ся был побеждён (Ди́мой).   Another
way is to use a converse word or expression (cf. Lesson 6,
Analysis 3.2).   The converse to вы́играть is, of course,
проигра́ть, but победи́ть does not have a one-word converse.
What you have to do is take the noun пораже́ние, 'defeat',
and combine it with the semi-auxiliary verb it requires, into
the expression *(по)терпе́ть пораже́ние* 'suffer defeat'.
Stylistically, however, терпе́ть пораже́ние forms a better
pair with одержа́ть побе́ду than with победи́ть:

В би́тве при Аустерли́це Наполео́н *победи́л* австри́йцев.
                               одержа́л побе́ду над
                               австри́йцами, а
                               австри́йцы *потерпе́ли*
                               пораже́ние от
                               Наполео́на.

(Пораже́ние, although it looks like a verbal noun (in
the sense of Lesson 11, Analysis, 4) is not really derived from
порази́ть, whose primary meaning nowadays is 'to amaze, aston-
ish'. In older days порази́ть did mean 'to defeat', and it is
still used in the meaning 'to smite, smother' in elevated
speech.)

Проигра́ть and потерпе́ть пораже́ние are roughly
synonyms, although they differ in situation, syntax and style,
as discussed above. Both can be translated as 'lose'. Neither
is synonymous with (по)теря́ть, which can also be translated
as 'lose'. The meaning of (по)теря́ть is entirely different
and has nothing to do with two parties contesting. It means
'to lose a *thing*', i.e. accidentally to cease to have possession
of something. It is impossible to translate the sentence *I lost
$100* until you have further information as to whether it was
through negligence (потеря́ть) or chance at gaming (про-
игра́ть).

As one more detail of what it means to have a good
knowledge of a word, consider the following question: how do
you say in Russian 'a clear-cut victory', i.e., an unmistakable
victory, "a lot of victory". Consulting the largest English-
Russian dictionary (in two volumes, ed. by I.R. Galperin), you
will find по́лный, which is almost right (по́лная побе́да—
complete victory), but not the word you really want (*я́вная*
побе́да).

Conversely, the Oxford Russian-English dictionary will
not tell you that я́вная побе́да is 'clear-cut victory'. Nor
will it tell you that сокруши́тельное пораже́ние is 'a
crushing defeat'. Nor does it tell you that there is a single
word to express both *defeat* and its high degree: разгро́м
'rout'. When translating words and phrases like these into
English, you should address your native knowledge of the
language, not just a dictionary. Translating similar phrases
from English into Russian you sometimes have nothing to go by,
although the Galperin dictionary is pretty good (if you have
the patience to go through its endless entries). To supplement
the dictionary, the next section provides a list of words and
phrases that express "high degree".

2. The expression of high degree

If you want to express the notion *very much* or *to a high
degree* with a particular word, you must learn the correct term
that goes with it to form a phrase. The simplest choice is the
term *very*, which goes with many adjectives to form a phrase,
e.g., *big → very big*, большо́й → о́чень большо́й. Sometimes
there are more colorful ways of expressing this notion, e.g.
red → bright red, fiery red, ры́жий → я́рко ры́жий,
о́гненноры́жий.

For the language learner the more difficult phrases are
those composed of other parts of speech. Consider the noun
crop. In English you use the word *heavy* to express the idea
very much, to a high degree: a heavy crop. This phrase cannot
be translated literally into Russian, i.e., you can't use the
word тяжёлый with урожа́й. The consequences would be even
worse if you tried to translate *bumper crop* literally. When
you learn the word урожа́й you must learn that оби́льный is
the correct term to use to form a phrase meaning *to a high
degree*: оби́льный урожа́й.

Consider the Russian verb измени́ться, as in the sentence from the text of Lesson 11: Со вре́менем христиа́нство
си́льно измени́лось '...changed *greatly*'. (It would be a
mistake to translate си́льно literally as 'strongly', because
the phrase 'change strongly' is not idiomatic English.)

Similarly, in Lesson 10 we read: Жа́нна о́стро ощути́ла,
что... 'Zhanna felt strongly, that...' Again, it would be a
poor translation to say *Zhanna felt sharply*, using the standard
dictionary equivalent of о́стро.

Sometimes an idiomatic expression of high degree is
itself a phrase. One such example came up in Lesson 10:
уста́ть до́ сме́рти 'be tired to death' (see Lesson 10, Comment
6). There may be more than one degree term that goes with a
particular item. They may differ in intensity, or in the meta-
phor on which they are based:

уста́ть до́ сме́рти	be tired to death
уста́ть как соба́ка	be dog-tired
тяжёлое пораже́ние	serious defeat
сокруши́тельное пораже́ние	crushing defeat
о́страя нужда́	urgent need
настоя́тельная нужда́	pressing need

Quite often the same degree term is used with the verb
as with the corresponding de-verbal noun:

о́страя/настоя́тельная нужда́	о́стро/настоя́тельно нужда́ться
настоя́тельная про́сьба urgent request	настоя́тельно проси́ть urgently request
значи́тельное влия́ние significant influence	значи́тельно влия́ть significantly influence

The same may be true for adjectives and the corresponding
de-adjectival noun:

его́ непроходи́мая глу́пость his impenetrable stupidity	Он непроходи́мо глуп. He's impenetrably stupid.

Sometimes a switch from noun to verb results in a change

from an adjective to a как phrase:

могильное молчание   молчать как могила
sepulchral silence (the   be silent as the tomb
  Russian expression is more
  idiomatic than its English
  gloss)

     Most как phrases do not normally have adjectival
correlates, particularly when the comparision is with an animal
or fish:

хитрый как лиса   sly as a fox (but not "foxy
                              slyness")

жадный как акула   greedy as a pig (lit. shark)

     We should mention that Russian uses как phrases more
often than English uses the corresponding *as*-phrases. A good
translation often involves a syntactic restructuring of the
sentence:

Петя, трусливый как заяц,   Pete, an *inveterate* coward,
  вздрагивал от каждого   trembled at every sound.
  звука.

     Sometimes there may be a single word which combines the
meaning of the degree term with the head word. One such example
was given in the preceding section: сокрушительное
поражение = разгром.

     Since dictionaries do not regularly list the degree
word(s) with the head word, we will list some typical phrases
of this sort. In the table below, part A contains paired expressions like острая нужда— остро нуждаться; part B
contains more как phrases; part C contains words of the
разгром type; part D contains miscellaneous items from the
preceding lessons.

A. Pairs

Whenever possible, we list the semi-auxiliary verbs that can be
used with de-verbal and de-adjectival nouns:

NB: We list mostly those expressions of high degree which
differ in English and Russian.

горячие аплодисменты   горячо аплодировать

вести борьбу не на жизнь   бороться не на жизнь а на
  а на смерть   смерть

глубокая вера   глубоко верить

безбожное враньё   безбожно врать

испытывать чёрную зависть   завидовать по-чёрному

оказать сильное влияние   сильно повлиять

нанести́ тяжёлое, жесто́кое оскорбле́ние	тяжело́, жесто́ко оскорби́ть
дать/получи́ть категори́ческий отка́з	категори́чески отказа́ть
быть в соверше́нной/по́лной растеря́нности	соверше́нно растеря́ться
испыта́ть глубо́кое сожале́ние	глубоко́ сожале́ть
глубо́кий, кре́пкий сон	глубоко́, кре́пко спать

B. Как phrases

As we noted above, similes of the kind we list in this section
are more common in Russian than in English. In the table we
give literal glosses in parentheses and also English *as*-phrases
whenever they exist.

хи́трый как лиса́	sly as a fox
жа́дный как аку́ла	greedy as a pig (lit. shark)
трусли́вый как за́яц	cowardly (as a rabbit)
глу́пый как осёл бара́н пень	stupid as an ass (a ram) (a stump)
голо́дный как волк собáка (Ср. во́лчий аппети́т, соба́чий го́лод)	hungry as a bear (lit. wolf) (a dog)
замёрзнуть как соба́ка	frozen stiff (lit. as a dog)
спать как суро́к	sleep like a log (lit. marmot)
молча́ть как ры́ба	be silent as a statue (lit. as a fish)
горя́чий как утю́г	hot as a poker (lit. iron)
холо́дный как лёд	cold as ice, ice cold
уро́дливый как сме́ртный грех	ugly as (mortal) sin
краси́вый/прекра́сный как молодо́й бог (прекра́сная как боги́ня) (Ср. боже́ственная красота́ 'divine beauty')	handsome as a god lovely as a goddess
аккура́тный как не́мец по-неме́цки аккура́тный неме́цкая аккура́тность	neat (as a German)
бе́дный как церко́вная кры́са	poor as a church-mouse (lit. church-rat)

бе́лый как снег	white as snow, snow-white
беспо́мощный как ребёнок слепо́й щено́к	helpless as a baby (blind puppy)
бле́дный как бума́га мел поко́йник	pale as a ghost (lit. paper) (chalk) (dead person)

(NB: поко́йник 'a dead person' is an *animate* noun: Я ви́дел поко́йника. Compare труп 'corpse', which is inanimate: Я ви́дел труп.)

бы́стрый как мо́лния	lightning-fast, quick as a wink
ва́жный как индю́к	strutting like a peacock (lit. turkey)
глухо́й как пень	deaf as a haddock (lit. stump), deaf as a post, stone-deaf
свобо́дный как пти́ца ве́тер	free as a bird the wind
го́рький как ре́дька	bitter (as a radish)
пья́ный как сапо́жник	drunk as a lord (lit. shoemaker)
си́льный как бык медве́дь бу́йвол	strong as an ox (a bear) (a buffalo)
твёрдый как алма́з	hard as a rock (lit. uncut diamond)
упря́мый как осёл бара́н пень	stubborn as a mule (lit. ass) (ram) (stump)
уста́ть как соба́ка	be dog-tired
худо́й как скеле́т	thin as a rail (lit. skeleton)

C. Single words of the разгро́м type

апплодисме́нты	applause	ова́ция	ovation
бе́дность	poverty	нищета́	destitution
беспоря́док	disorder	ха́ос	chaos
бога́ч	rich person	миллионе́р	millionaire
грусть	sadness	тоска́	anguish, depression
дождь	rain	ли́вень	deluge
жара́	heat, hot weather	зной	intense heat, sultriness
крик	cry	вопль	howl

победа	victory	триумф	triumph
смех	laugh	хóхот	guffaw
страх	fear	ýжас	horror
темнотá	darkness	мрак	darkness, gloom
хóлод	cold	морóз	freezing cold
шум	noise	грóхот	din

бéдный	poor	нúщий	destitute
бéлый	white	белоснéжный	snow-white
бýстрый	fast	стремúтельный	swift
красúвый	pretty	прекрáсный	beautiful

бежáть	run	мчáться	rush, race
кричáть	shout	вопúть, орáть	howl, yell
плáкать	cry	рыдáть	sob
просúть	request	умолЯть	beseech
любúть	love	обожáть	adore
смеЯться	laugh	хохотáть	guffaw, chortle

D. Miscellaneous

сúльный морóз	heavy frost
сúльный, проливнóй дождь	heavy, pouring rain
дóждь лил как из ведрá	it was raining buckets, cats and dogs
мóкрый насквóзь, до костéй	wet through and through, to the bone
промóкнуть насквóзь, до костéй	get wet through and through, to the bone
сúльная жарá	scorching heat
тяжёлая борьбá	fierce struggle
смéртный грех	mortal sin
крýглый дурáк	utter fool
желéзная вóля, желéзная лóгика	iron will, iron-clad logic
грýбая ошúбка	grievous mistake
жестóкое поражéние	utter defeat
прéданный всей душóй	selflessly devoted
зелёная тоскá	utter despair
рекóрдный урожáй	bumper crop, record harvest

3. Зачём and почему

It would be a mistake to try to equate Russian почему/
зачём with English 'why/what for', respectively. English
speakers frequently use 'why' to refer to future consequences,
where Russian requires зачём, e.g. *Why are you going to
Tashkent?* = Зачём вы éдете в Ташкéнт? The use of почему
in such contexts is a frequent error among students of Russian.

To avoid errors in the use of почему and зачём, it
is helpful to compare the syntactic contexts in which these
words can appear:

Почему can be followed by:

an affirmative sentence

Почему ты поступил в
  институт?
Why did you go to the
  institute?

a negated infinitive

Почему бы не изучить
  иностранный язык?
Why not learn a foreign
  language?

a negative sentence

Почему ты не поступил
  в институт?
Why didn't you go to school?
OR: Why did you fail to enter
  the institute?

нет in the expression
Почему нет? Why not?
  (Variants: Почему бы нет?
  Почему бы и нет?)

Зачём can be followed by:

an affirmative sentence

Зачём ты поступил в
  институт?
Why did you go to the
  institute?

a noun phrase

Зачём тебé такой большой
  огорóд?
Why do you need such a big
  garden?

a non-negated infinitive

Зачём изучáть иностранные
  языки?
Why study foreign languages?

As you can see from the gaps in the above chart, почему
is not used with a noun phrase, while зачём is not used with
negation. This difference in syntax correlates with the
difference in their meanings. Зачём differs from почему
in that it is future-oriented, while почему is not. Зачём
asks "what future consequences or benefits motivate the action"
and почему asks "what prior or attendant circumstances are
relevant to the action". Thus, negation and зачём are not

compatible: you can't ask what future benefits an action will
have if the action doesn't take place (cf. English *what for*:
you don't ordinarily use a negative with it, e.g. *What did you
not enter college for?* meaning *Why didn't you enter college?*).

You start your question with зачем when you want an
answer beginning with чтобы 'in order to' (future orientation),
and with почему when you want an answer beginning with
потому что 'because' (prior circumstances).

Зачём вы éдете в Ташкéнт? What are you going to Tashkent
for? Why are you going there? What future benefits do you
think will be entailed?

Почемý Наполеóн проигрáл сражéние при Ватерлóо? Why
did Napoleon lose the battle? What circumstances led to his
defeat? (зачем here would imply that he lost it on purpose,
e.g., what did he lose it for?)

Зачём он пошёл в аптéку? — Чтóбы купúть лекáрство.
Почемý *он* пошёл в аптéку, а не *ты*? — Потомý что у негó
бы́ло врéмя, а у меня́ нé было.

Зачём ты пошлá на кýрсы крóйки и шитья́? — Чтóбы
научúться шить плáтья и стать портнúхой.
Почемý ты пошлá на кýрсы крóйки и шитья́? — (Потомý
что) я хотéла научúться шить плáтья и стать
портнúхой.

Note that only почемý, and not зачем, typically
appears in the beginning of negative sentences, and in the
beginning of sentences describing involuntary, often non-
beneficent actions having negative implications, e.g.,

Почемý (NOT: зачéм) он не пришёл?

Почемý (NOT: зачéм) ты забы́ла дóма кнúги?

Почемý (NOT: зачéм) тебя́ исключúли из инститýта?

Зачём in the above sentences would imply rather special
meanings such as 'What was his purpose in not coming?' 'What
was your intent when you decided to pretend you were leaving
the books home out of forgetfulness?' 'What was the purpose of
the unnamed forces that drove you out of the institute?'

Зачём followed by Dative plus noun phrase translates
into an English sentence with the verb *want*, *need*, or *have*:

Зачём *тебé* мой словáрь?	What do you want/need my dictionary for?
Зачём *тебé* такúе большúе ýши?	— Чтóбы лýчше слы́шать тебя́, Крáсная Шáпочка.
Зачём *тебé* такúе большúе глазá?	— Чтóбы лýчше вúдеть тебя́, Крáсная Шáпочка.

Зачём *тебе́* таки́е о́стрые   — Чтобы съесть тебя́,
зу́бы?   Кра́сная Ша́почка!

Зачём followed by an infinitive precisely corresponds to
the English *why* followed by an infinitive:

Зачём поло́ть э́ти гря́дки?   Why weed these rows?
На них ничего́ не поса́жено.   There's nothing planted
                                  here.

Зачём сего́дня полива́ть   Why water the garden today?
огоро́д? По ра́дио обеща́ли   They promised rain on the
до́ждь.   radio.

Just like English questions with *why* + infinitive,
Russian questions with зачем + infinitive strongly imply
that there is no good reason to do whatever action is denoted
by the infinitive. Since there is an implied negation in the
question, it should not be a surprise that *only Imperfective
infinitives* are used in questions with зачем (cf. Lesson 4),
as the above examples illustrate.

Почему́ followed by a negated infinitive (with an optional бы in the middle) corresponds to the English *Why not
do something?* or *How about doing something?* The infinitive is
usually Perfective:

Почему́ не заня́ться выра́щи-   Why not take up growing
ванием клубни́ки?   strawberries?

Почему́ бы тебе́ не почи́стить   How about cleaning the pan
сковоро́дку, на кото́рой ты   you fried blintzes in?
жа́рила бли́нчики?

Почему́ бы нам не снять сце́ну   Why can't we shoot the
на балко́не сего́дня ве́чером?   balcony scene tonight?

The distinctions between почему́ and зачём we have
just described took their present form fairly recently. In
19th century literature you may come across зачём in questions
about reasons and causes:

О, зачём вы так хо́лодны со   Why are you so cold toward
мной?   me?

Ах, зачём она́ не согласи́лась   Oh, why did she reject my
стать мое́й жено́й?!   hand?

Зачём Провиде́ние так жесто́ко   Why should Providence be so
ко мне?   cruel to me?

Conversely почему́ could in older times be used with
non-negated infinitives:

Почему́ остава́ться в горо́де,   Why stay in town, when it's
когда́ в поме́стьи так   so nice on our country
хорошо́?   estate?

As a remnant of this usage, the answer to a contemporary question with зачем + infinitive can be not only незачем, but also ни к чему:

Зачём изучáть инострáнные языкú?	Why study foreign languages?
Совершéнно нéзачем!	Absolutely no point (in doing it)!
OR: Совершéнно ни к чемý!	

For examples of с какóй стати, see Lesson 5, Text B, Comment 1.

3.1 Synonyms of зачéм

Для чегó and к чемý are synonyms of зачéм. Для чегó is used much less often than зачéм and can be replaced by the latter in most contexts. Only when you with to ask about a specific function of something without any reference to a potential user is для чегó slightly preferable.

Для чегó (зачéм) э́та кнóпка на пúшущей машúнке?	What's this button on the typewriter for?

When you start your question with к чемý ('for what purpose...? what sense does it make?') you imply that no purpose is served and no sense is made. The answer to this effect is ни к чемý.

К чемý тебé учéбник медицúны? — Как "к чемý"? Я хочý учúться на врачá.	What do you need this medical text for? — What do you mean, "what for"? I want to be a doctor.
К чемý тебé учúться в аспирантýре? — Действúтельно, ни к чемý.	Why should you go to grad school? — You're right: why should I?

From ни к чемý comes the adjective никчёмый 'good for nothing'. A very colloquial synonym of к чемý is кудá (Do not use it.). The derived adjective никудь́шный means 'lousy, good for nothing'.

Even when the question begins with зачéм, the negative answer is usually ни·к чемý.

Зачéм изучáть инострáнные языкú? — Совершéнно ни к чемý.

3.2 Synonyms of почемý

Отчегó is used less often than почемý and can be replaced by it in most contexts; whereas почемý asks for prior or accompanying circumstances, отчегó asks specifically for prior causes. The answer is likely to be от plus noun or an оттого́, что clause.

Отчего́ он у́мер? — От ра́ка.	What did he die from? -Cancer.

Отчего́ он простуди́лся? — Оттого́, что он ходи́л без ша́пки.	What made him catch cold? -He went out without a hat on.

Что and, especially, чего́ are very colloquial in this usage:

Что ты пришёл так ра́но? — Учи́тель заболе́л, у нас не́ было после́днего уро́ка.	How come you came home so early? The teacher got sick, so we got out of the last class.

Чего́ ты шуми́шь? Ты мне меша́ешь занима́ться.	What're you making so much racket for? You aren't letting me study.

Cf. also Pushkin's poem "Что ты ржёшь, мой конь рети́вый?..."

Что and чего́ are ambiguous in some contexts; they may replace заче́м as well as почему́, e.g.,

Чего́ ты сюда́ пришёл? Why did you come here? What...for?

Чего́ ты к нему́ пристаёшь? Why are you pestering him?
 What...for?

УПРАЖНÉНИЯ К ТÉКСТУ

1. Conversation Topic (Comment 3)

   Discuss roads in this country and in the USSR. Use the words and expressions from Comment 3, and also:

   асфáльтовая (асфальти́рованная) доро́га
   бето́нная (бетони́рованная) доро́га
   грунтовáя доро́га
   шоссе́, федерáльное шоссе́ но́мер 81, шоссе́ штáта
     Нью-Йо́рк

   ухáб - hole   колея́ - lane   вы́боина - pothole
   односторо́ннее (двусторо́ннее) движе́ние - one-way
     (two-way) traffic

2. Conversation Topic (Comment 3)

   Describe the sequence of actions you perform to start a car. Use the following expressions:

застегну́ть ремéнь	fasten (your) seatbelt
попрáвить зéркало	adjust (your) mirror
встáвить ключ	put the key in
включи́ть зажигáние	turn on the starter
(стартёр)	
нажáть на газ	press the gas pedal

3. Conversation Topic (Comment 3)

   Have a conversation about various driving habits. How do you take curves? Do you shift gears (переключи́ть ско́рость) to make a turn? What do you do when your car's wheels are spinning (маши́на буксу́ет) or when your car is skidding (маши́ну зано́сит)? Use the words and expressions from Comment 3, and also:

то́рмоз	brake(s)
(за)тормози́ть	brake
рéзко тормози́ть	slam on the brakes
вы́жать сцеплéние	operate the clutch
переключи́ть ско́рость	shift gears
поверну́ть руль	turn the (steering) wheel
напрáво	to the right
зáдняя ско́рость	reverse (gear)
сни́зить/прибáвить	reduce/ increase speed
ско́рость	

4. Conversation Topic (Comment 7)

Discuss gardening; describe growing a simple plant (e.g. lettuce) from beginning to end. Use words and expressions from the text, and also

полоть	weed	сорняк	a weed
удобрить	fertilize	удобрение	fertilizer
лопата	spade	компост	compost

УПРАЖНЕНИЯ К АНАЛИЗУ

5. Conversation Exercise (Analysis 2)

Note that when a verb or adjective has complements, the second speaker drops them.

А. Вася *настоятельно просит нас вмешаться.*

Б. Несмотря на Васину *настоятельную просьбу,* мы ничего делать не будем.

настоятельно просит нас вмешаться	urgently requests that we step in
опять молчит как могила	is again silent as a tomb
непроходимо глуп	is impenetrably stupid
жестоко оскорбил Диму	cruelly insulted Dima
совершенно растерялся	completely lost his head
глубоко сожалеет о случившемся	deeply regrets what has happened
крепко спит	is sleeping soundly
категорически отказал Нине в её просьбе	categorically refused Nina the favor she asked of him

6. (Analysis 2)

Fill in the blanks.

Не понимаю, почему Наташа вышла за Васю! Вася хитрый как ... , жадный как ... , трусливый как ... , и упрямый как .... Он постоянно жалуется, что он голоден как ... и замёрз как .... В гостях он всегда молчит как ... и спит как .... Он холоден как ... и уродлив как .... Наташа, между тем, горяча как ... и прекрасна как ....

7. (Analysis 2)

Fill in the blanks.

Бе́дная Ната́ша! Она́ наве́рно хоте́ла му́жа ... как
утю́г и ... как молодо́й бог, а у неё э́тот Ва́ся.
Он ... как за́яц, ... как аку́ла, ... как бара́н и
... как лиса́. Мне ка́жется, что он всегда́ ...
как соба́ка и ... как во́лк. Когда́ бы я к ним
не пришла́, он ... как ры́ба и ... как суро́к. Он
... как сме́ртный грех и ... как лёд.

8. Conversation Topic (Analysis 2)

Have another weather conversation similar to those you had
in Lesson 7, except this time use expressive epithets from
the D part of the table.

9. Conversation Exercise (Analysis 2, 3)

(Use пить instead of есть with the last substitution.)
Work from the Russian clues first, then cover them and use
the English clues. Note that they give idiomatic English
expressions, and you are supposed to use their idiomatic
Russian equivalents.

А. Почему́ ты ешь *свёклу* ка́ждый день?

Б. Потому́ что я хочу́ быть *здоро́вым как бык.*

А. Заче́м ты ешь *свёклу* ка́ждый день?

Б. Что́бы стать *здоро́вым как бык.*

свёкла beets	здоро́вый как бык healthy as an ox
морко́вка carrots	краси́вый как бог beautiful as a god
карто́шка potatoes	си́льный как медве́дь strong as a horse
мали́на raspberries	краси́вый как Аполло́н beautiful as Apollo
фру́кты fruit	твёрдый как алма́з hard as a rock
реди́ска radishes	худо́й как скеле́т thin as a rail
ре́дька radishes	упря́мый как бара́н stubborn as a mule
во́дка vodka	пья́ный как сапо́жник drunk as a lord

10. (Analysis 3)

Insert the word почему́ or заче́м to fit the context.

1. .... соба́ка не е́ла?
2. .... ты забы́л кни́ги?
3. .... ты пошла́ на ста́нцию?
4. .... вода́ му́тная?
5. .... она́ всегда́ опа́здывает на заня́тия?
6. .... мне э́та кни́га?
7. .... ты провали́лся на экза́мене?
8. .... вот э́та кно́пка на маши́нке?
9. .... на мои́х часа́х то́лько три часа́, а на
    ва́ших четы́ре?
10. .... *он* пошёл в апте́ку, а не *ты?*
11. .... ты не пришла́ во́время?
12. Пойдём в кино́! — .... бы и нет!?
13. .... у молока́ тако́й стра́нный вкус?
14. .... е́хать в СССР?
15. .... кры́ша обвали́лась?
16. .... кни́ги у тебя́ на по́лке в тако́м
    беспоря́дке?
17. .... те́бе учи́ться води́ть маши́ну?
18. .... ты молчи́шь как ры́ба?

11. (Analysis 2)

Translate into Russian.

1. This incredibly hot weather leaves me absolutely
   exhausted.
2. If he weren't so impenetrably stupid, it wouldn't
   matter that he's ugly as sin.
3. A pressing need for more day-care facilities leads me
   to make this urgent request.
4. He looks thin as a rail, but when he wants to he can
   be lightning-fast and strong as an ox.
5. Her deep faith kept her from the utter despair her
   destitution might otherwise have brought on.
6. I was seized by horror at what I saw in the dark
   gloom of the barn.
7. She adored him and didn't care a bit that he was poor
   as a churchmouse.
8. This grievous mistake proves that you are an utter
   fool.
9. It was pouring, and we all got totally soaked.
10. Those three children make an incredible din. We can
    always hear them screaming and yelling and laughing.

УПРАЖНЕНИЯ НА МАТЕРИАЛ ВСЕГО УРОКА

12. Conversation Topic

    Have you ever had an accident? Describe one.

13. Conversation Topic

    Are you planning on doing any gardening this coming
    summer? Have you started yet? Discuss your plans.

14. Conversation Topic

    You live in a small out-of-the-way village, with just two
    country roads leading to it. Suddenly the federal govern-
    ment wants to build a four-lane highway right through
    your village. Discuss the economic pros and environ-
    mentalist cons of the project. How would you vote at the
    town meeting?

RUSSIAN - ENGLISH GLOSSARY

The purpose of this glossary is solely to help the student read the texts in this book. It does not provide information for active use of the words or for reading other texts. The glossary does not include words that are assumed by the authors to be known to advanced students.

Perfective-Imperfective verb pairs of the suffixed type (встретить,встречать) are listed alphabetically under the perfective form, e.g. встретить,встречать -- meet. Pairs of the prefixal type (делать-сделать) are listed alphabetically under the imperfective form, e.g. делать/с-/ -- do, make.

абзац paragraph
авансировать pay in advance
авоська string (shopping) bag
адвокат lawyer, attorney
аккуратный meticulous, neat
акцент a (foreign) accent
аналогично similarly
апельсин orange
аптека drug store
арахис peanut
аспирантура graduate school
аттестат зрелости school-leaving certificate

банка can
барабан drum
баран ram, sheep
башня tower
бдительность vigilence, watchfulness
бдительный vigilent, watchful
бегло quickly, fluently
беднеть/о-/ grow poor
беднота the poor
бездарный talentless, undistinguished
безличный impersonal
безобразие ugliness, outrage
бельё linen, underclothers
беременная pregnant
беречь take care (of), look after
беседа conversation
беседовать/по-/ have a conversation

беспокоиться worry, be worried
беспокойство agitation, anxiety, unrest
бесполезный useless
беспомощный helpless
беспросветный pitch-dark; cheerless, hopeless
благодаря because of
благотворительный (концерт) benefit (concert)
блестеть shine
блуждать wander
блюдце saucer
богоизбранный God-chosen
боднуть,бодать butt
бодрствование watchfulness
бок side (of the body)
болеутоляющее pain-killer
болтать chatter
борода beard
бороться struggle, fight
борьба struggle
босиком barefooted
бритый shaved
брови eyebrows
бродячий wandering, travelling
брось! forget it!
будить wake up (somebody)
будьте добры be so kind as to
букинистический магазин second-hand boodstore
буксовать/за-/ spin one's wheels
бусы beads
бутерброд sandwich
буфет snackbar

бывает it happens
бытовой social
бюллетень sick leave

валенки felt boots
валять/с-/ дурака act
  the fool
валяй! go ahead, shoot!
ванная bathroom
варенье jam
варить/с-/ boil, cook
ватрушка cheesecake, danish
вдали in the distance
вдобавок also
ведро bucket, pail
вежливость politeness
вежливый polite
везти/по-/ be in luck
  Ему везёт. He's lucky.
венчать crown
венчаться be married in a
  church
вертеться (вокруг) rotate,
  turn (round), revolve
верующий believer
вершина summit, top
веселиться enjoy oneself
вечно always, forever
вечный eternal
взгляд look, outlook
взнос monthly payment
взрослый adult
взрыв explosion
взорвать,взрывать blow
  up, detonate
взорваться,взрываться
  blow up, burst, explode
взять,брать в долг
  borrow money
вильнуть,вилять wag
виноград grapes
висеть hang (intrans.)
включить,включать include
вкусить,вкушать taste,
  savour
власть power, authority
влечь/по-/ (за собой) in-
  volve, entail
влияние influence
вмешаться,вмешиваться
  intervene, step in

внешность appearance
внутренний internal, inner
внутрь inside
вобрать,вбирать absorb, suck
  in; inhale
водопровод water-pipe; running
  water
вождение driving
возвыситься,возвышаться
  rise, stand above
возмущение indignation; revolt,
  rebellion
возникнуть,возникать arise,
  spring up
волевой forceful, iron-willed
вонять stink
воображаемый imagined
воодушевление rousing; anima-
  tion, enthusiasm
вооружение arms
воробей sparrow
ворона crow
воротник collar
воскликнуть,восклицать ex-
  claim
воскресение resurrection
воспитание education
воспитатель tutor, educator
впереди in the front
впечатление impression
врать/со-/ lie
враг enemy
вред harm, injury, hurt
вредно it is harmful, it is in-
  jurious
вроде (something) like
вручную by hand
вряд ли hardly
всенародный national
вскипеть,вскипать come to a
  boil
ВУЗ Высшее Учебное Завед-
  ение institute of higher
  learning
выбоина pothole
выбор choice
выборы elections
вывод deduction, conclusion
выделить,выделять emphasize
выделиться,выделяться stand
  out

выдержать,выдерживать
bear, hold; endure
вызвать,вызывать call,
summon
вынудить,вынуждать force,
compel
вынуть,вынимать take out
выпереть,выпирать push out,
shove out
выпить,выпивать have a drink
выплатить,выплачивать pay
выразить,выражать express,
convey, voice
выражение expression
выскочить,выскакивать jump
out, leap out
высота height, altitude
выспаться,высыпаться have
a good sleep
выставка exhibit
выстрел shot
выступать perform
вытереть,вытирать wipe, dry
выхлопные газы exhaust
вышитый embroidered
вязать/с-/ knit
вяло listlessly

галстук necktie
гастроном grocery store
герцогиня duchess
гладить/по-/ iron
гласить announce, say
глина clay
глоток gulp, mouthful
глубина depth
глубокий deep
глупить/с-/ act stupidly
глупый silly, stupid
глянуть,глядеть glance
гнать/гонять chase, speed
годовщина anniversary
голосование voting
голод hunger
горбинка small protuberance
нос с горбинкой aquiline
nose
горбиться/с-/ hunch
гордость pride
горе sorrow
гореть/с-/ burn

горком city committee
горло throat
горох pea
горошек polka dot
горшок (ночной) pot, jug;
(chamber pot)
господство domination
государство government, state
готовить/при-/ cook
градус degree
градусник thermometer
грамотный literate
граница border
за границу abroad
графин pitcher
графиня countess
греть warm up, heat
грех sin
грешник sinner
гриб mushroom
гром thunder
громкий loud
грубить be rude
грубый coarse, rude
грунтовая (дорога) dirt (road)
грустить be sad
грусть sadness, sorrow
груша pear
густой thick (said of hair)

дача country cottage
двинуть,двигать move
двор yard (of a house)
дворец palace
двоюродный брат first cousin
деверь brother-in-law
деканат dean's office
декрет decree
дерзость temerity
дно bottom
добавить,добавлять add
добавка addition
добиться,добиваться achieve
добро пожаловать welcome
доверить,доверять trust
догадаться,догадываться
guess
дождаться,дожидаться wait
for
дозвониться,дозваниваться
ring until one gets an an-

swer; get through
долженствование obligation
долина valley
дополнение addition
дополнительно in addition
досрочно early, before the
  deadline
достоинство merit, virtue,
  dignity
древне-русский Old Russian
дублировать dub
дудеть/за-/ play the pipe,
  fife
дурацкий silly, stupid
дуть blow
духовный spiritual
душно stuffy
дыбом on end
дышать/по-/ breathe

еврей Jew
евхаристия eucharist
единственный only, sole
ежегодно yearly
естественно naturally

жадный greedy
жареный fried
жарить/из-/ fry
железо iron
желудок stomach
жёсткий hard
жестоко cruelly
жестокость cruelty
живопись painting
животное animal
жильё habitation, dwelling
жиреть/раз-/ get fat
житель inhabitant, dweller
жульничать/с-/ swindle

забавный amusing
заблудиться get lost
заболеть,заболевать be-
  come sick
забор fence
заведение institution
завести,заводить start
  the motor
завет testament
зависеть depend

зависимость dependence
заволочь,заволакивать cloud,
  obscure
загадка mystery
загар tan
заглушить,заглушать shut off
  the motor
заглянуть,заглядывать look
  in; drop by, stop in (coll.)
заграничный foreign
загробная (жизнь) life after
  death
зажечь,зажигать light, ignite
заимствовать/по-/ borrow
заинтересованный having an
  interest (in something)
закат sunset
заключаться (в) consist of; be
заколоть,закалывать stab;
  slaughter
закусить,закусывать bite,
  have a snack
закуска snack
закутать,закутывать wrap up
зал ожидания waiting room
залив bay
заменить,заменять replace
  (by), substitute (for)
заметка notice (in a newspaper)
замкнутый reserved, unsociable
занавеска curtain
зануда bore
занять,занимать borrow
заняться take up
заострить,заострять sharpen
запах smell
записка note
запихать,запихивать stuff
  in
запой drinking-bout
заправить,заправлять insert;
  prepare, adjust
запретить,запрещать prohibit,
  forbid
запрещение prohibition
запросто without ceremony
заработать,зарабатывать
  earn, make money
зарплата wages
заседание conference
заставить,заставлять force

заткнуть,затыкать stop up, plug

затянувшийся drawn out, too long

захватить:у меня...дух I gasped

захватнический aggressive

зачастить take up, take to

зачатие conception

защитить,защищать defend

звезда star

звучать sound

зевать yawn

зеленеть turn green

зелень greens

зерно grain

змея snake

знобить feel feverish, have chills

зрители audience

зубрить cram (coll.)

зять son-in-law

иголка needle

избегнуть,избегать avoid

известить,извещать inform, notify

известность fame, reputation

известный known, well-known; certain

извилистый winding, sinuous

изменить,изменять change

изнутри from the inside

изобиловать abound in

исключение exception

исключено impossible

искоса aslant, sideways

искра spark

   галстук с искрой necktie with bright thread in it

испортиться go bad

исследование investigation, research

истолковать,истолковывать interpret, comment upon

источник source

исчезнуть,исчезать vanish, disappear

исчерпать,исчерпывать exhaust, drain

кабачок squash

кабинет office

казаться/по-/ seem

камера хранения cloakroom

камин fireplace

канцеляризм formalism, official term

капнуть ,капать drip, drop, trickle

карабкаться/вс-/ clamber(coll.)

карета carriage, coach

карие(глаза) dark (eyes)

касаться concern

кастрюля saucepan

катить/катать roll

качество quality

  в качестве in the capacity of

каша porridge

кашлянуть ,кашлять cough

каштановый chestnut-colored

квакнуть ,квакать croak

квартирант lodger, tenant

квашеная капуста sauerkraut

кефир yogurt

кипеть/за-/ boil

кипяток boiling water

кислый sour

Китай China

китайский Chinese

клевета lies, slander

клён maple

клубника strawberry,strawberries

кнопка button

ковшик small pot;ladle, dipper

колбаса bologna

колесо wheel

колоть(колет в боку) prick/ have a stitch in one's side

колодец well

колхоз collective farm

коляска(детская) baby carriage

комсомол Komsomol (Young Communist League)

конкретный specific

контрольная (работа) test,exam

конфеты candies

копать/вс-/ dig

корка crust; peel, rind

кормить feed

коробка box

корочка crust
корь measles
косить mow, cut hay
костюм-тройка three-
 piece suit
край edge, side
крайне extremely
краска (для ресниц)
 paint (mascara)
крепко (спать) soundly
(sleep)
кривой crooked
крикнуть,кричать cry
 out, yell, scream
кровать bed
кролик rabbit
круглосуточный around
 the clock
круглый round
круглый год year round
крупа groats
крыльцо porch
крыса rat
крыша roof
крючок hook
кукарекать/за-/ crow
кукуруза corn
кукурузный corn
кулёк bag
купе compartment (of a train)
кура (курица) hen, chicken
куриный (бульон) chicken
 soup
курчавый curly (hair)
кусок piece, slice
куча heap, plenty
кушать/по-/ eat

ладно О.К. (coll.)
лакированный polished,
 shiny
ласковый affectionate,
 tender
латук lettuce
лаять/за-/ bark
лгать/со-/ lie
лев lion
лезть/лазить climb
лекарство medicine
лепёшка flat cake
лестница stairs

лимонад soft drink
лихач driver of a cab; bold,
 daring fellow (coll.)
лихорадит I feel feverish
лишить,лишать deprive
лоб forehead
ловить catch
лодыжка ankle
ломать/с-/ break
ломтик slice
луковица onion
лыжи skis
лысеть turn bald
лысоватый slightly bald
лысый bald
льготный privileged
любопытство curiosity
лягушка frog

магия magic
макароны spaghetti
малодушничать/с-/ chicken
 out
манная (крупа) semolina
маршрут route
масло oil; butter
мах: одним... in a trice
машинист railroad engineer
мгновенно immediately
медный copper; brazen
медпункт first aid center
медсестра nurse
мелко fine; into small parti-
 cles
мелочи small details
мелькнуть,мелькать be
 glimpsed fleetingly
менять/по-/ change
мерить/по-/ measure
местоимение pronoun
метель snowstorm
мех fur
меховой made of fur
мешок bag
многозначный polysemantic
мокнуть get wet
молитва prayer
монета coin
монтёр electrician
морозить freeze, congeal
морщинка wrinkle

мудрый wise
мука flour
мутить feel nauseous
муха fly
мучиться/на-/ suffer
мыло soap
мясокамбинат meat proces-
  sing plant
мяукать/за-/ mew

наблюдательный observant
наблюдаться be observed,
  happen
наблюдение observation, surveillance
навоз manure
наволочка pillowcase
навряд ли hardly; not likely
надежда hope
надёжный reliable
надоесть,надоедать: мне...
  I'm sick of
награда prize
нажать,нажимать push
накрапывать trickle, drizzle
накрыть,накрывать cover;
  set (the table)
налегке (travel) light
налить,наливать pour
намерение intention
наоборот on the contrary
направление direction
напрокат (взять) rent
нарядный well-dressed
наряду side by side, equally
население population
насмешливо ironically
насморк runny nose, cold
настоять,настаивать insist
  on
настроение mood
натолкнуться,наталки-
  ваться run across
натужно strained, forced
научный scientific, scholarly
начальник boss, commander
небоскрёб skyscraper
невежда ignoramus
невероятный unbelievable
невоспитанный ill-bred

негодяй scoundrel, rascal
невольный involuntary
нежный tender, affectionate
независимость independence
некий a certain; a kind of
необъятный immense, unbounded
неожиданный unexpected
неоспоримо unquestionably
непочатый untouched
непротиворечиво consistently,
  without contradictions
неразвитый undeveloped
неряха slob
несовершенный (вид) imperfective (aspect)
неужто really
неуклюже awkwardly
нитка thread
нужда poverty
нуждаться/в-/ be in want, be
  needy
нырнуть,нырять dive

обернуться,оборачиваться
  turn around
обеспечение securing, guaran-
  teeing
обеспечить,обеспечивать
  supply
обидеть,обижать offend, hurt
обладать be in possession of
обладатель owner
областной прокурор district
  attorney
облатка wafer, host
облик look, aspect, appearance
обманчивый deceptive, delusive
обмен exchange
обнаружить,обнаруживать
  discover
оборона defense
образование formation, education
образовать,образовывать
  form
обратить,обращать turn
обратиться,обращаться
  address
обратно back
обременительный burdensome,
  onerous

обслуживание services, aid
обслуживать serve, service
обстановка situation
обстоятельство circum-
stance; adverb
обсудить, обсуждать discuss
обучение teaching, instruction
обширный extensive, spacious
общежитие dormitory
общественный public, commu-
nal, social
общий common; general
объём volume
объединиться, объединяться
unite
обязан obliged
обязанность duty, responsi-
bility
обязательно without fail
обязательный obligatory, com-
pulsory
обязательство obligation
овощ vegetable
овца sheep
оглохнуть go deaf
огород vegetable garden
ограбить rob
огромный huge
огурец cucumber
одеяло blanket
односторонний unilateral,
one-sided
одобрить, одобрять approve
одолжить, одалживать borrow;
lend
одурачить fool
одушевлённый animate
озаглавить entitle
окончание ending (gram.)
окончательно finally, def-
initively
окошко window
опасно dangerous
опасность danger
опереться, опираться rest on
опешить be taken aback
оплошность error
опора support
опохмелиться, опохмеляться
take a hair of the dog that
bit you (fig.)

опрокинуть, опракидывать
overturn, topple over
орава crowd, horde, swarm
орать yell
оружие weapon
освободить, освобождать
(место) free, clear (space)
освободиться become free
осёл donkey
ослепнуть go blind
основной fundamental, basic
оспа smallpox
остервенение frenzy
острить/с-/ crack jokes
острый spicy, sharp
остыть get cold, cool down
осуществить, осуществлять realize, bring about, accomplish
отвергнуть, отвергать reject,
turn down, repudiate
отвлечь, отвлекать distract
отвыкнуть, отвыкать stop being used to
отгадать, отгадывать guess
отдел division
первый отдел euphemism for
the KGB office at a university
or business
отдельный separate
отдохнувший (вид) rested
(look)
откровение revelation
отличаться be characterized
by; be different
отличие difference
отличный excellent
отложить, откладывать put
aside, set aside
отменить, отменять cancel
оторвать, отрывать tear off
отрезать, отрезать cut (off)
отрицательный negagive
отрицание denial, negation
отрицать disclaim, deny
отставка dismissal, discharge
отсутствующий absent
отучиться finish studying
(graduate)
отчасти somewhat, partly
охнуть, охать moan, groan, sigh
очередь line

очередь line
  в свою очередь in one's turn
очертить,очерчивать outline
ощутить,ощущать sense
ощущение sensation, feeling

падеж case
палата ward
палёный burned
палец finger
  большой палец thumb
партер pit,stalls(in a theater)
паснуть,пасовать pass
пассировать dredge in flour, bread
пахать/вс-/ plow
пахнуть smell
пацан guy, fellow
пеленать swaddle
пелёнка diaper
перебить,перебивать inter-rupt
передник apron,pinafore
передняя hall
переживание experience,feeling
пережиток прошлого thing of the past
переключить,переключать switch(over to)
переключить скорость shift gears
перекрёсток intersection
перемена change, break (during class)
переходный transitive
перец pepper
перечислить,перечислять enumerate
песок sand
  сахарчый песок granulated sugar
петух rooster
печатать/на-/ type
печенье cookies
печь/ис-/ bake
пивная alehouse, pub
пирог pie
пирожное pastry
пирожок pie(dim.)

питание nutrition
плаванье swimming
плавно smoothly
план map
платный requiring payment
платок shawl, kerchief
плач cry
плита plate; slab
  (газовая) плита (gas) stove
плотный thick,compact, dense
повествование narrative, narration
повестка notice, notification
поворот turn
повысить,повышать raise, heighten
поглядеть,поглядывать glance
подавить,подавлять suppress, put down
подавляющее большинство overwhelming majority
подбородок chin
подвергнуться,подвергаться undergo
подготовительный preparatory
поддаться,поддаваться yield (to), give way (to)
поддержать/поддерживать support
подлежащее subject
подложить,подкладывать lay under; add
подмести,подметать sweep
подобрать,подбирать pick up; tuck up
пододеяльник blanket cover
подозревать suspect
подозрительно suspiciously
подозрительность suspicious-ness
подоконник window-sill
подразумевать imply,entail
подробность detail
подружиться make friends(with)
подряд in succession; running
подскочить (к),подскакивать run up, come running(to)
подстриженный trimmed
подчеркнуть underline, stress
подчинённый subordinate

подъём lifting,raising
пожар fire
пожертвование donation
пожилой middle-aged
позаботиться ,заботиться
  take care of
поиск search
поить give to drink, water
поймать,ловить catch
покатый rounded(shoulders)
покой peace, quiet
покрой cut,style of garment
полагать suppose, think
полагаться be supposed to
поликлинника medical aid
  center
полить ,поливать water(plants)
полк regiment(military)
полностью fully, in full
положение position
полотенце towel
полоска stripe
пользоваться use, make use of
пользоваться успехом be a
  success
Полярный Круг Arctic Circle
поменяться(местами) switch
  (places)
поместить/помещать lodge,
  accommodate
помешать/мешать prevent,hin -
  der, disturb
помост platform, stage
помчаться dash off
попка parrot
попросту simply, informally
попутчик fellow-traveller
порабощение enslaving
портфель briefcase
поролоновый(матрас) foam-
  rubber (mattress)
порядок order
посетитель visitor
посёлок settlement
посещение visit, visiting
пособие aid, help, relief
посреди in the middle of
посредине in the middle (of)
постель bed
постепенно gradually

посторонний stranger
пострадавший victim
посуда dishes
посудомойка dishwasher
  (machine)
потереть,потирать
  rub
похож similar, resembling
  похоже что it looks like
почерк handwriting
почка kidney
пошевельнуться,шевелиться
  stir, move
появиться, появляться appear
православие Orthodoxy
правящий класс ruling class
предлог preposition; pretext
  под предлогом on the pretext
предложение sentence;proposal
предмет subject
предприятие enterprise
представитель representative,
  spokesman
представить,,представлять
  present, introduce
представление presentation;
  performance
предупредить,предупреждать
  let know beforehand, warn
предшествовать precede
презрительный contemptuous,
  scornful
прелестный charming, delight-
  ful, lovely
преодолеть,преодолевать
  overcome
преследовать persecute
преступление crime
претендовать aspire
прибор instrument, device
прибыть,прибывать arrive
прибытие arrival
приветливый affable
прививка vaccination
привкус flavor
привлечь,привлекать attract
привыкнуть,привыкать get
  used to,become accustomed to
привычка habit

приготовить ,готовить cook
пригубить ,пригубливать
  take a sip
придерживаться (правила)
  observe, stick to (a rule)
приёмная waiting-room
приключение adventure
прилагательное adjective
приобрести ,приобретать acquire
приправа (salad) dressing
присоединить ,присоединять
  add, annex, join
приспособиться ,приспосо-
  бляться adapt
пристрастие к addiction to
присутствовать be present,
  attend
притормозить ,притормаживать
  slow down
притяжательное (местоимение)
  possessive (pronoun)
приход parish
причастие participle; eucharist
причащение communion
причина reason, cause
пришить ,пришивать sew on
пробор parting (of hair)
прованский Provence
прованское (масло)olive oil
проглотить ,глотать gulp
прогнать ,прогонять chase
  away
прожилка vein
прозрачный transparent
производительность pro-
  ductivity
произведение product; creation, work
проинструктировать ин-
  структировать brief,
  give a briefing
проистечь ,проистекать result from
происхождение origin, nation-
  ality
прописка registration
проповедовать preach

пропустить ,пропускать let
  pass; omit, leave out; skip
проследить ,прослеживать
  track down, trace
простокваша sour milk
простонародная (речь) common,
  colloquial(speech)
просторный spacious, roomy
пространство space(cosmic)
простуда cold
протереть ,протирать rub a
  hole, wear into holes
противоположность opposition,
  contrast
противопоставление opposition
протухнуть, протухать go bad
профком trade-union committee
прошедшее время past tense
пружинный (матрас) spring
  (mattress)
прыгнуть, прыгать jump
прятаться/с-/ hide
пугаться/ис-/ become fright-
  ened
пузатый pot-bellied
путать/с-/confuse
пухлый chubby, fat
пчела bee
пылесос vacuum cleaner
пылесосить/про-/ vacuum
пыль dust
пыльный dusty
пышный splendid, magnificent

раб slave
равнина plain
равнодушие indifferent
разбойники robbers
развиваться unfold, develop
раздобыть acquire, obtain
разлить, разливать pour
различить, различать make
  out, discern
различие distinction, difference
разобрать, разбирать study,
  discuss, analyze
разогреть, разогревать warm
  up

разочарование disappointment
разровнять/разравнивать
    level
разуться/разуваться
    take shoes off
ранение wound
раненый wounded
ранить wound
раскачать/раскачивать
    rock (a car)
расположение disposition,
    arrangement
распорядиться/распоря-
    жаться order, see (that),
    manage
распоряжение order, instruc-
    tion, direction
распространённый common
распустить/распускать
    dismiss, disband
рассерженный angry
расстегнуть/расстёгивать
    unbutton
расстилаться spread
рассрочка installment plan
расстроиться/расстра-
    иваться get, be upset
растительное масло vegetable
    oil
рвануть jerk, tug
рвануться/рваться rush ahead
рвать/разорвать tear
реветь/за-/ roar
редеть/по-/ get thin
редиска radish
режиссёр film or theatrical
    director
резать cut
резина rubber
ремень belt
ремесло trade
ремонт repair
рессора spring(of vehicle)
реч speech
    речь идёт о what we're
    talking about is
рисование drawing
рисунок drawing
род family,kin,clan; gender
родина motherland

родитель father
рослый tall, strapping
рост height
рубить/на-/fell,hew,chop,hack
ругаться curse, swear
руда ore
руководитель instructor,
    supervisor
руководство leadership, gui-
    dance
румяный rosy, buddy
русый blond
ручей creek
рынок market
рюмка wine-glass

сад garden
салфетка napkin
сапожник cobbler
сарай barn
сбросить/сбрасывать газ
    ease up on the gas
свадебный wedding
свадьба wedding
сверкнуть/сверкать flash,
    sparkle
свет high society
светать/рас-/ get light, dawn
свеча candle
свёкла beets
свёрток package,parcel, bundle
свистеть/за-/ whistle
свисток whistle
своеобразный original, pecu-
    liar, distinctive
свояк brother-in-law
своячница sister-in-law
священник priest
священный holy
/с-/горбиться hunch
сдавило сердце (I) tensed up
сдать/сдавать offer for rent,
    rent
сеанс performance, showing
седой grey(hair)
селение village
село village
сельдерей celery
семя seed
сено hay

сеять/по-/ plant
сзади in the back
симпатичный likeable
сирень lilacs
сиять shine
скакать/по-/ gallop
скамейка bench
сквозит there is a draft
скидка discount
скиснуть go sour
скобки parentheses
сковородка frying pan
скользнуть,скользить slip
скопить,копить or скапли-
    вать save, collect
скорость speed
        переключить скорость
        shift gears
скрипеть creak
скрипка violin
скромный modest, humble
скрыться,скрываться disap-
    pear, be hidden
скука boredom
слегка slightly
следить follow, watch
слеза tear
слепой blind
слесарь metal craftsman
слива plum
сливочное масло butter
словосочетание phrase
слон elephant
слякоть slush
смежный adjacent, contiguous
смеркнуться,смеркаться get
    dark, twilight
сметана sour cream
смущение embarrasment
смысл sense
смягчить,смягчать soften
сноска footnote
снять,снимать rent (from)
собеседник interlocutor
соблазн temptation
собственность property, pos-
    session, ownership
совершеннолетний adult
совершенный (вид) perfec-
    tive (aspect)

согласиться,соглашаться
    agree
сознание consciousness
сок juice
сократить,сокращать (рас-
    ходы) cut (spendings)
сокрашение abbreviation
солёный pickled, salted
сомнение doubt, uncertainty
сообщение communication, report
сообщить,сообщать communi-
    cate, report, inform
соответствие conformity, cor-
    respondence
соответствовать conform to,
    correspond to
соответствующий correspond-
    ing (to), proper
соревноваться compete
сосед(ка) neighbor
соскучиться become bored
сосна pine
сосок nipple, teat
состояться take place
состояние state, condition
сохнуть/вы-,за-/ dry (up, out)
сохранить,сохранять save,
    preserve
сочетание combination
сочинение composition
    сочинения works (e.g. of
    Shakespeare)
сочинить,сочинять compose,
    write
союз conjunction
спаситель savior
спасти,спасать save
спектакль show
специальность profession
спецкурс elective course
спецсеминар elective seminar
спешить be in a hurry
сплести,плести or сплетать
    weave, plait, interlace
спокойный calm
сполоснуть,споласкивать
    rinse (out)
спорить/по-/ argue
спортсмен athlete
способ way, mode, method

способен capable
способность ability
справиться cope with
сравнительно relatively, comparatively
сравнительный comparative
сравнить,сравнивать compare
сражаться fight
срастись,срастаться grow together
срок deadline; term, stretch of time
срочно urgently
ссорить/по-/ cause to quarrel, fall out
ставить (спектакль) direct, put on (a play)
стаж seniority
старинный antique, old
статья article
стелить/по-/ spread out (a table cloth)
степень degree
стесняться be shy
стиральная машина washing machine
стирать/по-/ wash, do laundry
стих (a line of) verse
стонать moan, groan
сторожить guard
страсть passion
страхование insurance
страшный terrible, awful
стрела arrow
стрельба shooting
строгий strict, severe
стручок pod
стукнуть,стучать knock
стыд shame
стыть or стынуть/о-/ get cold
судить judge
судьба fate, fortune, destiny
суждено destined
сук pl. сучья bough
суматоха confusion, turmoil
сумерки twilight
сумка bag
сумочка pocketbook
существительное noun
существо essence

по существу in essence, essentially
существование existence
существовать exist
сущность essence
сходство similarity, resemblance
счёт counting; account
    за свой счёт at one's own expense; (leave) without pay
сырники blintzes
сырой raw, uncooked; damp
сырость humidness, wetness
тащить/таскать drag, haul
таять/рас-/ melt
творог farmer's cheese
темнеть/с-/ grow dark, become dark
тереть rub
термин term (technical, scientific)
тесно crowded
тесный small, tight
тесто dough
техникум technical college
течь stream, pour, leak
тмин caraway
токарь lathe machine operator
толпа crowd
толщина thickness
том volume
топать stamp
топить smelt; sink; heat
торговаться bargain
тормозить brake
тоска meloncholy, anguish, pain
тошнить (impersonal) feel sick
    меня тошнит I feel sick
тратить/по-/ spend, waste
требовать/по-/ demand
трёшка three-rouble note
тронуться,трогаться start moving
тропинка path, trail
труба trumpet
труд work, labor
    с трудом with difficulty
трус coward
трусить/с-/ act like a coward

трущоба slum
тряпка rag
  тряпки threads (i.e. clothes)
туман fog, mist
тупой dull (mind)
туча cloud
тучный heavy, fat
тушить/по-/ extinguish, put out
тюбетейка skull cap
тянуть/по-/ pull
тянуться/по-/ stetch **out**

убедить, убеждать convince
убийство murder
уборная dressing-room
убрать, убирать take away
  убирайся! clear off!
уважаемый respected
уважение respect
увлечься, увлекаться be carried away (by)
угнетение oppression
угнетённые массы downtrodden masses
уговорить, уговаривать induce, persuade
уголовное преступление crime, felony
уголок corner
ударение stress, accent
ударник drum set; drummer
удачно successfully, luckily
уделить, уделять devote
удобно comfortably
удобрение fertilizer
удобства (pl. only) utilities
удовлетворить, удовлетворять   satisfy
удовлетворённый satisfied
удовольствие pleasure
ужасный terrible
указать, указывать point at
укрепить, укреплять strengthen
умолкнуть, умолкать become silent
уничтожить, уничтожать destroy
унывать be or feel depressed
унылый depressed, dejected
упадок сил (physical) exhaustion

употребить, употреблять use
употребление use, usage
упрямство stubbornness
уронить, ронять drop, let fall
урчать rumble
усвоить, усваивать adopt, acquire, assimilate
условие condition
успеть have enough time
успех success
  иметь успех be a success
успокоиться, успокаиваться calm down
устный oral
устроить, устраивать arrange
устроиться, устраиваться settle in
усы moustache
утверждение statement
утка duck
утомительный tiring
уточнить, уточнять specify, make precise
утюг an iron
ухаб pothole
участие participation
  принять участие take part
участок plot of land
училище school (vocational or military)
учреждение office, office building
ущелье gorge
уютный cozy

фальшиво artificially
фамидьярничать/с-/ take liberties
фарцовка black marketeering involving western goods or currency
фата veil
филолог philologist
фортепьяно piano

характерный characteristic, typical
хвастаться/по-/ brag

хватить,хватать be enough of
хвойный лес pine forest
хвост tail
хлопнуть,хлопать bang,slap
хлопок cotton
хлопотать/по-/ busy oneself,
  bustle about
хмурый sullen
холм hill
холодильник refrigerator
холостой bachelor (adj.)
хохотать/за-/ chuckle,laugh
художник painter
худой skinny

царапнуть,царапать scratch
цедить/про-/ strain,filter
целовать/по-/ kiss
цель goal
цепочка (дверная) door chain
цепь chain
церковнославянский Old
  Church Slavonic
церковь church

чайник teapot, kettle
частный private
чебурек meat pastry
чертыхнуться,чертыхаться
  swear
чеснок garlic
честь honor
чинить/по-/ repair, mend
чистить/по-/ clean
  чистить картошку peel
    potatoes
чихнуть,чихать sneeze
член member
чрезмерный excessive, in-
  ordinate, extreme
чтение reading
  художественное чтение
    recitation
чудесной wonderful
  страна чудес Wonderland

шагать walk, march
шашлык shashlik, kebab
шепнуть,шептать whisper
шерсть wool

шерстяной wool (adj.) woolen
шея neck
шина tire
шить/с-/ sew
шлёпнуть,шлёпать spank
шпроты sprats
шумит в ушах have a ringing
  in my ears
шутить/по-/ joke

щека cheek

экономничать/с-/ be stingy
экран screen
электричка electric suburban
  train
электробытовой прибор
  electric appliance
электрополотёр floor-polisher
эллипсис ellipsis

явить,являть display, show
явление phenomenon,occurence
явный manifest,overt;obvious
ягода berry
язва ulcer
яичница fried eggs
якобы supposedly
ямочки (на щеках) dimples
яркий bright
ярко-красный bright red

Index

* means reference is to that section number only; e.g.,
A3* does not also include information in A3.1, A3.2,
etc.
A means Analysis
T means Text and/or Commentary

OTHER BOOKS FROM SLAVICA PUBLISHERS

Jan L. Perkowski: *Vampires of the Slavs* (a collection of readings), 294 p., 1976.

Lester A. Rice: *Hungarian Morphological Irregularities*, 80 p., 1970.

Midhat Ridjanovic: *A Synchronic Study of Verbal Aspect In English and Serbo-Croatian*, ix + 147 p., 1976.

David F. Robinson: *Lithuanian Reverse Dictionary*, ix + 209 p., 1976.

Don K. Rowney & G. Edward Orchard, eds.: *Russian and Slavic History*, viii + 311 p., 1977.

Ernest A. Scatton: *Bulgarian Phonology*, xii + 224 p., 1976.

William R. Schmalstieg, *Introduction to Old Church Slavic*, 290 p., 1976.

Michael Shapiro: *Aspects of Russian Morphology, A Semiotic Investigation*, 62 p., 1969.

Rudolph M. Susel, ed.: *Papers in Slovene Studies, 1977*, 127 p., 1978.

Charles E. Townsend: *Russian Word-Formation, corrected reprint*, xviii + 272 p., 1975(1980).

Charles E. Townsend: *The Memoirs of Princess Natal'ja Borisovna Dolgorukaja*, viii + 146 p., 1977.

Daniel C. Waugh: *The Great Turkes Defiance On the History of the Apocryphal Correspondence of the Ottoman Sultan in its Muscovite and Russian Variants*, ix + 354 p., 1978.

Susan Wobst: *Russian Readings & Grammar Terminology*, 88 p., 1978.

Dean S. Worth: *A Bibliography of Russian Word-Formation*, xliv + 317 p., 1977.

OTHER BOOKS FROM SLAVICA PUBLISHERS

Charles E. Gribble, ed.: *Studies Presented to Professor Roman Jakobson by His Students*, 333 p., 1968.

Pierre R. Hart: *G. R. Derzhavin: A Poet's Progress*, iv + 164 p., 1978.

Raina Katzarova-Kukudova & Kiril Djenev: *Bulgarian Folk Dances*, 174 p., 1976.

Andrej Kodjak: *Pushkin's I. P. Belkin*, 112 p., 1979.

Demetrius J. Koubourlis, ed.: *Topics in Slavic Phonology*, viii + 270 p., 1974.

Michael K. Launer: *Elementary Russian Syntax*, xi + 140 p., 1974.

Jules F. Levin & others: *Reading Modern Russian*, vi + 321 p., 1979.

Maurice I. Levin: *Russian Declension and Conjugation: a structural sketch with exercises*, x + 160 p., 1978.

Alexander Lipson: *A Russian Course*, xiv + 612 p., 1977.

Thomas F. Magner, ed.: *Slavic Linguistics and Language Teaching*, x + 309 p., 1976.

Mateja Matejic & Dragan Milivojevic: *An Anthology of Medieval Serbian Literature in English*, 205 p., 1978.

Vasa D. Mihailovich & Mateja Matejic: *Yugoslav Literature in English: A Bibliography of Translations and Criticism (1821-1975)*, ix + 328 p., 1976.

Kenneth E. Naylor, ed.: *Balkanistica: Occasional Papers in Southeast European Studies*, I(1974), 189 p., 1975; II(1975), 153 p., 1976; III(1976), 154 p., 1978.

Felix J. Oinas, ed.: *Folklore Nationalism & Politics*, 190 p., 1977.

Hongor Oulanoff: *The Prose Fiction of Veniamin A. Kaverin*, v + 203 p., 1976.

OTHER BOOKS FROM SLAVICA PUBLISHERS

American Contributions to the Eighth International Congress of Slavists, Zagreb and Ljubljana, Sept. 3-9, 1978. Vol. 1: Linguistics and Poetics, ed. by Henrik Birnbaum, 818 p., 1978; *Vol. 2: Literature*, ed. by Victor Terras, 799 p., 1978.

Henrik Birnbaum: *Common Slavic Progress and Problems in Its Reconstruction*, xii + 436 p., 1975.

Malcolm H. Brown, ed.: *Papers of the Yugoslav-American Seminar on Music*, 208 p., 1970.

Ellen B. Chances: *Conformity's Children: An Approach to the Superfluous Man in Russian Literature*, iv + 210 p., 1978.

Catherine V. Chvany: *On the Syntax of Be-Sentences in Russian*, viii + 311 p., 1975.

Frederick Columbus: *Introductory Workbook in Historical Phonology*, 39 p., 1974.

Dina B. Crockett: *Agreement in Contemporary Standard Russian*, iv + 456 p., 1976.

Paul Debreczeny and Thomas Eekman, eds.: *Chekhov's Art of Writing A Collection of Critical Essays*, 199 p., 1977.

Ralph Carter Elwood, ed.: *Reconsiderations on the Russian Revolution*, x + 278 p., 1976.

Folia Slavica, a journal of Slavic and East European Linguistics. Vol. 1: 1977-78; Vol. 2: 1978; Vol. 3: 1979; Vol. 4: 1980.

Richard Freeborn & others, eds.: *Russian and Slavic Literature*, xii + 466 p., 1976.

Victor A. Friedman: *The Grammatical Categories of the Macedonian Indicative*, 210 p., 1977.

Charles E. Gribble, ed.: *Medieval Slavic Texts, Vol. 1, Old and Middle Russian Texts*, 320 p., 1973.

Charles E. Gribble, *Russian Root List*, 56 p., 1973.

Charles E. Gribble, Словарик русского языка 18-го века/*A Short Dictionary of 18th-Century Russian*, 103 p., 1976.